U0592486

转变中的美联储

——全球金融危机以来美联储货币政策操作研究

The Fed in Transition:
Analysis of the
Fed's Monetary Policy Operations since Global Financial Crisis

黄胤英 著

经济管理出版社
ECONOMY & MANAGEMENT PUBLISHING HOUSE

图书在版编目（CIP）数据

转变中的美联储：全球金融危机以来美联储货币政策操作研究/黄胤英著 . —北京：经济管理出版社，2015. 12

ISBN 978 - 7 - 5096 - 4011 - 1

Ⅰ . ①转…　Ⅱ . ①黄…　Ⅲ . ①金融危机—研究—世界②货币政策—研究—美国　Ⅳ . ①F831. 59②F827. 120

中国版本图书馆 CIP 数据核字（2015）第 244892 号

组稿编辑：宋　娜
责任编辑：宋　娜　梁植睿
责任印制：黄章平
责任校对：雨　千

出版发行：经济管理出版社
　　　　　（北京市海淀区北蜂窝 8 号中雅大厦 A 座 11 层　100038）
网　　址：www. E - mp. com. cn
电　　话：（010）51915602
印　　刷：三河市延风印装有限公司
经　　销：新华书店
开　　本：720mm×1000mm/16
印　　张：16. 25
字　　数：270 千字
版　　次：2015 年 12 月第 1 版　2015 年 12 月第 1 次印刷
书　　号：ISBN 978 - 7 - 5096 - 4011 - 1
定　　价：98. 00 元

· 版权所有　翻印必究 ·

凡购本社图书，如有印装错误，由本社读者服务部负责调换。

联系地址：北京阜外月坛北小街 2 号

电话：（010）68022974　　邮编：100836

第四批《中国社会科学博士后文库》编委会及编辑部成员名单

（一）编委会

主　任：张　江

副主任：马　援　　张冠梓　　俞家栋　　夏文峰

秘书长：张国春　　邱春雷　　刘连军

成　员（按姓氏笔画排序）：

卜宪群	方　勇	王　巍	王利明	王国刚	王建朗	邓纯东
史　丹	刘　伟	刘丹青	孙壮志	朱光磊	吴白乙	吴振武
张车伟	张世贤	张宇燕	张伯里	张星星	张顺洪	李　平
李　林	李　薇	李永全	李汉林	李向阳	李国强	杨　光
杨　忠	陆建德	陈众议	陈泽宪	陈春声	卓新平	房　宁
罗卫东	郑秉文	赵天晓	赵剑英	高培勇	曹卫东	曹宏举
黄　平	朝戈金	谢地坤	谢红星	谢寿光	谢维和	裴长洪
潘家华	冀祥德	魏后凯				

（二）编辑部（按姓氏笔画排序）：

主　任：张国春（兼）

副主任：刘丹华　　曲建君　　李晓琳　　陈　颖　　薛万里

成　员（按姓氏笔画排序）：

王　芳	王　琪	刘　杰	孙大伟	宋　娜	苑淑娅	姚冬梅
郝　丽	梅　枚	章　瑾				

　　本书受国家社科基金重大项目"作为国家综合安全基础的乡村治理结构与机制研究"（项目编号：14ZDA064）、国家留学基金委国家公派访问学者项目（项目编号：201308110320）资助。

序　言

　　2015 年是我国实施博士后制度 30 周年，也是我国哲学社会科学领域实施博士后制度的第 23 个年头。

　　30 年来，在党中央国务院的正确领导下，我国博士后事业在探索中不断开拓前进，取得了非常显著的工作成绩。博士后制度的实施，培养出了一大批精力充沛、思维活跃、问题意识敏锐、学术功底扎实的高层次人才。目前，博士后群体已成为国家创新型人才中的一支骨干力量，为经济社会发展和科学技术进步作出了独特贡献。在哲学社会科学领域实施博士后制度，已成为培养各学科领域高端后备人才的重要途径，对于加强哲学社会科学人才队伍建设、繁荣发展哲学社会科学事业发挥了重要作用。20 多年来，一批又一批博士后成为我国哲学社会科学研究和教学单位的骨干人才和领军人物。

　　中国社会科学院作为党中央直接领导的国家哲学社会科学研究机构，在社会科学博士后工作方面承担着特殊责任，理应走在全国前列。为充分展示我国哲学社会科学领域博士后工作成果，推动中国博士后事业进一步繁荣发展，中国社会科学院和全国博士后管理委员会在 2012 年推出了《中国社会科学博士后文库》(以下简称《文库》)，迄今已出版四批共 151 部博士后优秀著作。为支持《文库》的出版，中国社会科学院已累计投入资金 820 余万元，人力资源和社会保障部与中国博士后科学基金会累计投入 160 万元。实践证明，《文库》已成为集中、系统、全面反映我国哲学社会科学博士后优秀成果的高端学术平台，为调动哲学社会科学博士后的积极性和创造力、扩大哲学社会科学博士后的学术影响力和社会影响力发挥了重要作用。中国社会科学院和全国博士后管理委员会将共同努力，继续编辑出版好《文库》，进一步提高《文库》的学术水准和社会效益，使之成为学术出版界的知名品牌。

哲学社会科学是人类知识体系中不可或缺的重要组成部分，是人们认识世界、改造世界的重要工具，是推动历史发展和社会进步的重要力量。建设中国特色社会主义的伟大事业，离不开以马克思主义为指导的哲学社会科学的繁荣发展。而哲学社会科学的繁荣发展关键在人，在人才，在一批又一批具有深厚知识基础和较强创新能力的高层次人才。广大哲学社会科学博士后要充分认识到自身所肩负的责任和使命，通过自己扎扎实实的创造性工作，努力成为国家创新型人才中名副其实的一支骨干力量。为此，必须做到：

第一，始终坚持正确的政治方向和学术导向。马克思主义是科学的世界观和方法论，是当代中国的主流意识形态，是我们立党立国的根本指导思想，也是我国哲学社会科学的灵魂所在。哲学社会科学博士后要自觉担负起巩固和发展马克思主义指导地位的神圣使命，把马克思主义的立场、观点、方法贯穿到具体的研究工作中，用发展着的马克思主义指导哲学社会科学。要认真学习马克思主义基本原理、中国特色社会主义理论体系和习近平总书记系列重要讲话精神，在思想上、政治上、行动上与党中央保持高度一致。在涉及党的基本理论、基本路线和重大原则、重要方针政策问题上，要立场坚定、观点鲜明、态度坚决，积极传播正面声音，正确引领社会思潮。

第二，始终坚持站在党和人民立场上做学问。为什么人的问题，是马克思主义唯物史观的核心问题，是哲学社会科学研究的根本性、方向性、原则性问题。解决哲学社会科学为什么人的问题，说到底就是要解决哲学社会科学工作者为什么人从事学术研究的问题。哲学社会科学博士后要牢固树立人民至上的价值观、人民是真正英雄的历史观，始终把人民的根本利益放在首位，把拿出让党和人民满意的科研成果放在首位，坚持为人民做学问，做实学问、做好学问、做真学问，为人民拿笔杆子，为人民鼓与呼，为人民谋利益，切实发挥好党和人民事业的思想库作用。这是我国哲学社会科学工作者，包括广大哲学社会科学博士后的神圣职责，也是实现哲学社会科学价值的必然途径。

第三，始终坚持以党和国家关注的重大理论和现实问题为科研主攻方向。哲学社会科学只有在对时代问题、重大理论和现实问题的深入分析和探索中才能不断向前发展。哲学社会科学博士后要根据时代和实践发展要求，运用马克思主义这个望远镜和显微镜，增强辩证思维、创新思维能力，善于发现问题、分析问题，积极推动解决问题。要深入研究党和国家面临的一系列亟待回答和解决的重大理论和现实问题，经济社会发展中的全局性、前瞻性、战略性问题，干部群众普遍关注的热点、焦点、难点问题，以高质量的科学研究成果，更好地为党和国家的决策服务，为全面建成小康社会服务，为实现"两个一百年"奋斗目标和中华民族伟大复兴中国梦服务。

第四，始终坚持弘扬理论联系实际的优良学风。实践是理论研究的不竭源泉，是检验真理和价值的唯一标准。离开了实践，理论研究就成为无源之水、无本之木。哲学社会科学研究只有同经济社会发展的要求、丰富多彩的生活和人民群众的实践紧密结合起来，才能具有强大的生命力，才能实现自身的社会价值。哲学社会科学博士后要大力弘扬理论联系实际的优良学风，立足当代、立足国情，深入基层、深入群众，坚持从人民群众的生产和生活中，从人民群众建设中国特色社会主义的伟大实践中，汲取智慧和营养，把是否符合、是否有利于人民群众根本利益作为衡量和检验哲学社会科学研究工作的第一标准。要经常用人民群众这面镜子照照自己，匡正自己的人生追求和价值选择，校验自己的责任态度，衡量自己的职业精神。

第五，始终坚持推动理论体系和话语体系创新。党的十八届五中全会明确提出不断推进理论创新、制度创新、科技创新、文化创新等各方面创新的艰巨任务。必须充分认识到，推进理论创新、文化创新，哲学社会科学责无旁贷；推进制度创新、科技创新等各方面的创新，同样需要哲学社会科学提供有效的智力支撑。哲学社会科学博士后要努力推动学科体系、学术观点、科研方法创新，为构建中国特色、中国风格、中国气派的哲学社会科学创新体系作出贡献。要积极投身到党和国家创新洪流中去，深入开展探索性创新研究，不断向未知领域进军，勇攀学术高峰。要大力推进学术话语体系创新，力求厚积薄发、深入浅出、语言朴实、文风清新，力戒言之无物、故作高深、食洋不化、食古不化，不断增强我国学术话语体系的说服力、感染力、影响力。

"长风破浪会有时，直挂云帆济沧海。"当前，世界正处于前所未有的激烈变动之中，我国即将进入全面建成小康社会的决胜阶段。这既为哲学社会科学的繁荣发展提供了广阔空间，也为哲学社会科学界提供了大有作为的重要舞台。衷心希望广大哲学社会科学博士后能够自觉把自己的研究工作与党和人民的事业紧密联系在一起，把个人的前途命运与党和国家的前途命运紧密联系在一起，与时代共奋进、与国家共荣辱、与人民共呼吸，努力成为忠诚服务于党和人民事业、值得党和人民信赖的学问家。

是为序。

张江

中国社会科学院副院长

中国社会科学院博士后管理委员会主任

2015 年 12 月 1 日

摘　要

　　自 2008 年美国次贷危机引发全球金融危机以来，美联储采取的一系列非常规货币政策是 20 世纪 30 年代大萧条至今规模最大、影响最广的宏观调控，同时也引发了世界范围的高度关注。美联储于 2014 年 10 月 29 日正式宣布退出量化宽松货币政策，并结束了大规模资产购买计划（LSAPs），但仍继续以"再投资"的形式购买抵押贷款支持证券（MBS）。多位美联储官员曾表示，美联储已将购买债券视为其货币政策的重要组成部分，且在未来经济陷入困境之时，会再次考虑推出新一轮以量化宽松为主的非常规货币政策。由此可见，2008 年以来，美联储的一系列货币政策调整并不仅是临时性的危机救助举措，也同时代表中央银行在当前金融市场化进程中的职能转变。作为发达经济体中央银行的代表，全球金融危机以来，美联储的货币政策转型具有里程碑式的重大意义，由此深入研究美联储货币政策转型的根本原因、主要内容以及未来发展方向已经成为国际宏观经济学领域前沿性课题。

　　如题目"转变中的美联储"，本书着重论述并研究，自 2008 年全球金融危机以来，美联储（中央银行）已经发生并且仍在进行中的深度货币政策转型，具体包括货币政策操作工具、传导机制以及中央银行职能方面的转变。这种转变的原因并不仅源于本轮经济危机，其历史背景和根本原因在于：20 世纪 70 年代以来，由于影子银行的快速发展和其引领的金融创新及全球金融体系改革，已经改变了以往中央银行宏观调控的对象和基础。影子银行无论规模还是重要性，都已远远超越了传统银行体系，使得现代金融体系的结构发生了重大变化。从孕育到发展，影子银行自身具有高杠杆、规避金融监管等一系列非传统银行体系的特性，极易放大系统性风险，从而引发大范围金融危机。由此美联储在宏观调控的对象和基础发生重大变化的同时，货币政策及中央银行职能也要相应发生转变，以更好地防范金融风险和金融危机。

在中国，伴随着互联网金融和影子银行的快速发展，货币政策从中介目标到最终目标的传导途径越来越复杂，从而更难以制定理想的货币政策中介目标（利率、汇率等）以达到预期的宏观政策调控效果。解析美联储作为国际金融大国的中央银行在新形势下的有效转型，对中国具有极大的研究价值和借鉴意义。

本书主要研究美联储货币政策的操作范式和工具的转变，着重解析金融危机对中央银行（美联储）的冲击，以及在此过程中美联储职能的转变。同时，笔者希望为中国人民银行货币政策转型给出相关的启示。

本书详细内容概要如下：第一，对全球金融危机以前的美联储历史发展及其应对金融危机的政策措施进行回顾，以期与后文中 2008 年以来的美联储政策转型内容进行对比。第二，深入挖掘全球金融危机以来美联储转变的根本原因——影子银行引领的金融体系改革改变了美联储宏观调控的基础，论述影子银行发展与金融体系演进、全球金融危机之间的关系，并分析美联储面临的宏观调控困境。第三，考察全球金融危机以来，美联储货币政策操作工具的变化，即利用资产负债表研究方法，梳理美联储每一项新增账户（如海外回购池、临时补充融资计划）的来龙去脉以及每一种新操作工具的形成、发展，论述新操作工具如何打破原有中央银行职能限制，为各种机构、市场直接提供流动性支持。第四，论述全球金融危机以来，美联储货币政策操作的新范式——伴随着影子银行引领的金融体系变革，各种金融工具间的关系越来越错综复杂，货币政策中介指标与最终目标之间不再是单线传导，通过调节准备金来调控联邦基金利率的传导机制逐渐失效，中央银行逐步跨越中介目标，直接调控最终宏观经济目标。第五，论述国际金融危机以来中央银行职能的转变——美联储逐步超越传统职能，从主要调节货币供应量、利率逐步转变为直接调节市场流动性，从资产负债表规模调整转变为结构调整。第六，在当前中国金融体系改革背景下，论述美联储转型对中国人民银行货币政策改革的启示意义。

本书创新之处：

第一，新视角。学术界普遍认为，美联储自 2008 年以来的货币政策调整是应对危机的临时被动举措。本书首次深入挖掘其根本原因：近年来影子银行不断发展，而其引领的金融体系的变革导致了美联储原有宏观调控对象的变化。在宏观调控对象变化的基础上，为防范金融风险与金融危机，美联储主动调整货币政策操作范式和自身职能。

第二，理论与应用创新。对传统的中央银行货币政策传导途径、中央银行职能进行挑战，提出跨越中介指标，直接调控最终目标的新型货币政策传导模式，以及中央银行从传统的"银行的银行"到对非银行金融部门、企业、信贷市场的直接流动性管理的转变。借鉴美联储货币政策的转型，在当前中国金融体系改革背景下，对中国货币当局的货币政策转型提出建议。

第三，新资料与先进的研究方法。首次对与中央银行（美联储）货币政策操作相关的第一手英文资料进行全面收集，穷尽相关的所有官方原始资料，确保研究的真实性、客观性，并逐一翻译且整理成册。采用学术界先进的资产负债表研究方法，对美联储资产负债表进行研究。

关键词： 美联储　中央银行　货币政策　影子银行

Abstract

Since the global financial crisis triggered by sub – prime crisis in the United States broke up at 2008, the Fed has taken out a series of unconventional monetary policies, which are the largest monetary policies since Great Depression at 1930's with the most extensive influence, and caused worldwide high attention. Although the Fed officially announced the end of the quantitative easing monetary policy and the stop of large – scale asset purchase program (LSAPs) on October 29, 2014, but it still continued to purchase agency mortgage – backed securities (MBS) in the form "reinvestment". A large number of Fed officials also said, the Fed has taken purchasing bonds as an important part of its monetary policy, and if there is economic difficult time in the future, the Fed will reconsider carrying out a new round of non – conventional monetary policy, mainly are quantitative easing monetary policy. Therefore, since the break out of the global crisis, a series of monetary policy adjustments of the Federal Reserve is not only the temporary measures during crisis. The Fed, as representative of the central banks of developed countries, has carried out monetary policy adjustments to deal with the financial system reform and financial crisis, and the analysis of this would be an international important subject.

As captioned, in this book, we are to mainly analyze the impact of the financial crisis on central bank (the Federal Reserve), focus on the Fed's policy changes, which have already started and are still going forward, since the beginning of the crisis, including its monetary policy tools, transmission mechanism and functions change. The reason of the

Fed's transition is not only this economic crisis, the more fundamental reason hidden behind the global economic crisis is the profound historical background—since the 1970's, with the rapid development of shadow bank, financial innovation and the global financial system reform have changed the foundation and the object of the central bank macro regulation. That is, the scope and the importance of the shadow bank system have been far beyond the traditional banking system, and have made the modern financial structure changed. From the emergence to development of the shadow banking system, its high leverage, avoiding financial supervision and a series of other features have easy amplified the systemic risk, and detonated the financial crisis. Therefore, with the significant change of the Fed's macro – control basic, the transition of the monetary policy and central banking functions has to be taken place, in order to prevent financial risks and financial crisis.

With the rapid development of Internet financial, China shadow banks, and transmission mechanism from the intermediate target of monetary policy to the ultimate goal is becoming more complex, which is not easy to discriminate, therefore it is becoming difficult to make the ideal intermediate target of monetary policy (such as interest rate, exchange rate) as to achieve the expected effect of policies. To analyze effective transition of the Fed as the central bank of international financial powerful country under new situation has profound research significance and meaning which China can draw lessons from.

This book focuses on the research of transformation of the Fed's monetary policy operation model and policy tools, expecially on the financial crisis's impact on central bank (the Federal Reserve), and the function changes of central bank. Meanwhile, I hope this book would propose relevant inspiration for the transition of People's Bank of China's monetary policies.

The main research contents are as follows: firstly, to retrospect the Fed's history before the global financial crisis and its policies to deal with the financial crisis, in order to make contrast with the following part of this book, which is about the transition of Fed's monetary policies since 2008. Secondly, to analyze the basic reason of the Fed's transition since global financial crisis—financial system reform led by shadow banks has changed the foundation of the Fed's macro – control, to discuss the relationship among the development of shadow banks, financial system and global financial crisis, and to analyze the macro – control dilemma the Fed is faced with. Thirdly, to analyze the changes of Fed's monetary policy tools, that is, to discuss the cause, effect, form and development of each new account (plans such as overseas repurchase pool and temporary supplementary financing) based on the balance sheet study method, and to analyze how this new operation tool urge the central bank to cross its original function line, and provide liquidity support directly to various institutes and markets. Fourthly, to analyze the new paradigm of the central bank's monetary policy operations since global financial crisis, which is, with the financial system reform led by shadow banks, the relationship among different financial tools has become more and more complicated. The transmission between the intermediate target and final target of monetary policy is not by single line any longer. The original transmission mechanism by adjusting reserves to control the federal funds rate become invalid gradually, and the central bank has began to cross the intermediate target to manage the final macroeconomic target directly. Fifthly, to discuss the changes of central bank functions since global financial crisis: the Fed has surpassed its original function gradually, adjusted its monetary policies from mainly adjusting the money supply and interest rate to adjusting the market liquidity directly, from managing the scale of the balance sheet to its structure. Finally, with the background of current China financial system reform, to give implications on monetary policy of the People's Bank of China.

The possible innovation of this book:

Firstly, the new perspective: scholars usually consider that the Fed's monetary policy adjustment since 2008 is its temporary passive measurement to deal with the crisis. However, this book discusses the basic reason of the Fed's adjustment intensively for the first time. That is, the financial system reform led by shadow banks, development has changed the original object of the Fed's macro – control. Therefore, the Fed adjusts its monetary policy operation paradigm actively against financial risk and financial crisis.

Secondly, innovation of theory and application: to challenge the central bank's traditional monetary policy, transmission mechanism, and its function. This paper is going to advance a new monetary policy transmission mechanism to adjust final target directly, and the central bank's transition from traditional "banks' banks" to managing liquidity of non – bank financial departments, enterprises and credit market directly. Also, with the change of the Fed's monetary policy, this paper is going to make monetary policy implications on China monetary authorities during current China financial system reform.

Thirdly, new materials and new method: for the first time to take a comprehensive and systematic study about the central bank's (the Fed's) monetary policy operation related first – hand English materials, to study on all the relative official original materials to make sure the reality and objectiveness of this research, and to make translation and books. Also, this research would use the advanced balance sheet research method to analyze the Fed's balance sheet.

Key Words: The Federal Reserve; Central Bank; Monetary Policy; Shadow Banks

目　录

第四章 货币政策工具转变

Contents

Contents

第一章　导　论

第一节　选题背景及意义

自 2008 年美国次贷危机引发全球金融危机以来，美联储采取的一系列非常规货币政策是 20 世纪 30 年代大萧条至今规模最大、影响最广的宏观调控，同时也引发了世界范围的高度关注。美联储于 2014 年 10 月 29 日正式宣布退出量化宽松货币政策，并结束了大规模资产购买计划（LSAPs），但仍继续以"再投资"的形式购买抵押贷款支持证券（MBS）。多位美联储官员曾表示，美联储已将购买债券视为其货币政策重要组成部分，且在未来经济陷入困境之时，会再次考虑推出新一轮以量化宽松为主的非常规货币政策。由此可见，2008 年以来，美联储的一系列货币政策调整并不仅是临时性的危机救助举措，而同时代表中央银行在当前金融市场化进程中的职能转变。作为发达经济体中央银行的代表，自全球金融危机以来，美联储的货币政策转型具有里程碑式的重大意义，由此，深入研究美联储货币政策转型的根本原因、主要内容以及未来发展方向已经成为国际宏观经济学领域前沿性课题。

回顾历史，一个世纪前，纽约清算所救助范围外的尼克伯克信托投资公司倒闭引发了 1907 年全球经济危机，促使联邦储备体系于 1913 年成立；与之具有惊人相似之处的是，2008 年，为规避货币当局监管而衍生的影子银行体系的快速发展引发了全球金融危机，促使美联储在其货币政策及职能方面进行了重大转变。两次金融危机都是以国际大公司倒闭为导火索，从全国引发全球的金融危机，引起了货币当局对金融监管漏洞的重新审视，对货币当局政策转型产生了决定性的推动作用，从而有效促进了历史上的重大金融改革。

如题目"转变中的美联储"，本书着重论述并研究自 2008 年全球金融危机以来美联储（中央银行）已经发生并且仍在进行中的深度货币政策转型，具体包括货币政策操作工具、传导机制以及中央银行职能方面的转变。这种转变的原因并不仅源于本轮经济危机，其历史背景和根本原因在于：20世纪 70 年代以来，由于影子银行的快速发展和其引领的金融创新及全球金融体系改革，已经改变了以往中央银行宏观调控的对象和基础。影子银行无论规模还是重要性，都已远远超越了传统银行体系，使得现代金融体系的结构发生了重大变化。从孕育到发展，影子银行自身具有高杠杆、规避金融监管等一系列非传统银行体系的特性，极易放大系统性风险，从而引发大范围金融危机。由此，美联储在宏观调控的对象和基础发生重大变化的同时，货币政策及中央银行职能也要相应发生转变，以更好地防范金融风险和金融危机。

在中国，伴随着互联网金融和影子银行的快速发展，货币政策从中介目标到最终目标的传导途径越来越复杂，从而更难以制定理想的货币政策中介目标（利率、汇率等），以达到预期的宏观政策调控效果。解析美联储作为国际金融大国的中央银行在新形势下的有效转型，对中国具有极大的研究价值和借鉴意义。

第二节　相关文献回顾

一、早期的美联储、货币政策及相关理论评述

（一）美国首次量化宽松货币政策始于 20 世纪 30 年代

美国联邦圣路易斯储备银行副主席理查德·G. 安德森（Richard G. Anderson，2010）曾在《圣路易斯储备区银行经济概要》中指出，2008年美国货币当局执行的量化宽松货币政策是美国历史上第二次量化宽松货币政策，而不是首次。美国首次量化宽松货币政策始于 20 世纪 30 年代，美

联储为抵御经济大萧条而执行的非常规货币政策。

　　美国联邦圣路易斯储备银行副主席理查德·G. 安德森（2010）对这段历史进行了回顾：1932 年，在国会的支持下，美联储购买了约 10 亿美元的国债（其中将近一半是以联邦储备银行贴现美国国债的方式被抵消）。1932 年底，短期市场利率徘徊在 50 个基点左右。美国历史上首次量化宽松货币政策从 1933 年一直持续到 1936 年。早在 1933 年 4 月，美国国会试图促使美联储通过立法采取进一步行动：一是允许美联储直接从财政部购买 30 亿美元的国债（在此之前，美联储直接从财政部购买国债通常是不允许的）；二是授权总统罗斯福发行 30 亿美元货币。从 1933 年 4 月开始，美联储开始在公开市场上每星期购买 5000 万美元国债。1933 年夏天，超额储备达 5 亿美元，美联储官员中对进一步量化宽松的反对声音增加。[①] 10 月 12 日，这些官员向总统提交声明：一是美联储持有的政府债券已超过 20 亿美元；二是银行准备金已经达到历史新高；三是短期利率已降至历史最低点。于是，美联储于 1933 年 11 月停止购买国债。然而，量化宽松政策并未至此结束，而是转向由财政部和白宫通过购买黄金的方式继续进行。

　　美联储对购买黄金的反对声音有所减弱。1934 年 1 月 30 日通过《黄金储备法》（The Gold Reserve Act），该法案规定私人不得拥有黄金货币。[②] 美联储按 20.67 美元每盎司的价格来收购美国大众手中持有的黄金，从而迅速积累了巨额黄金储备。[③] 1934 年 1 月 30 日，所有权转移，黄金证书从联邦储备银行转向美国财政部。当黄金价格从 20.67 美元每盎司上升到 35 美元每盎司时，财政部意识到有超过 20 亿美元的暴利。财政部开始通过发行更多的黄金证书来购买黄金。当黄金证书被联邦储备银行收到后，银行准备金和基础货币得到扩张。Meltzer（2003）曾在其著作《美联储的历史》中指出，从 1934 年至 1936 年，财政部在国际市场购买了 40 亿美元的黄金，大幅提高银行准备金和基础货币。这些行动对银行准备金的影响从表 1－1 中可以看出。1936 年，随着对通货膨胀关注的增加，美联储量化宽松政策退出的呼声逐渐增强。最后，美联储以提高联邦基金利率、回购协议等方

[①] 正如 Meltzer（2003）在其著作《美联储的历史》中所描述的，罗斯福总统仍希望美联储继续购买债券。1933 年 10 月 10 日，为了避免政治对抗，美联储的官员们决定继续购买债券。

[②]《黄金储备法》到 1974 年才被废止。

[③] 1933 年 8 月 28 日，美国人民被命令向美联储交出其手中所有的黄金，包括金币和金条，自此停止了黄金的货币流通。

式逐步退出量化宽松政策。

表1-1　20世纪30年代美国银行准备金余额变动

单位：十亿美元

年份	总准备金	法定准备金	超额准备金
1932	2.435	1.909	0.526
1933	2.588	1.822	0.766
1934	4.037	2.290	1.748
1935	5.716	2.733	2.983
1936	6.665	4.619	2.046

资料来源：美联储：《银行及货币统计（1914～1941）》，第396页。

综上所述，20世纪30年代，美联储通过直接购买国债和黄金来增加银行准备金和基础货币，是美国历史上首次执行量化宽松货币政策。只是当时还没有"量化宽松"这一提法。

（二）早期不同经济学派的相关理论研究——从凯恩斯学派、货币学派到新凯恩斯学派

20世纪30年代，伴随着美国量化宽松货币政策的首次实践，相继而生的一些新兴经济学派，如凯恩斯学派，以及其后的货币学派和新凯恩斯学派，对货币因素如何应对经济萧条进行了研究。对这些主要思想流派观点进行梳理即可以追溯到美联储在全球经济危机以来实施的非常规货币政策思想的理论渊源。下面，分别对这三个学派的相关观点进行评述。

1. 凯恩斯学派、货币学派关于货币政策有效性的争论

1929～1933年，经济大萧条震撼并动摇了新古典经济学派的理论基础，凯恩斯主义作为救治经济大萧条的良方登上了历史舞台，并在之后近三十年的时期里一直处于主流经济学的支配地位。Keynes（1936）最早认为大萧条产生的直接原因是经济制度问题，凯恩斯理论的进一步深化得益于后来Hicks（1937）、Patinkin（1956）以及Tobin（1958）的相关研究，可将传统

凯恩斯主义概括为"有效需求不足学说"①。

美国经济于 1973 年陷入滞胀危机，货币主义学派逐渐崛起，向凯恩斯主义学派主张的货币政策无效论提出挑战。货币学派学者认为，即使名义利率、投资支出二者之间的关联度不大，也不能得出货币不能作为总需求的影响因素。主要有以下两方面的原因：一方面，真实利率和投资支出二者之间可能存在较为紧密的相关性；另一方面，货币政策对总需求的影响途径并非唯一，其中利率对投资的影响可能只是众多影响途径之一，故不能以利率这一种影响途径来概括货币对总需求的整体影响。Friedman 和 Schwartz（1963）通过对大萧条进行研究，其研究成果为货币主义学派的发展奠定了坚实的理论基础，其研究主张货币与总需求存在直接相关性。Friedman 和 Meiselmann 建立了货币主义模型，实证比较货币供应量与凯恩斯学派的投资与总产出二者间的相关性，相对于凯恩斯主义，该模型在描述总产出决定时更为好用，由此证实了货币供给增加对总需求、总产出扩张的可行性。Romer（1992）的研究也得出了大萧条初期较为紧缩的货币政策加剧了股市崩溃，对总需求产生的不利冲击进一步推动经济衰退。

2. 新凯恩斯主义代表人物 Bernanke 的早期思想

凯恩斯主义的"辉煌时期"持续到 20 世纪 60 年代后期，直到经济滞胀现象在西方国家逐渐显现，该学派继承者们开始对原有凯恩斯主义理论进行改进，逐步形成以萨缪尔森为代表的"新凯恩斯主义"，国家干预主义与经济自由主义二者之间出现相互融合的发展趋势。相对于新古典主义学派倡导的政策"微调"，新凯恩斯主义者更加主张政策"粗调"。因为新凯恩斯主义认为，经济波动具有无法预测性、不规则性，当经济快速变化时，政策制定者难以相应地有效改变政策以完全顺应其变化。新凯恩斯主义更加强调黏性价格，认为货币是非中性的，证实了需求管理政策的功能和必要性，但是更强调政策"粗调"，而非因时而变的政策"微调"。

作为新凯恩斯主义代表人物，Bernanke 的理论思想对于美联储的货币政策转变有重要影响。Bernanke 重点研究在以经济持续稳定增长为政策目标时，货币政策如何影响资产价格变动。Bernanke 的早期研究主要围绕大萧条

---

① "有效需求不足学说"的核心思想为：建立在萨伊定律基础上的充分就业均衡在通常情况下是较难实现的，因为有效需求不足导致非自愿失业均衡的存在。其主张政府采取扩张性的财政政策，通过财政赤字途径来填补私人市场的有效需要不足，进而起到刺激经济增长的作用，其认为货币政策与总产出变动之间并不存在直接关系，故不主张利用货币政策来刺激经济增长。

经济，特别是金融危机中的非货币效果研究。大萧条一直是 Bernanke 研究的核心内容，其早期文献中阐述了其对大萧条的理解，特别是对非货币因素如何加剧大萧条的解释（Bernanke，1983）。

对于大萧条时期经济衰退与金融危机二者相伴而生的现象，施瓦茨与弗里德曼认为，主要是银行危机引发了经济衰退。而且指出了银行危机影响经济的两种渠道：一种是银行危机使股东财富缩水；另一种是银行危机致使货币供应量大幅下降。然而，Bernanke（1983）认为，上述"货币视角"传导渠道的解释并不成立。具体而言，其基本假说是：因为金融市场的不完全，借贷双方需要利用价格昂贵的市场制造（Market Making）及信息收集（Information Gathering）等服务，才能进行金融交易。其认为，大萧条时期，金融体系效率下降，市场制造与信息收集等服务的效率也随之急剧下滑。实际融资成本的大规模攀升，导致家庭、农场主及小企业等借款者融资出现困难。正是大萧条时期经济急剧下滑带来的信贷严重紧缩，使得经济下滑演变为漫长的经济大萧条。该理论价值和突破主要体现在以下两方面：一是较好解释了大萧条时期经济衰退的持久性与严重性；二是不以私人经济体的非理性行为为假设前提，而将大萧条时期的经济无效性与个人的理性行为假说结合起来。这两方面都是当时理论界无法解释的大萧条之谜。

相对于"货币视角"，Bernanke 更强调"信贷视角"。Bernanke（1983）认为，大萧条时期的金融危机，货币供应量只是影响经济的一种渠道，除此之外，金融危机的爆发导致金融服务成本急剧上升、金融服务质量大幅下滑，尤其是金融中介的信用融通的质量，对经济衰退起到了推波助澜的作用。Bernanke 通过以下两步进行论证：第一步，论证金融危机与信用融通成本之间的关系，即银行和债务危机打乱了金融体系的正常运行，抬高了借款者与贷款者之间的信用融通成本。第二步，论证信用融通成本与总体经济二者之间的关系。

这里，信用融通成本是指：银行从贷款者或储蓄者手中获得资金，而后又将资金融通到借款者手中，整个过程所要付出的成本。其中，监督、会计、审计以及预期借款者违约造成的损失等，都算作信用融通成本（向松祚、邵智宾，2008）。

（三）关于"流动性陷阱"的争论

1. 关于"流动性陷阱"是否存在的争论

凯恩斯认为，货币政策在利率长期接近零时，对促进经济增长的作用效果是相对无效的，此时，货币需求弹性会变得无限大，人们会将增加的货币全部储存起来，这一现象被称为"流动性陷阱"。货币学派和凯恩斯学派对货币政策在极低利率下是否有效展开了争论。通过理论和实证两个角度，货币学派证实了货币需求相对稳定，研究表明所谓的货币政策失效时的流动性陷阱并不存在。早期凯恩斯主义者主张：当名义利率接近零时，货币需求曲线的利率弹性会变得无限大，因此，货币需求对利率的敏感度也会随之变得无限大，即投资和消费行为对利率的敏感程度都会极度降低，由此得出利率对宏观经济变量不会产生显著的影响，故证实了货币政策失效（Keynes，1936；Hicks，1937；Tobin，1958）。相对而言，货币主义者则主张货币需求具有一定的稳定性，认为货币需求对利率并不十分敏感。即使利率处于极低水平，货币政策也依然有效。弗里德曼主张：由于利率上升引起其他资产的预期收益率上升，货币需求函数相对稳定，因此货币需求对利率并不敏感。Goldfeld 与 Richard（1973）利用 20 世纪 70 年代初期的两次世界大战后的数据进行实证研究，结果显示货币需求相对稳定，即支持货币学派在此问题上的主张，认为传统凯恩斯学派提出的在利率弹性无限增大时的流动性陷阱并不会发生。新凯恩斯学派在模型中引入预期效应，主张即使在利率极低时期，货币政策也不是完全失效的，如果货币政策本身可以起到影响市场预期的作用，那么经济并不会出现流动性陷阱，因此货币政策并不会失效（Woodford，2003）。

2. 关于量化宽松货币政策实施背景是否符合"流动性陷阱"的争论

关于 20 世纪 30 年代经济大萧条时期，美国经济是否真正陷入"流动性陷阱"，学术界并未形成统一的认识。Laidler（1966）、Brunner 和 Meltzer（1963）等研究了货币需求对利率敏感性是否在利率极低时无限增大。其研究结果表明，20 世纪 30 年代利率下降时，货币需求对利率的敏感性并未大幅度增加，因此无法证实大萧条时期美联储首次实施量化宽松货币政策的背景与"流动性陷阱"相符。该研究还发现，量化宽松货币政策实施背景与"流动性陷阱"理论前提有些相近，但并不是完全相同。流动性陷阱理论的前提是整个宏观经济陷入严重的萧条之中，需求严重不足，货币需求利率弹性趋向无限大，然而美国实行量化宽松货币政策时期的货币需求利率弹性并未上升，货币政策仍是有效的。

Hicks 对"流动性陷阱"的定义前提首先是货币需求弹性变得无限大，随后，Krugman（1995）进一步发展了对广义流动性陷阱的界定。他主张：经济体只要是出现了总需求持续减少，名义利率连续下调至零，而总需求依然小于总产出，则表示经济已经陷入广义的流动性陷阱。Krugman（1995）通过对日本经济的研究，认为其从 1999 年 2 月起就已经陷入了"流动性陷阱"。自 1999 年至 2006 年，日本中央银行实行的数量宽松型货币政策可以分为以下两个阶段：第一阶段，从 1999 年 2 月至 2000 年 8 月，即零利率货币政策阶段；第二阶段，2001 年 3 月至 2006 年 3 月，即数量宽松货币政策阶段。日本央行在此时期的货币政策实践在一定程度上进一步完善了数量宽松的货币政策思想。

（四）"菲利普斯曲线"与量化宽松货币政策

1. 凯恩斯学派、货币学派、理性预期学派对"菲利普斯曲线"的争论

20 世纪 60 年代后期菲利普斯曲线被引入到凯恩斯理论体系之中（Phillips，1958）。早期的菲利普斯曲线是表示失业率与货币工资变动率之间变动的交替关系，主要内容是：在失业率下降时，货币工资增长率增加；反之，当失业率上升时，货币工资的增长率下降。第二种菲利普斯曲线较早期的菲利普斯曲线有所变化，不再是失业率与货币工资变动率之间的关系，而是失业率与物价上涨率之间的交替关系，此"失业—物价型"菲利普斯曲线也是后来被广泛应用的菲利普斯曲线。目前常被学界引用的菲利普斯曲线多是指后者。此菲利普斯曲线的概念是由 Samuelson 和 Solow（1960）提出的，即用物价上涨率替换了早期菲利普斯曲线中的货币工资变动率。其假定条件是，产品价格的形成过程符合"平均劳动成本固定加值法"，也就是：

每单位产品的价格 = 平均劳动成本 + 固定比例的其他成本和利润

$$(1-1)$$

式（1-1）表明：物价变动只与货币工资变动相关。该菲利普斯曲线意味着：失业率与物价上涨率之间存在反向变动的对应关系。

货币学派在阐述菲利普斯曲线时增加了预期的影响因素。其在分析中所用的预期概念是指适应性预期，也就是人们依据过去经验来调整对未来的预期。货币学派根据适应性预期理论，把菲利普斯曲线分为短期曲线与长期曲线两部分。在短期曲线中，人们来不及调整通货膨胀预期，因此，

人们实际得到的工资可能达不到先前预期的实际工资水平，使得实际利润大增，刺激投资和就业，促进失业率下降。即在短期菲利普斯曲线中，通货膨胀率与失业率之间存在相互交替关系。也就证实了在短期内菲利普斯曲线的确是向右下方倾斜的，即宏观经济政策在短期内具备有效性。然而在长期中，人们可以有充足的时间根据实际发生的情况变化来不断调整自己对未来的预期。因此，人们预期的通货膨胀率与实际发生的通货膨胀率之间会在一定时间内达到一致。此时，人们如果要求增加名义工资，以保持实际工资水平，则通货膨胀就难以起到降低失业率的作用。此时，长期的菲利普斯曲线不再向右下方倾斜，而是一条垂直线，即表示长期失业率与通货膨胀率之间并不存在交替关系。

与上述货币学派中的适应性预期理论不同，理性预期学派则认为：无论在短期还是长期，预期的通货膨胀率总是与实际发生的通货膨胀率保持一致，因此不能以通货膨胀为代价来降低失业率。故无论在短期还是长期，菲利普斯曲线始终都是一条保持在自然失业率水平上的垂直线，即失业率与通货膨胀率之间并不存在交替关系。其由此得出结论：宏观经济政策无论在短期还是长期都是失效的。

失业率与通货膨胀率之间关系理论的发展，在一定程度上反映了西方国家经济现实的演变过程：凯恩斯学派对此理论的论述反映了20世纪30年代大萧条时期的经济现实情况；之后菲利普斯曲线理论反映了20世纪50~60年代的经济现实情况；之后的货币主义和理性预期学派的相关理论论述，则反映了20世纪70年代之后的经济情况。在针对菲利普斯曲线理论的争论之中，凯恩斯主义、货币主义以及理性预期学派呈现了对宏观经济政策的不同主张和态度。凯恩斯主义认为宏观经济政策有效：无论在短期还是长期，失业率与通货膨胀率之间都存在着交替关系，即主张无论在短期还是长期，宏观经济政策始终都是有效的。货币主义认为货币政策只在短期有效：失业率与通货膨胀率之间仅在短期时存在交替关系，而在长期中二者并不存在交替关系，即主张宏观经济政策仅在短期有效，长期则无效。理性预期学派主张货币政策始终无效，即主张失业率与通货膨胀率之间无论在短期还是长期都不存在交替关系，故认为宏观经济政策始终无效。

2. "菲利普斯曲线"与量化宽松

基于以上的理论分析，美联储被美国国会赋予了两项重要使命：保证价格稳定和就业市场稳定。此政策的理论基础就是以上讨论的"菲利普斯曲线",即通胀率与失业率之间存在相互交替关系。在实际操作中,在美联储过去一百余年的政策实践中,多次证实了"菲利普斯曲线"理论对失业率与通胀率之间关系的阐述在现实中并不是始终正确的。量化宽松货币政策的实施似乎也是期望能在"菲利普斯曲线"理论基础上,通过适度增加基础货币量,在一定程度上适当提高通货膨胀率,以提高就业率和促进经济增长水平。

二、较成熟的中央银行及货币政策理论评述

（一）21 世纪之初历史上持续时间最长的量化宽松货币政策

历史上持续时间较长的日本量化宽松货币政策实践具有重要的研究意义。日本实施的量化宽松货币政策与美国等其他国家的量化宽松政策并不相同:一是实行量化宽松货币政策在日本货币政策演变过程中占据了很长一段时间,并且逐步发展为日本货币政策的常态。二是日本量化宽松货币政策的实施周期相对完整,其退出操作具有重要的研究意义。伴随其长期债券相继到期,日本中央很行相应缩减了其持有的资产规模,相对而言,美国在全球金融危机后实施的量化宽松货币政策,在债券到期后仍继续维持央行购买资产的规模,并未相应缩小。三是日本在量化宽松政策时期购买了较多品种的资产,除中央银行购买国债、抵押贷款支持证券（Mortgage - Backed Security，MBS）之外,还购买包括股票等多种多样的资产。四是因为日元与美元不同,日本并不作为世界货币,故日本量化宽松货币政策对全球的影响没有美国的影响大,因此其量化宽松货币政策实施效果及其政策启示具有一般性,对量化宽松货币政策对本国影响的研究结论更具有一般性和重要意义。

20 世纪 90 年代初,日本股市及房地产泡沫相继崩溃、破灭,经济进入持续衰退期。为刺激本国投资及消费,日本货币当局降低无担保隔夜拆借利率,从 1990 年的 6% 降到 1995 年 9 月的 0.5%,并自 1999 年 4 月至 2000 年 8 月这一时期实施了零利率货币政策。但持续地降低利率政策并未改善日本经济衰退,经济通缩风险继续加剧,故日本央行在 2001 年 3 月开始实施量化宽松货币政策,并将此政策一直持续到 2006 年 3 月,其货币政策目标也由调节无担保隔夜拆借利率转为紧盯商业银行在中央银行的经常账户余额（Current Account Balance，CAB）,这与 Orphanides 和 Wieland（2000）研

究构建的量化宽松决定性政策框架相一致。

日本量化宽松货币政策主要采取了 Ugai（2007）理论研究中的三项量化宽松政策工具中的后两项措施——扩大中央银行资产负债表规模以及改变中央银行资产负债表结构，通过中央银行购买国债来促使商业银行存放在中央银行的准备金维持在较高水平，以期向市场提供充足的流动性，由此刺激 CPI 进一步增长。2001 年 3 月，日本中央银行将其经常账户余额目标范围设定在 5 万亿日元，而且在其后相继 9 次提高该目标值，最终于 2004 年达到 30 万亿～35 万亿日元的经常账户余额水平，并将该水平一直保持到本轮量化宽松货币政策结束。为达到经常账户余额目标，日本中央银行提高了其购买长期国债的上限，从最初限定为每月购买 4000 亿日元的规模提高到了每月购买 1.2 万亿日元国债，在此过程中日本央行经常账户余额逐渐扩张。

与此同时，为缓解商业银行的资金短缺现象，恢复金融系统的稳定性，日本中央银行于 2002 年 11 月提出股票购买计划，即在 2003 年 7 月至 2006 年 3 月，日本中央银行不断购买资产支持证券（Asset Backed Security，ABS），以期促进资产支持证券市场的进一步发展，并且起到加强货币政策传导机制的作用。以上政策措施均为日本银行体系相继提供了较为充足的流动性。自 2001 年初至 2004 年 3 月，日本央行持有国债余额水平不断提高，从 55.7 万亿日元增加到超过 100 万亿日元，其持有国债占 GDP 的比重从 11% 提高到 20%，几乎翻了一番。日本央行总资产也随之增加，从 107.8 万亿日元扩张到 149.3 万亿日元，增长近 50%。受量化宽松货币政策的影响，长期为负值的日本国内的核心 CPI 指标增长率终于在 2005 年 11 月转为正值，并达到了 0.1%，2006 年前三个月达到 0.5%，即达到了之前设定的 QE（Quantitative Easing）退出条件，故日本央行于 2006 年 3 月宣布退出本轮量化宽松货币政策，将其货币政策目标重新转为盯住无担保隔夜拆借利率。

在上一轮量化宽松货币政策之后，2009 年，为了应对全球金融危机，日本中央银行决定重启量化宽松货币政策。2012 年 9 月，在美国以及欧洲央行进一步推动量化宽松货币政策的国际背景下，日本央行再一次宣布重启新一轮的量化宽松货币政策。①

(二)"量化宽松"词源解析——"ryōteki kin'yū kanwa"

全球金融危机以来,无论是发达国家 QE 的继续深化,还是逐步缓和、退出,都是全球极为关注的重要话题,并对其他国家,尤其是发展中国家产生重大影响,具有重要研究意义。为全面系统地研究、评价"量化宽松",探求其概念出处与原始语义是十分必要的,但却容易被人们忽视。Richard Werner(1991,1995)最早以日语形式提出"ryōteki kin'yū kanwa"(量的金融缓和,后被直译为 Quantitative Easing, QE)。时至今日,"量化宽松"在 20 余年的历史演进中,已与其最初语义产生了极大的差别。无论是始于 1991 年的日本量化宽松政策,还是 2008 年以来的发达国家 QE 政策,都不再是 Werner 最初提出的 QE 版本。2013 年 4 月,日本央行推出的"质的金融缓和",与 Werner 的最初含义渐行渐远。

Werner 对日本以及其他发达国家的量化宽松政策逐一作了批判,称其只是遵循了 QE 的表象,而非本质内容。我们不得不考虑,从 1991 年,Werner 首次提出此概念至今,伴随着金融创新与金融全球化的快速发展,中央银行调控的基础发生了很大的变化,故各国中央银行采用的货币政策也会随之逐步调整,而"量化宽松"在此 20 余年的演进中,在新的历史背景与发展要求下,也被不断赋予新的含义。在此,笔者追寻"量化宽松"概念的最初含义,并且将此概念提出者 Werner 对近年来各国量化宽松政策的批判进行系统梳理,以期重新挖掘其理论本源,更加深入、全面地研究、评价该金融理论及其政策实践效果。

1. 提出背景

20 世纪 90 年代,日本实体经济泡沫破裂,资产及股票价格暴跌。关于是否要采用非传统货币政策来支撑资产价格、激励商业活动的讨论愈来愈激烈。1991 年,时任怡富证券(亚洲)有限公司首席经济学家——一位精通日语和日本经济研究的德国学者——Richard Werner,向东京的机构投资者发表的演讲中用日语首次提到"ryōteki kin'yū kanwa"。1995 年 9 月 2 日,Werner 在《日本经济新闻》(Nihon Keizai Shinbun, Nikkei)发表的一篇文

---

① 至 2012 年 11 月初,日本中央银行持有国债超过百万亿日元,达到 107.6 万亿日元,中央银行总资产达到 153.7 万亿日元,再次扩张了 50%,商业银行在日本中央银行的经常账户规模也随之增长至 43.8 万亿日元。

章的标题中正式提出"ryōteki kin'yū kanwa"这一概念，即区别于传统的、新型货币刺激政策：在货币价格—利率调整失效时，中央银行以刺激商业银行信贷创造的方式影响货币供应，缓和银行资金压力，促进经济复苏（Werner，1995）。

"当我写这篇文章时，报纸主编坚持让我用一个简单明了、读者可以理解的短语来概括这一政策，我在货币刺激政策的标准表述前面又加上了一个日语的形容词'ryōteki kanwa'。"Werner指出，"'Quantitative Easing'是对这两个日语单词的字面翻译。""ryōteki"在日语中是形容词，表示"数量的"，"kanwa"表示"缓和"，Werner的原始表述是"ryōteki kin'yū kanwa"（量的金融缓和），后简化为"ryōteki kanwa"，直译为"Quantitative Easing"（量化宽松，又称为定量宽松、数量宽松）。

Werner认为，要将此概念推向全球，可以有更加通顺的英文翻译，而"Quantitative Easing"却只是对其日语原词的一个简单直译，与他实际的政策含义有一定偏差。Werner的文章被广泛传阅，若干年后，日本银行决定于2001年开始采用极度宽松的货币政策，并接受了Werner创建的这一新型货币政策的日语名称，其英语翻译"Quantitative Easing"被广泛流传。尽管近些年发达国家陆续采用的"量化宽松"货币政策与Werner最初的"ryōteki kanwa"（量的金融缓和）不尽相同，"Quantitative Easing"概念却一直被沿用至今。

2. 最初Werner版"ryōteki kanwa"的核心思想

Werner（1995）的主要观点可以概括为以下五个方面：

（1）"量的金融缓和"的核心——信用创造。经济萧条时期，中央银行可以通过参与公开市场购买资产等方式来促进商业银行信贷创造，创建新的购买力。

日本的中央银行——日本银行最多只提供了5%的购买力，而90%以上的购买力来自于私营部门，即被商业银行创建。当商业银行发放信贷到经济中，等同于"印新的纸币"——新增的银行贷款向经济中注射了新的购买力，起到刺激需求和经济增长的作用。新增的购买力用于经济业务，又以存款的形式回到银行。这一机制被称为"信用创造"，通过这一机制，经济中的购买力得到扩张。

（2）以私人流动性指标衡量有效购买力。购买力有两种流通渠道：实体经济信用流通与金融交易的信用流通。考虑到费雪货币方程式"MV =

PT"的特殊情况,长期流向金融交易的货币增长,使得信贷扩张与低通胀共存。

1982 年以来,日本经济中的购买力创建环境开始逐步恶化。私营银行为了保持自身评级,开始参与抢占市场份额的恶性竞争。银行过量低价出售能够提供信贷供给的银行产品,导致货币供应量大幅增加。银行放贷出的资金以土地为担保进行信贷扩张,流向房地产和股票市场。抵押品的资产价格被银行信贷创造过程逐步推高——银行信贷向市场注入新的购买力,进一步推高资产价格。

信贷的巨幅扩张超过了实体经济所必要的信贷总量。根据主流经济学理论,这将引发通货膨胀。但是,实际上,尽管货币创建速度持续超过名义 GDP 增长,通货膨胀却保持在较低的水平。这对以"货币增长与名义 GDP 增长应该同比例进行——如同费雪货币方程式 'MV = PT',货币供应量 M 与货币流通速度 V 的乘积等于名义国民生产总值 GDP"的假说为理论基础的经济学家们造成了困扰。

这一困扰的解释十分简单:货币(购买力总量)也有可能长期流向金融交易。这种情况下,名义 GDP 就不会被直接影响。

基于这种认识,Werner 提出了货币的两个不同流向:用于实体经济的货币交易(实体经济信用流通)和用于金融交易的货币流通(金融信用流通)。20 世纪 80 年代,用于房地产交易的银行贷款产生的超额信贷资金构成了金融的货币流通,由此推高了土地和股票的资产价格。这就是为什么它没有导致实体经济中通货膨胀——通常以消费者价格衡量。

Werner 在文中用所谓的"私人流动性指标"衡量有效购买力的增长量,得出:在这一时期,私人的流动性比名义 GDP 增长速度更快,资产价格急剧上升,而消费价格指数仍然保持在一个较低的水平上。

(3)经济购买力下降是导致经济衰退的根本原因。不良贷款阻碍了银行创建新的经济购买力,这是导致经济衰退的根本原因。经济复苏的必要条件是创建新的购买力,财政政策并不增加整体的购买力,而只是将现有的购买力从经济的一部门转移到另一部门,故财政刺激计划难以奏效。

如上所述,20 世纪 80 年代,私营银行为抢占市场份额而过度举债,是建立在资产价格持续上涨、生产资本不断获利的基础上的。一旦流动性创造下降,资产价格就会下跌,众多投资者将陷入困境。自 1990 年开始,为了防止"资产泡沫"过度膨胀,日本货币当局采取抑制信贷创造的措施,其对整体经济产生了较预期更为恶劣的负面影响。

1991～1995年，大约6万家公司相继破产。相关银行都背上了巨额坏账负担，其坏账总值约是每年GDP的20%。在这种情况下，银行变得更加厌恶风险，提高了贷款的申请条件和标准，中小企业外部资金的主要来源——银行贷款被切断。然而，超过一半的经济活动和2/3的银行贷款都来自中小企业，新的购买力并没有形成，所以实体经济增长困难。事实上，在1994年，日本几乎没有信用创造；相反，我们看到了"信贷的破坏"，因此阻碍了经济复苏。

事实上，经济下行的恶性循环已经开始，即银行信贷供给停滞，国内需求下降，企业被迫降低销售价格与生产成本，劳动力市场进一步恶化，并产生了通货紧缩。这些效果相结合，进一步抑制消费支出，加剧日元升值压力与经济下行的恶性循环，导致更严重的通货紧缩。

私营部门摆脱通货紧缩恶性循环需要一段很长的时间，因此，政府的干预是必不可少的。政府所采取的政策是否有效取决于它们是否会增加整个经济中的购买力，必须明确认识到这最重要的一点，否则旨在提振经济的政府政策将难以起作用，而凯恩斯主义财政政策也将无法奏效。财政政策的资金来源归根结底都来自私营部门：发行债券基金或增加税收。财政政策并不增加整体的购买力，而只是将现有的购买力从经济的一部门转移到另一部门。这就是为什么巨额的财政刺激计划在过去两年都没有起到刺激经济的显著作用。出于同样的原因，聚焦于利率的日本央行的货币政策也没有起到显著作用。

由于通货紧缩，实际利率将上升。仅仅降低名义利率将是无效的。甚至官方贴现率连续下降都将无法刺激经济。在这种情况下，对于政府而言，最重要的是要采取措施提高经济中的总购买力。简单地说，中央银行可以印钱，并在市场上从银行体系外的参与者处购买资产。中央可以干预外汇市场，而不去冲销货币扩张。如此，中央银行可以在经济中注入新的购买力，经济总体购买力会增加，整体的商业活动也将得到恢复。

20世纪90年代的经济衰退是日本自大萧条以来持续时间最长、最严重的一次。其根本原因就是"货币"：经济中的购买力增长速度不够，这也是导致日元急剧升值的主要原因。

（4）经济衰退为结构性改革带来机遇。20世纪90年代的经济衰退为结构性改革的快速进行提供了一个新的机会，这有可能将日本长期经济增长率提高到4%。

20世纪90年代的经济衰退已经为日本大刀阔斧改革其经济结构中的低效部分创造了机会。这些生产低附加值产品的工厂已迁往海外，企业重组已有明显的进步，并且由于制成品和解除管制的进口量增加，使得竞争逐步恢复。

通过这样的变化，日本的经济制度正在从出口和工业集中的增长方向转向一种更平衡的经济结构，即更加依赖国内需求和具有高附加值的服务业。消费者导向的行业基本上都是高附加值产业，因此一个消费者导向的经济系统能够进一步提高经济增长的前景。因此，如果日本央行改变政策方向，切实推行经济刺激政策，日本将有可能返回一条非通胀的潜在增长率为4%的经济增长路径。

日本央行的紧缩的货币政策已经到了历史转型期，其结构性改革已经到了十字路口，日本央行急需转变政策姿态，开展宽松的货币政策。

（5）主张刺激商业银行"信贷创造"。通过简单地降低利率，或是增加货币供给的传统货币政策（如"印钱"，扩张高能货币，增加银行准备金或是刺激储蓄增长）来刺激经济复苏都是无效的，Werner主张，通过一种新型的中央银行的货币刺激政策，即"ryōteki kanwa"——直接刺激商业银行"信贷创造"的方式来影响货币供应量，缓和银行资金压力。他主张中央银行从商业银行直接购买不良资产，直接向公司及政府部门贷款，购买公司的商业票据、其他贷款、权益工具等，停止发放政府债券以满足公共部门的借款需求，让政府通过签订标准的贷款合同从银行直接贷款（Werner，1995）。

（三）从量化宽松政策决定性框架到货币政策有效性

1. Orphanides 和 Wieland（2000）构建的量化宽松货币政策决定性框架

日本量化宽松时期，Orphanides 与 Wieland（2000）为寻求零利率条件下的最优货币政策，用经济模型构建出了量化宽松货币政策的决定性理论框架，并调整了货币政策的操作目标，由原来的利率操作目标转为基础货币量的操作目标，测度指标为马氏 k 指标（Marshallian k），其中，k 指标可以用如下公式表示：

基础货币/名义收入 $= k^t = k^* + k_\pi (\pi_t - \pi^*) + k_y (y_t - \bar{y}_t)$ 　　（1-2）

公式（1-2）中，将均衡状态下的 k 指标定义为 k^*；π_t 与 π^* 则分别代表 t 时期的通胀率、目标通胀率；t 时期的产出水平的自然对数为 y_t，而潜在产出水平的自然对数用 $\bar{y}_t$ 代表；k_π 与 k_y 作为系数。

从以上公式可以看出基础货币量、通货膨胀率以及产出水平三者之间的相互关系，即通过调节基础货币供应量也可以起到调节总需求与通货膨胀率的作用。

Orphanides 与 Wieland（2000）指出，最优政策的反应是非线性的，即当利率水平接近零时，系数 k_π 与 k_y 的最优值逐渐增大，表明货币政策的实施效果也随之逐步下降。在零利率条件下，系数 k_π 与 k_y 的最优值增长很多，比其在正常情况下的数值变大许多，故为达到最终政策调控目标，中央银行需要相当大幅度扩张其自身的资产负债表规模，以期增加基础货币的供应量规模。

2. 对量化宽松货币政策有效性逐渐达成共识

在日本量化宽松货币政策时期，关于量化宽松货币政策有效性的讨论逐步达成共识。Bernanke（2009）等主张零利率的货币政策可以促进日元贬值，起到刺激日本出口以及促进经济复苏的作用，因此认为量化宽松货币政策是当时的最佳货币政策选择。Goodfriend（2000）则主张零利率货币政策时期央行进行资产购买有利于维持资产价格稳定，从而建立起价格稳定预期，起到修复金融部门以及实体部门资产负债表的作用。另外，货币政策还可以利用发行货币来为财政赤字融资，进而刺激财政部门总需求，以促进总产出的方式来促进经济复苏。Krugman（1998）将预期概念纳入流动性陷阱的货币政策中，主张零利率货币政策可以通过通货膨胀目标制来调整公众的预期通胀率，以期降低实际利率，进而起到促进投资和消费的作用。此外，日本学者也围绕流动性陷阱背景下的货币政策进行了相关研究。例如，Hamada（1999）认为日元贬值对经济增长具有刺激作用。大部分日本学者将零利率政策有效归功于资产再平衡渠道以及信贷渠道，即认为零利率货币政策是通过非短期资产购买行为，起到了降低长期实际利率的作用，进而对资产价格以及资产负债表具备一定的修复作用，从而起到刺激消费与投资的最终作用。

尽管陷入流动性陷阱时名义利率为零，但货币政策依然可以对经济复苏产生一定作用。Bernanke（1999）认为货币政策对需求和价格作用为零的反命题不成立："其反命题是——如果价格与货币发行无关，即货币当局可以通过货币发行获得无穷无尽的产品，而这一反命题在现实中显然是不会发生的。"反命题不成立也就证实了其原始假设的正确性，即增发货币可以起到刺激价格上涨和扩张名义需求的作用，从而促进真实产出增加，刺激经济复苏。

Bernanke（1999）、Oda 和 Ueda（2007）均认为，向公众承诺维持一段时期量化宽松货币政策可以刺激经济复苏，即承诺未来一段时间保持零利率货币政策，可以在一定程度上减少未来短期利率变化的不确定性，减缓长期证券价格下降，从而起到降低长期利率水平的作用。Fujiki、Okina 和 Shiratsuka（2001）认为金融体系功能性问题是导致基础货币增加与广义货币（M2）增加之间的差距产生的主要原因，并提出关于量化宽松货币政策在金融市场传导机制上的作用，认为量化宽松货币政策可以有效弥补零利率政策在修复金融市场传导机制方面的局限性，其研究证实了量化宽松货币政策在打通金融机构与金融市场之间货币传导渠道方面的有效性，即量化宽松货币政策可以有效修复金融体系的自身脆弱性。

3. 对信用市场不完全的探讨——Bernanke 的金融加速器原理

Bernanke 的金融加速器机制理论对于其任期期间——自 2006 年 2 月至 2014 年 2 月被任命为美联储主席期间，特别是全球金融危机以来，美联储实施的以"量化宽松"为主的非常规货币政策起到了重要的指引作用。

Bernanke（1996）认为在信息不对称和信贷市场不完善下，信贷渠道会加剧经济周期中的顺周期性，即金融加速度原理。Bernanke 通过创建动态一般均衡模型，阐述信用市场不完全，即信用市场摩擦对经济周期的动态影响过程。

这里要提及之前认为信用市场对经济周期无影响的一些理论，如 Modigliani - Miller 定理（Modigliani - Miller，1958）假设：金融市场与实际经济并无关系，即金融市场的结构无法决定。以此假设为前提条件的传统的凯恩斯学派中的 IS - LM 模型，亦认为金融市场以及信用市场的变动对实际经济不产生影响。与此相对应的是，费雪—凯恩斯（Fisher - Keynes）模型则是将信用市场的变化置于核心位置，来解释经济周期的动态持续过程。Fisher 认为，20 世纪 30 年代初期的通货紧缩，是增加企业的债务负担、金融危机蔓延、加剧大萧条的经济衰退的一部分原因。Bernanke（1983）则是再次对 Fisher 的观点进行讨论。然而，Bernanke 的金融加速器理论并不是用传统的宏观经济研究范式，而是试图从根本上考察信用市场如何对实际经济产生影响。其在标准的宏观经济模型之中，引入了信用市场的不完全性，即信用市场摩擦，以期对大萧条等历史上最为严重的经济危机，以及在此过程中信用市场中各因素的变化如何影响经济危机进行阐述。一方面，将信用市场摩擦引入宏观经济模型中，可以解释信用市场摩擦对宏观经济动荡的放大效果，还可以解释经济周期中诸如信用扩张范围和幅度变化等诸多问题。另一方面，信用市场摩擦是总需求与总供给的重要决定因素，在宏观经济模型中引入信用市场摩擦有助于解释真实经济中的支出与消费的动态变化。

将信用市场摩擦引入宏观模型，以期将金融危机等相关问题有效纳入宏观经济模型中。然而，信用市场是极度分散、混乱的，早期的经济学者难以将其有效纳入宏观模型中。直至不完全信息经济学领域取得了重大进展，为信用市场摩擦问题的进一步讨论研究奠定了理论基础。信息不对称是借贷双方之间关系的重要决定因素，一旦信用市场出现问题，信用市场成本上升，借贷双方之间的信用融通效率随之下降，就会深入影响到整体经济活动。即 Modigliani – Miller 定理在信息不对称的条件下不再成立，也就是说，金融市场与真实经济之间不再是无关性的。

Bernanke（1996）旨在从数量上解释信用市场摩擦对经济波动的实际影响，并揭示了金融加速器机制，即信用市场中变量的内在变化放大并加剧了宏观经济的波动。金融加速器机制的核心问题在于"外部融资额外成本"与"借款者资产净值"二者间的相互关系，前者随经济周期反向变动，后者随经济周期正向变动。其中，"外部融资额外成本"是指企业外部融资成本与企业内部资金机会成本之间的差额，"借款者资产净值"则是企业流动性资产与非流动性资产抵押价值之和，再减去企业未清偿债务余额的差。一般而言，"外部融资额外成本"与"借款者资产净值"存在负相关：借款者自有资金较少、以借贷为主要融资方式时，借贷双方会产生较大的利益之争，融资成本就会随之提高，借款者通常会被要求支付较高的利率。Bernanke 对于金融加速器机制的研究主要是按照以下方式进行的：首先研究借贷双方之间的信息不对称引发的信用市场摩擦，即金融加速器的根源；其次围绕信用市场摩擦所引起的企业借款条件与资金需求进行均衡分析，解释资金需求与企业资产净值二者之间的关系，即金融加速器机制原理的核心；最后再将信用市场模型纳入新凯恩斯的动态经济周期模型之中，并纳入货币政策以及价格刚性，进行模拟结果，比较引入信用市场摩擦与不引入信用市场摩擦的两种不同情况。

4. 学者们开始着眼于量化宽松货币政策传导渠道的研究

这一时期，与零利率货币政策有效性相关的理论探讨不再局限于此前货币学派与凯恩斯学派二者间的争论，而是开始广泛关注量化宽松货币政策传导机制的研究。

Mishkin（1995）认为货币政策可以通过五种传导渠道作用于经济：利率渠道、资产价格渠道、银行资产负债表渠道、信息渠道以及汇率渠道。Krugman（1998）认为在名义利率为零时，可以通过提高物价水平来降低实际利率，进而起到刺激经济增长的作用。Goodfriend（2000）则强调资产价格渠道的重要性，认为在零利率背景下，中央银行通过购买长期国债的方式向市场补充大量流动性，从而刺激市场对资产的需求量的增加，进一步促进资产价格增长，促进经济摆脱金融危机。Bernanke（2004）突出强调货币政策的资产负债表传导渠道，主张即使在短期利率达到零时，货币政策也可以通过承诺投资者将维持较投资者预期更低的未来利率，或者通过改变中央银行资产负债表的资产结构，比如通过中央银行购买长期债券，又或者通过扩张中央银行资产负债表的规模来促使货币政策继续有效作用于经济增长。

Ugai（2007）通过对日本量化宽松货币政策时期的实证研究，提出了量化宽松货币政策存在的三种传递渠道，即保持零利率的承诺、扩大中央银行资产负债表规模以及调整中央银行资产负债表结构。现阶段这三种政策工具也为美联储应对全球金融危机实施量化宽松货币政策时所采用。

Efraim Benmelech 和 Nittai K. Bergman 通过建立一个信贷渠道框架，研究货币政策传导的信贷渠道的局限性。研究发现，在某些情况下，信贷渠道传导机制失效，央行向银行业注入流动性被囤积而没有借出。他们用"信贷陷阱"来描述这种情况，并研究如何通过金融摩擦、流动性以及抵押品价值之间的相互作用来提高信贷作用。①

三、2008 年至 2014 年 10 月美联储货币政策理论评述

（一）2008 年至 2014 年 10 月发达国家量化宽松货币政策实践
1. 2008 年至 2014 年 10 月美联储量化宽松货币政策回顾
自 2008 年 9 月，伴随着雷曼兄弟公司的倒闭以及相继几家重要金融机

---

① 该研究分析描述了信贷陷阱、潜在的解决方案和政策影响所引发的问题特征，还分析了量化宽松、财政政策如何与货币政策结合起来，促进增加银行贷款。此外，该模型还显示了收缩货币政策或贷款供给如何导致贷款、总投资、抵押价格崩溃。

构濒临破产，次贷危机逐渐演变为全球性金融危机，各国逐渐加强政策利率下调幅度，相继降至 0 ~ 0.25% 的极低利率水平。尽管政策利率已经降至零附近，但各国主要的信贷市场并未好转，因此货币政策的利率传导渠道在最初阶段就受到了极大的限制。在此经济环境下，发达国家相继展开了量化宽松货币政策，以期在接近零的政策利率背景下，货币政策对经济的刺激作用仍然可以有效发挥。

全球金融危机后美联储的第一轮量化宽松政策始于 2008 年 11 月 25 日，即美联储公布将购买机构债和抵押贷款支持证券（MBS）。首轮量化宽松政策于 2010 年 4 月 28 日正式结束，其间美联储购买的美元资产可达 1.725 万亿，其中包括政府支持企业（Goverment Sponsored Enterprises, GSE）房利美、房地美以及联邦住房贷款银行与房地产有关的直接债务，同时还包括抵押贷款支持证券（MBS），以及购买 3000 亿美元的长期国债。随后，美联储于 2010 年 11 月宣布启动全球金融危机后的第二轮量化宽松政策，即在 2011 年第二季度以前继续收购约 6000 亿美元的长期美国国债，并于 2011 年 6 月结束。在此之后，联邦公开市场委员会（Federal Open Market Committee, FOMC）于 2012 年 9 月 14 日宣布，将 0 ~ 0.25% 超低利率延长到 2015 年中，并于 2012 年 9 月 15 日开始推出第三轮量化宽松货币政策，具体操作为：每月购买 400 亿美元的抵押贷款支持证券（MBS），期限延长计划（Maturity Extend Programme, MEP）等维持不变。美联储又于 2012 年 12 月 12 日宣布推出第四轮量化宽松货币政策，即每月购买 450 亿美元国债，以此替代期限延长计划（MEP），并继续维持联邦基金利率在 0 ~ 0.25% 的极低水平。

2013 年 12 月 18 日，鉴于劳动力市场环境的逐步改善，美联储决定适当降低其资产购买速度：从 2014 年 1 月开始，每月购买机构抵押贷款支持证券从 400 亿美元降至 350 亿美元，每月购买国债数额从 450 亿美元减少至 400 亿美元。

伴随着各方面指标向货币政策目标不断靠拢，美联储于 2014 年上半年对其资产购买计划和对联邦基金利率走向的前瞻指引都做出了调整：

第一，资产购买速度进一步降低。自 2013 年 12 月美联储首次适度降低其资产购买速度后，2014 年上半年，美联储进一步降低购买速度。这些行动反映了自 2012 年 9 月开始的此轮资产购买计划以来在就业最大化方面取得的进步以及劳动力市场条件的逐步改善。在 2014 年前七个月的五次联邦公开市场操作委员会会议中，分别降低了每月购买机构抵押贷款支持证券和长期国债50亿美元。因此，8月初开始，美联储每月购买机构 MBS 100亿美元（年初时是350亿美元每月），每月购买国债150亿美元（年初时是400亿美元每月）。委员会还继续保持将其持有的机构债、机构 MBS 回笼本金再投资于机构 MBS 以及将到期国债回笼资金再投资的政策。

第二，更新前瞻指引，开始对上调联邦基金利率的决定因素进行定性描述。2014年初，美联储发表声明，在失业率仍在6.5%以上、未来1~2年通胀率不高于2%的长期目标下，长期通胀预期持续稳定的时候，继续维持极低的联邦基金利率目标范围0~0.25%是较为合适的。在2014年3月召开公开市场操作会议时，失业率降至6.5%，美联储决定更新其前瞻指引，对决定首次提高联邦基金目标利率范围（0~0.25%）时间点的影响因素进行定性描述。当就业状况距目标水平较远时，以失业率为单一指标作为政策沟通目的是有效的。但是，当劳动力市场条件逐步改善，美联储就要基于更宽泛的指标来判断劳动力市场状况。具体地说，当前联邦基金利率目标范围还能继续维持多长时间，还需要评估就业最大化及2%通胀率目标的实现程度及预期值。该评估还要考虑劳动力市场状况、通胀压力、通胀预期指标以及公众对金融发展的解读等多方面信息。基于以上信息的评估，美联储表示，在资产购买计划结束时，将联邦基金利率目标在一段时期内继续保持在目前极低范围仍是较为合适的，尤其是在通胀预期继续低于2%目标值，并且假定长期通胀预期保持稳定的时候。

第三，预警联邦基金利率如果超越其下限值会带来哪些负面影响。美联储表示，即使就业和通货膨胀接近其目标水平，可能在未来一段时间还会继续维持联邦基金利率在当前目标范围。但是，长期低利率可能导致投资者承担过度的风险，产生潜在风险，不利于长期金融稳定。美联储将继续监控金融系统，建立风险监控指标，并在需要时采取适当措施应对这种风险。

第四，继续为货币政策正常化（Normalization）做准备。作为谨慎计划（Prudent Planning）的一部分，2014年上半年，美联储继续测试有助于控制短期利率的政策工具。首先是超额准备金利率（Interest Rate on Excess Reserve, IOER）调整，因为银行信贷利率一般要高于该利率，故提高超额准备金利率将增加短期利率上升压力。其次是逆回购操作（Reverse Repurchase, RRP），因为非银行金融机构在货币市场上的贷款利率一般会高于逆回购隔夜利率，故调整隔夜逆回购利率有助于控制短期利率和货币市场利率稳定。但部分美联储成员表示，此工具并不会被永久采用。自 2014 年年初至 7 月中旬，美联储隔夜逆回购日常交易量在 500 亿~3400 亿美元，此操作担保品一直局限于美国国债，货币市场基金占其日常参与者及日成交量的绝大多数。最后，定期存款便利（Term Deposit Facility，TDF）与定期逆回购等定期操作也有助于促进银行系统准备金流出，推动短期利率进一步上升。受以上工具测试的影响，至 2014 年 7 月中旬，短期市场利率已经大致高于逆回购隔夜利率。

2. 2008 年至 2014 年 10 月欧洲央行量化宽松货币政策回顾

欧洲中央银行（European Central Bank，ECB）于 2009 年继续执行"强化的信贷支持政策"，即欧洲中央银行为应对全球危机而实行的流动性管理政策，主要操作包括：欧洲中央银行于 2007~2008 年多次扩大流动性供给规模，并不断延长流动性供给期限，之后又于 2009 年 6 月进一步延长长期融资的期限，从原来的 6 个月延至 1 年期；维持固定利率；调低抵押证券信用等级，扩大抵押资产范围；扩张与美联储、瑞士中央银行之间签署的货币互换协议规模，以期满足欧元区内对美元、瑞士法郎的流动性需求；自 2009 年 7 月开展"有资产担保的债券购买计划"。

2009 年 12 月 8 日希腊主权评级被下调，于 2010 年引发了整个欧盟债务危机，其他欧洲国家也纷纷受到危机困扰。为缓解欧洲债务危机和银行业危机，欧洲央行于 2010 年 5 月开始从二级市场购买债务危机国家的国债，又于 2012 年 2 月 29 日以 1% 的超低利率开始展开第二轮无限额三年期贷款招标和长期再融资操作。截至 2012 年 7 月底，欧洲央行购买的国债总量为 2115 亿欧元（约合 2587 亿美元）。从 2011 年 12 月到 2012 年 3 月，欧洲央行分两次向银行共发放了超过 1 万亿欧元（约合 1.22 万亿美元）的三年期贷款。

2012 年 6 月底，欧盟决定开展 1200 亿欧元的"一揽子"刺激经济增长计划：增加欧洲投资银行资本金 100 亿欧元，通过"杠杆效应"将其借贷能力增加 600 亿欧元；为缩小欧盟各国贫富差距设立 550 亿欧元的"结构基金"，主要用于支持中小企业发展及改善就业；设立用于基础设施的 50 亿欧元"项目债券"。2012 年 9 月 6 日，欧洲央行宣布将在二级市场上推出"直接货币交易"（Outright Monetary Transactions，OMT）计划，即当某国融资成本飙升引发市场投机，影响欧元区稳定时，在二级市场上无限量购买该国国债以稳定市场；但若受援国不能就此紧缩财政并展开结构改革措施，欧洲央行将中止购债行为。

2013年5月，欧洲中央银行将主要再融资利率和隔夜贷款利率分别由0.75%和1.5%降至0.5%和1.0%，以刺激长期疲弱的经济。11月7日宣布将主要再融资利率降低25个基点至0.25%，将隔夜贷款利率降低25个基点至0.75%，同时维持零隔夜存款利率不变。

2014年6月初，欧洲央行继续下调主要信贷利率，其中包括在欧元区首次推行隔夜存款负利率至-0.1%，同时下调欧元区主导再融资利率10个基点至0.15%，下调隔夜贷款利率35个基点至0.4%。此外，还推出进一步增强流动性的货币政策措施，包括实行一系列有效期约4年的定向长期再融资操作（Targeted Long-term Refinancing Operation，TLTROs），预计向市场注入流动性共达4000亿欧元（约5436亿美元），并承诺至少在2016年底前完成再融资操作的主要指标；为增强对实体经济，尤其是中小企业的支持，欧洲央行表示开始筹备购买资产支持证券（ABS），以便购买私营部门证券化资产。7月3日，欧洲央行将定向长期再融资操作的最大规模由原计划的4000亿欧元上调至1万亿欧元。

至此，欧洲央行并不承认以上政策为"量化宽松"货币政策。2014年4月，欧洲央行曾给出了迄今最为强烈的信号，表明它可能要准备出台量化宽松措施（QE）以防止欧元区陷入严重通缩或持续低通胀。

3. 2008年至2014年10月英格兰银行量化宽松货币政策回顾

2008年下半年以来，受全球经济危机的影响，英国经济日益恶化。英国银行货币政策委员会不断降低银行官方基础利率。自2008年初累计8次降低基础利率，由5.5%降至2009年4月的0.5%，并持续至今。此外，为进一步促进经济复苏，英国中央银行——英格兰银行自2008年以来实施的非常规货币政策措施主要包括：扩大信贷规模，并增加金融机构在中央银行的付息储备量；扩大较长期英镑回购交易中的抵押资产范围；2008年4月开展"特别流动性计划"（Special Liquidity Scheme，SLS），鼓励银行及房屋抵押贷款互助会以信用等级较高、流动性较低的房屋抵押贷款支持证券或其他证券来换取国库券，与美联储在2008年3月创建的定期证券借贷便利（Term Securities Lending Facility，TSLF）类似，都是以流动性较低的证券从中央银行换取流动性相对较高的国债，用于调节中央银行资产负债表的结构，而不影响资产负债表规模；2008年10月创建"贴现窗口便利"

（Discount Window Facility，DWF）；随后又与美联储签署货币互换协议，为银行同业拆借市场提供大量美元流动性。

2009年第一季度英国遭遇自1979年以来最大幅度的经济下滑，为进一步增加市场的货币供应量，英格兰银行从2009年3月5日起实施全面"资产购买便利"（Asset Purchase Facility，APF），宣布购买750亿英镑以长期政府债券为主的资产，试图通过降低利率和资产购买计划降低企业和个人的投资成本，从而起到拉动需求、提高就业率的作用。之后又于2009年5月和11月、2011年10月、2012年2月、2012年7月，五次分别增加500亿英镑、750亿英镑、750亿英镑、500亿英镑、500亿英镑，最终至3750亿英镑，同时维持基准利率于0.5%不变。期间，英格兰银行曾多次中断国债购买。以上种种是英格兰银行为应对全球危机而采取的非常规货币政策的主要措施，在此期间，英国货币当局成立"资产购买便利基金"（Asset Purchase Facility Fund，APFF），专门负责中央银行的资产购买。

2012年，英格兰银行推出贷款资金计划（Funding for Lending Scheme，FLS），以期更直接地影响实体经济的银行信贷。该计划为放贷给家庭和小企业的银行提供贷款支持，正如Werner（2013）指出，该方案似乎刺激了更多的实体经济信贷创造，但大多数资金流向家庭住房抵押贷款而不是流向中小企业。住房抵押贷款的增加会推高房屋价格，可能在短期内产生一些财富效应，鼓励更多的消费，但从长期来看，新进入房地产市场的家庭支付了过高的房价，需要每月缴纳较高的按揭还款，可能会减少消费者的长期需求。2013年3月，英格兰银行改变FLS条款，越过住房抵押贷款，而更明确地将资金借贷给中小企业。

英格兰银行官方表示，通常被称为"量化宽松"的资产购买计划并不是印更多的钞票或是直接向银行注资。英格兰银行从诸如养老基金和保险公司的私人投资者手里购买国债，因为国债收益较低，这些投资者通常会用它来继续购买其他资产，如公司债券和股票。此过程有助于降低长期借贷成本，鼓励新股票、债券发行，刺激支出，并促使通货膨胀保持在其目标范围。2013年8月，英格兰银行推出货币政策前瞻指引，宣称在物价和金融市场稳定的前提下，将继续维持当前的超低基准利率和量化宽松政策不变，直至失业率降至7%以下。2014年2月，调整政策指引，引入近20项经济指标作为利率调整的参考依据，不再使用以往单一的失业率目标。2014年8月7日，英格兰银行宣布，将基准利率继续维持在0.5%的历史低位，并保持金融资产购买计划规模 3750 亿英镑（约合 6317 亿美元）不变。

4.2008 年至 2014 年 10 月日本银行量化宽松货币政策回顾

日本中央银行于 2009 年共举行了 14 次议息会议，在这 14 次会议上，日本中央银行始终坚持将无担保隔夜拆借目标利率固定在 0.1% 的水平，但与美联储不同之处在于，日本中央银行并未对其政策利率的维持期限向公众做出承诺，唯一一次例外是 2009 年 10 月 30 日的议息会议后，日本中央银行在发表的政策声明中首次表示将通过维持现行超低政策利率水平，并通过为金融市场提供大量流动性等方式在一段时间内保持极度宽松的金融环境，这一政策承诺可以看成是日本中央银行的一种特殊方式的维持极低政策利率水平的承诺，但在此之后的议息会议中，日本中央银行则不再对维持极低政策利率水平进行承诺。① 伴随着通缩的不断加剧，日本央行于 2009 年 12 月 1 日推出新的政策方案，为市场注入最多 10 万亿日元（约 1150 亿美元）的流动性，即重启自 2006 年以来中断了三年的量化宽松政策。

2013 年 4 月，日本中央银行在"量的金融缓和"（量化宽松）的基础上，又推出了"质的金融缓和"（Qualitative Easing），即不以增加货币供应量为目的，收购比以往更多的长期金融资产的一种金融宽松政策。二者结合起来，即为"量的、质的金融缓和"（Quantitative and Qualitative Easing，QQE），又被称为"定量与定性宽松"货币政策，即超宽松货币政策。日本中央银行声称要用两年左右时间将基础货币规模扩张一倍，即以每年 60 万亿~70 万亿日元的规模购买政府债券及其他金融资产，并达到 2% 的通胀目标。

2014 年 2 月 18 日，为鼓励银行等金融机构向有增长潜力的企业提供贷款，原本将于 2014 年 3 月底到期的"融资支援基金制度"被延长一年至 2015 年 3 月底，其中针对增长型企业的相关融资规模从 3.5 万亿日元增长一倍，至 7 万亿日元。2014 年 7 月 15 日日本央行政策委员会表示继续维持当前的超宽松货币政策。

---

① 近些年来，日本公众似乎已经逐渐习惯通过通胀的走势来研究日本中央银行的政策利率变化方向，比如，在经济通缩持续的背景下，市场则普遍预期日本中央银行将会继续维持极低政策利率。

（二）对量化宽松货币政策界定的演进——从数量宽松（QE）到信贷宽松（CE）、前瞻指引

基于上述围绕量化宽松货币政策实践背景和理论开展的理论探讨，关于量化宽松的界定也在逐渐演进，回顾历史，从最初的"数量宽松"政策到全球金融危机时期"信贷宽松"政策的讨论，在很大程度上揭示了伴随着中央银行的货币政策实践的不断变化，关于量化宽松货币政策的理论研究也得到了不断丰富和发展。

自大萧条以来，日本中央银行于 20 世纪末首次进行了在零利率背景下的非常规货币政策实践。为了摆脱通货紧缩对日本经济的长期困扰，日本中央银行于 2001 年开始实施"数量宽松"（Quantitative Easing，QE）货币政策。"数量宽松"货币政策的主要内容可以归纳为以下三个方面：一是中央银行明确设立商业银行在中央银行储备存款的目标水平，即强调通过扩大中央银行负债规模的方式来满足市场对流动性的需求；二是中央银行通过购买政府债券的方式向市场投放基础货币，进而达到储备存款目标水平；三是中央银行承诺在未来继续保持较高水平的储备规模以及较低水平的政策利率，除非出现通货膨胀现象。自 2008 年全球金融危机爆发以来，"信贷宽松"（Credit Easing，CE）政策被广泛应用。Bernanke（2009）将美联储自 2007 年以来采用的与信贷支持相关的政策措施以及中央银行购买债券等危机救助的货币政策统称为"信贷宽松"货币政策，指出"信贷宽松"政策的核心是中央银行通过购买债券以及发放贷款等方式增加中央银行"资产"，以期向商业银行、非银行金融机构以及私人部门提供融资服务，这与日本中央银行强调的增加中央银行"负债"的"数量宽松"政策不尽相同。为清晰分辨以上两种宽松的货币政策，加拿大中央银行将其进行了详细区分：将中央银行基于增加商业银行在中央银行的储备存款规模目标而买入政府及准政府债券的货币政策措施归为"数量宽松"政策；将中央银行为改善信贷市场融资环境，在特定市场购买私人资产的政策措施称为"信贷宽松"政策。

实际上，无论是"数量宽松"还是"信贷宽松"，甚至包括全球金融危机时期美联储主张的"前瞻指引"沟通策略都被视为后来统称的广义的"量化宽松"政策的组成部分，最终都会导致中央银行资产负债表的规模和结构发生变化。

美联储讨论的四种沟通策略包括：一是发布联邦基金利率预测；二是

制定明确的通胀目标，促使联邦公开市场委员会的长期政策目标更加清晰；三是承诺未来利率将维持在一定水平，直至就业与通胀达到预设目标；四是同时设立名义国内生产总值（GDP）目标。芝加哥联邦储备银行主席 Evans 和 Campbell、Fisher（2012）一直主张设立明确的通胀率和失业率目标，建议美联储承诺在失业率降低到 7% 或核心通胀率触及 3% 以前延续当前的超低利率政策。亚特兰大联邦储备银行主席洛克哈特于 2010 年 3 月 21 日也指出，鉴于目前美国经济复苏有所改善，他更倾向于选择沟通策略，而不是将购买债券计划作为进一步放松货币政策的选项。2012 年洛克哈特在联邦公开市场委员会将拥有货币政策决策投票权。这些迹象都显示美联储的政策重点已转向沟通。美国圣路易斯联储主席 Bullard（2013）表示，前瞻指引和资产购买是两个独立的工具，他表示很难让市场相信缩减量化宽松并不意味着利率的前瞻指引会改变。Bullard 认为，市场对美联储 2013 年 6 月和 9 月有关缩减购债评论的反应强烈，表明这一政策非常有效。美联储需要在沟通上做更多努力。然而，旧金山联邦储备区负责人 Williams（2011）通过对前瞻指引研究发现其在理论和实际操作层面的问题。在理论上，对未来政策方向的前瞻指引是一个潜在的强大工具，几乎可以帮助中央银行完全解决在利率达到零下限时遇到的问题。然而，前瞻指引在实践上并不是这样的灵丹妙药。第一个问题是，最佳的前瞻指导政策不是时间一致的（Adam & Billi，2007）。事实上，政策制定者们普遍回避做出未来暂时性高通货膨胀（如价格水平目标）的政策承诺，而这只是在理论上可以有效地规避利率达到零底限的做法。第二个问题是对于未来经济和货币政策，公众和中央银行的预期可能并不相同，可能无法起到预期的效果（Reifschneider & Roberts，2006）。[①]

（三）QE 概念最初提出者 Werner 对"量化宽松"实践的评论

随着"量化宽松"政策实践的不断发展演变，相对于 Werner（1991，1995）最初提出的"ryōteki kanwa"（量的金融缓和）（后被演化为"量化宽松"）发生了很大变化，Werner（2009，2012，2013）本人也对此进行了批判：

第一，Werner 主张宽松的对象是"信贷创造"，如政府从银行直接借

---

① 除此之外，前瞻指引本身存在"状态依存"（State - contingent），而且受多种因素和风险评估的影响。

贷，而非发放政府债券的方式，日本与英国的 QE 恰恰是 Werner 反对的扩大银行准备金政策。

日本央行于 2001 年 3 月正式宣布开始采用"量化宽松"货币政策，Werner（2009）指出，日本央行对"量化宽松"这一概念的理解产生了混淆，其采用的政策并不是真正的 Werner（1991，1995）早先提出的"量化宽松"货币政策。Werner（1995，2009）认为，真正需要得到宽松的对象是"信贷创造"，然而，日本央行仅仅是增加中央银行的准备金。这仍然是传统的货币政策，即增加高能货币，但是这种政策是无效的。

如果商业银行在中央银行存更多的钱，则需要更多的信用创造。这只能来自于中央银行或者通过正常途径——商业银行扩张贷款。但是日本央行未能提振信贷创造。因此，定量宽松政策失败。

尽管日本官方于 2001 年开始转向量化宽松政策，但其立场没有改变。中央银行保持信贷创造总量吃紧。因此，尽管高能货币名义量增加，经济仍深陷衰退。在 2006 年曾有短暂的复苏，而这一复苏恰恰是基于信用创造的临时恢复。然而，经济刚刚有起色，日本央行又很快逆转政策，于是日本自此陷入通货紧缩至今。

2009 年，英格兰银行也采用了"量化宽松"货币政策，但是也被 Werner 强烈反对，英国已经习惯了从商业银行购买政府债券，而不是从政府直接购买。Werner 认为，"最好的方式还是通过增加银行信贷来刺激经济"，而这只能通过政府从银行直接借贷来实现，"这样才能创造新的信贷"。

Werner（2009）认为，无论是在日本还是英国，因为没有注重"影响货币供给的最重要因素——银行借贷"，故其 QE 都没有起到作用，完全违背了他的原始主张，"英国 QE 更为失败，因为它的信贷还在收缩"。

第二，美联储的"信贷宽松"更为接近 Werner 的 QE 原旨，财政政策货币化也有助于信贷创造。

Werner（2009）指出，本次全球金融危机以来，美联储通过直接购买资产以及直接贷款来实现信贷创造扩张，更接近于 Werner（1991，1995）提出的真正的"量化宽松"政策。美联储在本次全球金融危机爆发以来采取的措施及其规模与日本银行自 1991 年采取的政策形成鲜明的对比。美联储同时也在使财政政策货币化（Monetizing Fiscal Policy），而日本央行到目前为止都拒绝这样做。因此可以说，目前美国经济可能比其他国家的经济更能得到迅速复苏，尤其是日本。如果中央银行继续让信贷停滞，并且拒绝将财政政策货币化，经济将继续萎缩。目前，这种情况包括日本和英国。

第三，Werner 主张"实体经济信贷"——针对实体经济的银行信贷创造有助于经济增长，且只有流向中小企业才能在低通胀下促进 GDP 增长，而英格兰银行推出的 FLS 计划，流向住房抵押的信贷创造最终会降低总需求。

Werner（2013）采用 1990～2012 年的季度时间序列（92 个观察值），检验不同货币政策工具（包括量化宽松政策）对英国名义 GDP 增长的直接影响，结果显示，针对实体经济（企业和家庭）的银行信贷对名义 GDP 增长的影响最为显著。

其研究结果支持 Voutsinas 和 Werner 以及 Lyonnet 和 Werner（2012）早期研究。在英国实施的量化宽松政策有效地绕过银行体系，依靠资本市场购买企业资产，这或许可以解释为什么量化宽松政策并未使其经济从金融危机中更快速地恢复。

英格兰银行于 2012 年推出贷款资金计划（FLS），以期更直接地影响实体经济的银行信贷。FLS 为放贷给家庭和小企业的银行提供贷款支持，似乎已经采用了 Lyonnet 和 Werner（2012）提出的"实体经济信贷"的概念。初步结果表明，该方案似乎刺激了更多的实体经济信贷创造，但大多数资金流向家庭住房抵押贷款而不是流向中小企业。住房抵押贷款的增加会推高房屋价格，可能在短期内产生一些财富效应，鼓励更多的消费，但从长期来看，新进入房地产市场的家庭支付了过高的房价，需要每月缴纳较高的按揭还款，可能会减少消费者的长期需求。

只有向企业贷款，才会在没有资产通胀或消费者价格通胀的负面影响下促进 GDP 交易增加。或许是这个原因，英格兰银行于 2013 年 3 月改变了 FLS 条款，越过住房抵押贷款，而更明确地将资金借贷给中小企业。

（四）对量化宽松货币政策有效性的进一步研究

2008 年金融危机发生以来，美联储通过实施量化宽松货币政策，向市场大量投放基础货币，美国隔夜拆借利率一直维持在接近零下限，这一期间产生了大量的关于非常规货币政策实施效果的评论文献。具有代表性的包括 Doh（2010），D'Amico（2011），Gagnon 等（2010），Neely（2010），Hancock 和 Passmore（2011），Krishnamurthy 和 Vissing - Jorgenson（2011）以及 Hamilton 和 Wu（2012）。同样，Swanson（2011）再次利用事件研究方法检验 20 世纪 60 年代初美国初次实施扭曲操作的效果，并将其与美联储实施的非常规货币政策进行对比，结果显示扭曲操作似乎对私营部门信贷工具的影响明显小于对国债的影响。Wright（2012）利用结构 VAR 模型检测在联邦基金利率接近零下限时货币政策影响长期利率变化的有效性，发现积极的货币政策影响能降低国债和企业债券的收益率，但是这种影响在之后消失得很快。

Meier（2009）对英格兰银行实施资产购买计划（APF）后的市场变化情况进行案例分析，研究结果显示：量化宽松货币政策在降低市场利率以及缩减信贷利差方面确实起到了积极的效果。但是，中央银行通过购买债券来降低债券收益率的政策效果具有短期局限性，即该政策的实施效果是相对受限的。Morgan（2009）对美联储在全球金融危机中购买债券的效果进行分析，研究表明，尽管该措施对于降低债券收益率确实起到了积极作用，但是该政策并没有达到美联储降低抵押贷款利率的目标。关于非常规货币政策对实体经济及通货膨胀的影响效果，Bernanke、Reinhart 和 Sack（2004）通过创建简化的宏观模型对美国及日本的量化宽松货币政策实践进行了分析，研究结果显示，非常规政策无论是对产出还是对物价，均未产生明显的政策效果，而且该政策对日本的影响作用要比美国弱许多。以 Honda、Kuroki 和 Tachibana（2013）为代表的日本学者则主张，尽管非常规货币政策对物价的影响并不明显，但是其对产出的影响则较为显著，认为量化宽松货币政策主要是通过"投资组合均衡效应"传导渠道产生作用的。

Mishkin（2009）研究表明，在金融危机期间的货币政策是有效的，它的确是比在正常时期更有效，这意味着，美联储在执行货币政策进行风险管理过程中需要更加积极的管控，减少惯性和对既有政策的依赖。Curdia 和 Woodford（2011）扩展了标准的新凯恩斯主义模型，分析量化宽松货币政策与传统的利率政策。研究表明，严格意义上的量化宽松货币政策可能是无效的，但是当金融市场遭到严重破坏时，中央银行计划购买资产计划可以是有效的。并且讨论了在什么情况下如此进行市场干预能增加福利，以及关于存款准备金支付利息的最优政策。旧金山联邦储备区负责人 Williams（2011）对量化宽松货币政策的信号渠道和资产组合渠道的研究指出：信号渠道通过资产购买影响公众对未来短期利率预期来实现。资产组合渠道通过对收益率的影响（不包括未来短期利率预期的影响因素）来实现。对于资产组合传导渠道的理论有多种。在某种程度上，这是因为资产定价模型的主要形式——标准消费资产定价模型和无套利模型一般不允许证券供给影响其价格。在这些框架中，资产的供应与资产定价是不相关的（Piazzesi & Schneider，2007）。

（五）量化宽松货币政策传导途径及对基础货币和通货膨胀率影响的进一步研究

旧金山联邦储备区研究员 Christensen 和 Rudebusch（2012）分析了美联储和英格兰银行宣布计划购买长期债务对政府债券收益率下降的影响。发现美国国债收益率的下降主要反映了较低的未来短期利率预期，而英国政府债券收益率下降主要反映了降低的期限溢价。因此，量化宽松的信号传导渠道和资产组合传导渠道的相对重要性可能取决于市场的制度结构和中央银行沟通政策。因此，通过管理短期利率预期来实现对未来非常规货币政策预期的管理在政策执行中是十分重要的。

Wright（2012）通过异方差和高频事件研究法来研究量化宽松货币政策对利率结构的影响，发现货币政策对长期国债和公司债券收益都有显著影响，但是在随后的几个月影响会较快消失。Andres 等通过最优代理人的一般均衡模型阐释量化宽松货币政策的资产替代效应传导渠道的作用机制。还有一部分学者对个别量化宽松货币政策操作工具的有效性进行了探讨。例如，Mishkin（2008）、Frank 等（2009）均对定期拍卖便利（Term Auction Facrity，TAF）的政策有效性进行了探讨；Stroebel 和 Taylor（2009）则针对美联储购买抵押贷款支持证券（MBS）的效果进行了研究。Chen、Curdia 和 Ferrero（2012）基于美国债券市场的分割数据，利用动态随机一般均衡模型（Dynamic Stochastic General Equilibrium，DSGE）分析了美联储第二次大规模资产购买计划（the Large Scale Asset Purchases，LSAPs）的实施效果。研究显示，在没有政府干预的情况下，国内生产总值（GDP）增长率不到1/3 个百分点，通货膨胀几乎没有变化。研究得出的重要推论是对长期债券量的风险溢价弹性与金融市场分割程度的评估。如果没有承诺保持名义利率在一个扩展周期内维持下限水平，资产购买计划的影响将会变得更小。

国际清算银行研究表明，最近的全球金融危机已经导致中央银行严重依赖量化宽松货币政策。其研究得出以下基本结论：量化宽松货币政策是中央银行利用其资产负债表来影响资产价格和金融环境。资产负债表政策操作的主要渠道是通过改变私营部门资产负债表结构，交换不完全替代的债权。通过改变私人投资组合的风险，将资产负债表政策的效应归功于银行超额储备是不准确的。由于超额准备金是与央行（或政府）短期债权非常接近的替代品，中央银行购买和扩大信贷的对象比如何融资操作更为重要。①

2012 年 3 月 11 日，国际清算银行（Bank for International Settlements，BIS）发布报告称，在降低借款成本方面，与之前的两轮资产购买相比较，美联储的"期限延长计划"实施效果与之较为相似，其研究结果显示，"期限延长计划"在债券平均到期期限的延长方面，使 10 年期国债收益率提高41 个基点。报告同时指出，美联储"扭转操作"在调节收益率方面的政策效果可能已经被部分抵消。美国财政部进一步延长发行国债的平均到期期限至 2002 年以来的历史最高水平——62.8 个月。

Feldstein（2011）指出，在 2008 年之前，商业银行的超额准备金都无法从美联储获得利息，商业银行因此会趋向将所有多余的资金借给家庭和企业，这增加了货币存量。后两者获得这笔资金后将增加消费，从而推高名义 GDP以及通胀。这就是美联储历史上的购债计划和货币存量以及通胀率之间的联系。但 2008 年美联储开始对超额准备金支付利息，从而诱使商业银行不再借出超额准备金。结果就是储蓄在美联储的超额准备金从 2008 年的不足 20 亿美元上升到了如今的 1.8 万亿美元。广义存量在 2008 年至 2012 年则每年仅仅上升 1.5%。但当下通胀的消失并不意味着将来几年通胀不会上升。

（六）关于对量化宽松货币政策评价的进一步研究

1. 量化宽松货币政策对美国影响效果的进一步研究

美国芝加哥联邦储备银行负责人埃文斯指出，尽管美国经济成长近期增速，但美国经济复苏"相对乏力"，仍需要美国联邦储备理事会（Federal Reserve System，FED）超宽松货币政策的支持，认为宽松货币政策仍对实现美联储两项政策目标有利。他还提出了在通胀预期低于 2.5% 的情况下，如果失业率仍高于 6.5%，就保持近零利率不变，后来以其名字命名为"埃文斯规则"。圣路易斯联邦储备银行副主席桑顿（Thornton，2010）在美联储决定实施第二轮量化宽松货币政策时即提出继续扩大资产购买计划规模将会增强上一轮量化宽松政策的负面影响：进一步量化宽松可能会使长期通胀率高于公开市场操作委员会预期的通胀率。第一轮量化宽松货币政策

---

① 国际清算银行研究报告还指出：资产负债表政策应该在综合公共部门资产负债表的背景下讨论。重要的是，央行在利率政策方面享有垄断权，但不能逾越资产负债表政策。

使得银行目前超额储备接近 1 万亿美元。货币供应量（M1）在超额储备减少很少的情况下就会快速增长，因为有效储备需求已经达到历史低水平。因此，如果银行大量提高贷款，目前的超额储备水平将会导致货币供应量迅速增长。圣路易斯联邦储备区 2010 年的研究也显示，量化宽松货币政策会面临严重通胀风险。

世界贸易组织于 2012 年对美国贸易政策审议研究表明：美国 2007 ~ 2009 年金融危机的迅速反应使其扭转了经济下滑趋势。在 2011 ~ 2012 年两年中已经发生缓慢但稳定的复苏。初步经济再平衡已见成效，美国进口和出口额都快速增长，尤其是服务出口，但贸易赤字还在继续扩张。但是，美国继续对某些特定行业提供金融支持，使用非常规货币政策（影响汇率）可能会对贸易产生不利影响。世界贸易组织希望美国能解决这些问题。

2. 量化宽松货币政策对国际影响效果的进一步研究

美国推出量化宽松货币政策以来，学术界及国际机构对其批判声纷至沓来。世界银行前副行长维诺德·托马斯认为，和扩大财政赤字以及汇率战等政策措施相类似，量化宽松货币政策并不是刺激经济增长的有效办法。美联储在继续扩张其财政政策受到严重限制的背景下，实施的量化宽松货币政策并不是十分有效的。维诺德·托马斯特别指出，为追求更高的利润回报，美国量化宽松货币政策会驱动货币向新兴经济体（如中国、巴西）流动。世界银行前行长罗伯特·佐利克认为，美国第四轮量化宽松政策对内效果有限，对世界"毒害"不浅。佐利克表示，他个人觉得量化宽松效果已经开始越来越小。①

自美国量化宽松货币政策实施以来引起了亚洲和其他地方的广泛关注，尤其是对有关美元的削弱和刺激资本流入新兴经济体可能增加其通胀压力方面的研究居多。亚洲发展银行报告对美国量化宽松政策在亚洲经济和金融市场的可能影响进行了分析。研究表明 QE2 时期，亚洲资本流入量与其自身货币基础的整体水平相比是很小的，因此不太可能对亚洲金融市场、经济活动或通货膨胀产生重大影响。降低的美国债券收益率对汇率和债券收益率的主要影响似乎使得韩元更加强大，降低了印度尼西亚的债券收益

---

① 佐利克认为，尽管当前美国商品价格，包括通货膨胀都被有效地控制了，但美联储仍然要提高警惕。因为这一阶段要注意抵御其他类型的资产通货膨胀，诸如，因为投资的过多引入，美国农场的土地价格持续升高。

率。因此，美联储的量化宽松政策对亚洲新兴市场的经济增长和通货膨胀的影响似乎被夸大了。

世界贸易组织 2013 年 9 月研究报告表示，预计未来世界贸易增长率将高于预期值，如果欧盟能相对迅速地从衰退中恢复经济发展，美国逐步退出量化宽松货币政策则可能是未来对世界贸易带来的最大风险。亚洲开发银行于 2013 年 10 月下调了亚洲发展中国家经济增长预期，理由是中国与印度经济发展放缓，而美国逐步退出量化宽松政策也会影响亚洲经济发展。因猜测美国将逐步削减债券购买规模，许多投资者将资金撤出亚洲。亚洲发展银行将包括 45 个国家在内的亚洲 2014 年经济增长速度预期从 6.6% 下调至 6%。亚洲开发银行首席经济学家 Rhee 和 Sumulong（2013）指出，因地区两个最大经济体经济增速放缓，以及人们对美国退出 QE 的担忧，亚太地区 2013 年经济增长速度将低于此前预期。该行还将 2014 年亚洲经济增长速度从 6.7% 下调至 6.2%。2013 年 6 月亚太经济合作组织会议上，经合组织成员国也纷纷表示必须对美国结束量化宽松政策做出准备。

Feldstein（2010）认为，在浮动汇率制度下，美联储量化宽松货币政策导致美元贬值，这对于人民币发展未必是不利因素。考虑到中国的资本账户受到管制，从而美国以及其他国家的投资者不能购买人民币或人民币债券。但是，中国政府亟须研究如何应对美联储的量化宽松货币政策及其政策对其他货币的间接影响。人民币的升值空间较大对于中国来说可以是一个发展的好机会。[1] 总之，Feldstein（2010）认为美联储的量化宽松货币政策可能促使人民币升值，而在这一过程中，中国可以获得的利益不一定比美国少。

四、2014 年 10 月美联储结束 QE 以来的货币政策理论评述

（一）2014 年 10 月以来发达国家货币政策简述

1. 美联储宣布结束大规模资产购买计划，结束第四轮量化宽松货币政策

2014 年 10 月 29 日（美国当地时间），联邦公开市场操作委员会（Fed-

---

[1] Martin Feldstein 认为，在美国实施量化宽松政策过程中，会进一步促进人民币升值，而更强的人民币将有利于减缓通胀压力的持续上升，并且可以起到缩减进口成本的作用，进而增加中国人民的实际收入。

eral Open Market Committee，FOMC）召开会议，宣布：在当前的资产购买计划下，美国劳动力市场状况已经发生了实质性改善。此外，在价格稳定的前提下，经济增长潜力足以支撑当下的就业最大化进程。因此，委员会决定在 2014 年 10 月结束其资产购买计划，即正式宣布结束量化宽松货币政策。委员会维持其现有政策——将机构债和抵押贷款支持证券的本金再投资于机构抵押贷款支持证券，美联储持有大规模的长期证券将有助于保持宽松的金融环境。

为继续支持就业最大化和物价稳定目标，联邦公开市场操作委员会于 2014 年 10 月 29 日重申，当前的 0 ~ 0.25% 的联邦基金利率目标范围仍然是较为合适的。有关这一利率目标范围还要继续维持多长时间，联邦公开市场操作委员会将会密切监测和评估在实现就业最大化和 2% 通货膨胀率目标过程中的进展。该评估将考虑各种各样的因素，包括改善劳动力市场条件的具体措施，衡量通胀压力和通胀预期的指标，公众对金融发展的解读等。联邦公开市场操作委员会预计，基于目前的评估，在 2014 年 10 月结束大规模资产购买计划之后，可能会保持 0 ~ 0.25% 的联邦基金利率的目标范围至相当长的一段时间，特别是在通货膨胀预期继续低于联邦公开市场操作委员会设定的 2% 长远目标时，并假设长期通胀预期保持稳定。然而，如果公开市场操作委员会在未来的经济评估结果显示，宏观经济指标较委员会预计的就业和通货膨胀目标更为乐观的话，则有可能比目前计划时间更早地提高联邦基金利率的目标范围。相反，如果经济发展状况不如当前预定目标，那么联邦基金利率目标范围的调整可能会比目前预计的时间更晚发生。联邦公开市场操作委员会目前预计，即便在未来某一时刻，就业和通货膨胀水平已接近当前预设目标，也可能需要在一段时间内继续维持联邦基金利率在当前极低目标利率范围以内。

然而，美联储于 2014 年 10 月 29 日宣布退出量化宽松货币政策的决定，并未得到全体货币政策委员的一致同意，对此次联邦公开市场委员会的货币政策的投票结果为：9 人投赞成票，1 人——Narayana Kocherlakota 投反对票。明尼阿波利斯区联邦储备银行主席 Narayana Kocherlakota 认为，美联储不应该在此时停止大规模资产购买计划，退出量化宽松货币政策。因为从通胀前景与近期公众对长期通胀预期的持续下降来看，委员会应该致力于将当前联邦基金利率目标范围至少继续维持一年至两年，并且要继续保持当前规模的资产购买计划，直到通胀预期重回 2%（Federal Reserve，2014）。

自 2013 年底至 2014 年 12 月 10 日，在大规模资产购买计划下，美联储资产负债表的规模进一步扩张。联邦系统公开市场操作账户（System Open Market Acconnt，SOMA）持有的美国国债从 2000 亿美元增长到 2.46 万亿美元，持有的机构债和抵押贷款支持证券（MBS）从 1600 亿美元增长到 1.76 万亿美元。负债方面，美联储资产的大部分增长被负债方的准备金余额、流通中货币、联邦储备银行存款、逆回购的增加所抵消。

2. 欧洲央行 2015 年 1 月正式推出量化宽松货币政策

2014 年 10 月，美联储正式宣布结束量化宽松政策之际，欧洲央行则正积极考虑 2015 年是否要正式开展量化宽松货币政策。面临着极低的通货膨胀率和持续较高的失业率，欧元区陷入经济停滞，欧洲央行不断推出更为宽松的货币政策，2014 年 11 月，欧洲央行计划将其资产负债表规模大幅扩张近万亿欧元，以期向经济中注入流动性。12 月 4 日，欧洲央行货币政策委员会下调了欧元区 2015 年的经济增长预期，并且宣布维持再融资利率至 0.05% 的水平，隔夜存款利率继续保持在 - 0.2%，隔夜贷款利率维持在 0.3%。欧洲央行行长德拉吉指出，欧洲央行将于 2015 年第一季度再次审视其经济刺激政策效果，以此来判断是否需要开展进一步的非常规货币政策来刺激欧元区经济复苏。2015 年 1 月 22 日，欧洲央行正式推出量化宽松货币政策，扩大资产购买规模。从 2015 年 3 月起每月债券购买量达 600 亿欧元，直到 2016 年 9 月，抑或欧元区通胀率达到 2%，才会停止购买。

回顾欧洲央行在 2014 年为促进欧元区经济复苏所实施的一系列刺激政策，包括多次降息、购买资产支持证券（ABS）和担保债券，以及实行的一系列的定向长期再融资操作（TLTROS）。2015 年 1 月，欧洲央行宣布启动全面量化宽松政策，从 3 月起开始每月购买 600 亿欧元的政府债券和私人债券，计划持续至 2016 年 9 月底。然而，以德国为首的一些国家提出反对，如德国央行行长魏德曼曾公开指出，欧洲央行为应对低通胀的经济停滞而采取购买国债措施，不符合其现有法律，且不能起到复苏欧元区经济的最终效果。魏德曼行长指出，尽管欧洲央行实行的宽松货币政策对于欧元区普遍国家是较为可行的，但是对于德国而言，则是过度扩张的政策。因为欧元区自身的组成特点，欧洲央行不能照搬美联储及日本银行的量化宽松货币政策。

3. 英格兰银行宣布维持当前资产购买计划

在美国已正式宣布结束量化宽松货币政策之后，2014 年 11 月 6 日，英格兰银行宣布继续维持 0.5% 的基准利率水平，并且保持 3750 亿英镑的资产购买计划规模（量化宽松货币政策）不变。

英格兰银行于 2014 年 11 月 19 日公布的货币政策会议纪要记载，全球经济增长逐渐放缓，欧元区尤为严重，并且长期国际无风险利率大幅下降。这反映了市场参与者已逐渐意识到金融危机后全球经济复苏的速度可能比之前的预期更为缓慢和动荡。总体而言，考虑到一些国家的中央银行近期在海外采取的一系列经济刺激政策，英格兰银行货币政策委员会认为，此类经济刺激政策将有利于改善全球经济活动增长放缓的状况。2014 年，英国的出口需求减弱。与此同时，商业调查表明，2014 年英国产出增长总量很可能会低于此前预期，但仍保持在历史平均增长率水平。私人消费支出仍然相当有限，主要集中在房地产市场上，很明显，2014 年比此前预期下降得更多，很可能会抑制房地产投资增长。

总体而言，经济发展前景仍然不是很乐观，英格兰银行货币政策委员会表示，英国经济增长很可能会低于预期水平，并且通胀率可能会持续低于通胀目标。在这种情况下，过早紧缩货币政策会使经济在受到冲击时产生更大动荡。因此，英格兰银行于 2014 年 12 月 4 日再次重申维持当前的量化宽松政策，保持 3750 亿英镑的资产购买规模不变（Bank of England，2014）。

4. 日本银行宣布进一步扩张"定量与定性宽松"货币政策

2014 年 10 月 31 日，日本银行政策委员会召开会议，宣布要进一步扩张"定量与定性宽松"（QQE）货币政策。具体考虑如下：日本银行预期日本经济将继续缓慢复苏，但在价格方面，最近消费税上涨和原油价格大幅下降使得市场需求量小幅上涨，对市场价格产生下行风险。影响总需求的负面因素已经逐步减弱，从更长期的角度来看，原油价格下跌对经济活动具有积极的影响，并且会推动市场价格上涨。然而，如果当前拉动市场价格下降的压力仍然存在，将会面临通货紧缩风险加剧。为降低通缩风险，改善市场预期，日本银行认为应当继续扩张"定量与定性宽松"（QQE）货币政策，以达到 2% 通胀率的价格稳定目标。日本银行将随时监测影响经济状况与市场价格的因素，并做出适当调整。具体措施如下：

（1）加快基础货币增长速度。日本银行将实施货币市场操作，以使基础货币总量的年均增长量扩张到约 80 万亿日元（与过去相比，年增长量提高了约 10 万亿日元）。

（2）增加资产购买额度，并且延长购买日本政府债券（Japanese Government Bonds，JGB）的平均剩余期限。

首先，日本银行将继续购买日本政府债券，并且以每年约 80 万亿日元的增长速度进行购买（与过去相比，平均每年购买额度增加约 30 万亿日元）。为了压低整个收益曲线利率水平，日本银行的资产购买方式较为灵活，以期与变化的金融市场条件相一致。日本银行购买日本政府债券的平均剩余期限将延长至 7～10 年（与过去相比，最长期限又延长了约 3 年）。

其次，日本银行将购买交易型开放式指数证券投资基金（Exchange Traded Funds，ETFs）和日本房地产投资信托基金（J‑REITs），使它们的结余将分别保持大约每年 3 万亿日元的增长量（是过去增长速度的三倍）和 90 万亿日元的增长量（是过去增长速度的三倍）。并且，"JPX‑日经 400 指数"被加入日本银行可购买的交易型开放式指数证券投资基金（ETFs）范围内（The Policy Board of Bank of Japan，2014）。

（二）关于美联储量化宽松货币政策退出时间与技术难度的讨论

1. 美联储量化宽松货币政策退出时间的讨论

2014 年 10 月 31 日，美联储决定在 2014 年 10 月结束其资产购买计划，即正式宣布结束量化宽松货币政策。在此前后，美联储退出量化宽松货币政策的时间、战略及影响一直是被关注的重点。

在此之前，已有诸多关于美联储应尽早退出量化宽松货币政策的研究，美国国家经济研究局局长 Feldstein 早在 2010 年即表示，美联储应该尽快收缩 QE，而不是等到晚些时候改善劳工市场。他同样认为，虽然经济疲弱，但经验表明进一步购买债券对经济和就业增长影响不大。同时，采取低利率对于银行和其他金融投资者来说会产生过大的风险。这些风险将对养老基金和银行资本带来严重的不利影响。

国际清算银行也曾于 2013 年发表声明，各国央行需要尽早开始准备退出货币宽松政策。全球主要货币当局属于国际清算银行的成员。国际清算银行认为，央行廉价而充裕的资金只是为经济复苏赢得了时间，更多的债券购买行为将阻碍全球经济恢复健康。国际货币基金组织（IMF）在《全球金融稳定报告》（2013）中曾指出，在货币刺激政策引发的长期隐患显现之前，亟须发达经济体推进货币政策改革，逐步退出量化宽松，以期早日恢复金融体系的健康发展。《全球金融稳定报告》指出，极度宽松的货币政策退出之后，面对更高长期利率时，企业和家庭的脆弱性会逐渐暴露，信贷市场的稳定受到破坏，在全球金融危机期间涌向新兴经济体的资本流入会逆流回发达经济体。国际货币基金组织认为美国的银行业重组已基本完成，建议美国货币当局考虑其量化宽松货币政策的负面影响，强调这种极度宽松的货币政策会鼓励一些投资者买入风险非常高的资产，同时也会激励银行降低其放贷标准。

与上述发达国家经济体不同的是，对于新兴市场经济体，国际组织则呼吁其适当放宽货币政策。2012 年 10 月末，五大国际组织的负责人发表联合声明，呼吁近期经济增速放缓的新兴经济体适当放宽其货币政策，以防止经济进一步出现下滑现象，并且建议新兴经济体适当收紧财政政策，以期减少通货膨胀带来的经济危害。与此同时，此份联合声明还指出，适当宽松的货币政策对于新兴经济体实现包容性增长与可持续经济增长方面可以起到十分有力的促进作用。

尽管美联储宣布正式结束第四轮量化宽松货币政策，但其仍继续进行债券购买，即继续购买机构抵押贷款支持证券（此时，美联储将其继续购买债券行为不再称为量化宽松货币政策，而称为"再投资"）。在此，笔者认为，美联储并未从此终止量化宽松货币政策或是结束其债券购买行为，而是暂且停止冠以"量化宽松"货币政策之名，以"再投资"的名义继续进行债券购买。

2. 关于量化宽松货币政策退出的技术难度

在此，笔者还要强调一点，关于美联储退出 QE 的技术难度，截至 2014 年 12 月 10 日，美联储的资产负债表规模已超过 4.48 万亿美元，银行系统的准备金余额接近 3 万亿美元，而与全球金融危机爆发前的银行业 250 亿美元准备金余额的平均水平相比，现如今增长规模已十分庞大。因此，当美联储最终选择要重返货币正常化之时，它将会面临远远高于之前任何政策收紧时期的准备金水平。

自 2013 年底美联储开始逐步削减每月债券购买规模起至 2014 年 12 月 10 日，美联储资产负债表的规模进一步扩张：资产方面，联邦系统公开市场操作账户（SOMA）持有的美国国债从 2000 亿美元增长到 2.46 万亿美元，持有的机构债和抵押贷款支持证券（MBS）从 1600 亿美元增长到约 1.77 万亿美元；负债方面，美联储资产的大部分增长被负债方的准备金余额、流通中货币、联邦储备银行存款以及逆回购（RRPs）的增加所抵消。

尽管美联储正式宣布于 2014 年 10 月结束大规模资产购买计划（LSAPs），即正式宣布结束此轮量化宽松货币政策，但联邦公开市场操作委员会维持其现有政策——将机构债和抵押贷款支持证券的本金再投资于机构抵押贷款支持证券，美联储持有大规模的长期证券将有助于保持宽松的金融环境（Federal Reserve，2014），即在美联储宣布结束第四轮量化宽松货币政策之后，并未立即终止购债，而是以"再投资"的名义继续购买债券。为保持宽松的金融市场环境，联邦系统公开市场操作账户（SOMA）及美联储资产负债表规模并不会立即缩小。

然而，美联储正在努力使其货币政策正常化。一般而言，美联储收紧货币政策是通过公开市场操作来减少一定的准备金，由此产生的银行系统准备金不足会有效地提高银行持有的储备金价值，以减少准备金需求，促使银行抬高联邦基金市场及其他短期债券市场的利率，提高其准备金头寸。然而，在银行系统的储备金非常庞大的时期，进行这种传统的、基于数量紧缩的政策机制以恢复正常化是较难实现的。

（三）美联储退出量化宽松货币政策的国际影响

在2014年10月31日美联储正式宣布结束量化宽松货币政策以来，学术界、国际组织对其退出的影响进行了热烈的讨论。

此前，世界银行高级顾问Otaviano和Cavallari（2013）就曾通过对量化宽松退出战略的研究发现，其退出不一定不利于新兴市场国家。美联储的资产负债表扩张并没有远远大于全球对货币的需求。美联储一般会向私营部门（银行）提供其对超额准备金的需求。因此，美国私营部门对长期债券需求一旦恢复正常，美联储将不会在市场上倾销其不需要的资产。另外，新兴市场不再像以往全球加息的时刻那样脆弱，即期汇率贬值反映了调整的灵活性，而不像以往新兴市场实施固定利率时那样易受冲击。此外，大多数新兴经济体的企业和公共部门债务不再像20世纪90年代经济危机时那么脆弱，股权投资和国内货币计价的债务的比例已大大提高。无论新兴市场国家是面临流动性冲击，还是资本外流，都可以通过结构性改革发掘新的经济增长机会。总之，量化宽松政策的逐步退出最终对于新兴市场国家可能是好消息，特别是如果全球流动性回流的重点是放在发达经济体本国的具体改革上时。此外，Olsen等学者还进一步研究了量化宽松退出对股市的影响，实证结果显示，资产购买规模逐步缩减过程会对股票价格产生短期影响，但此影响会在量化宽松结束前消失。

李稻葵（2014）等部分中国经济学家认为，美联储2014年10月29日（当地时间）宣布退出QE政策对中国经济将产生较小的影响，而且主要是间接的冲击，而没有直接的影响：首先，中国此轮经济周期的结构调整主要以自身调节为主，其中一部分原因来自于房地产市场转型为经济带来一定的下行风险。国际市场的变化和冲击并不是推动此轮中国经济周期调整的主要因素。其次，虽然美国股市在美联储宣布结束大规模资产购买计划之际出现下滑趋势，纽约股市三大股指在美联储宣布结束大规模资产购买计划当天（2014年10月29日）出现小幅下跌，然而A股受其影响较小，在美联储宣称退出量化宽松政策之际并没有出现下滑趋势，即中国股市并未受其显著影响。最后，美联储此前已多次宣称其要退出量化宽松货币政策，并对其进行了诸多讨论，量化宽松政策退出的信息在其被正式公布之前就已被市场较充分吸收了，此次美联储正式宣布退出第四轮量化宽松货币政策符合市场预期，因此对市场未产生明显冲击，美联储此轮退出量化宽松货币政策的负面外部影响可能会出现在新兴市场国家，如印度、巴西等。

对于其他发达国家或经济体，如欧洲中央银行于2015年1月22日宣布，正式推出量化宽松货币政策，美联储结束第四轮量化宽松货币政策在一定程度上激励欧洲央行加快推出欧元区的量化宽松货币政策，尽管德国央行一直对此持反对意见；日本也于2014年10月31日宣布要继续扩张"定量与定性宽松"（QQE）货币政策。其他发达国家在美联储正式宣布结束其量化宽松货币政策之际，要进一步开展或是扩张量化宽松货币政策的原因主要有以下几方面：

首先，美联储于2014年10月29日宣布正式退出此轮量化宽松货币政策，停止大规模资产购买计划并未对其他发达国家产生退出量化宽松货币政策的影响，反而进一步激励了欧洲中央银行、日本银行等进一步扩张其量化宽松货币政策。其次，美国退出量化宽松货币政策表明其经济已逐步复苏，而欧元区及日本的低通胀现象甚至是通货紧缩仍是欧洲中央银行考虑是否要推出自己的量化宽松货币政策、日本银行积极扩张其"定量与定性宽松"（QQE）货币政策的主要原因。最后，美元作为国际货币，其宣布结束此轮量化宽松货币政策，表示其货币政策开始向较以往更为紧缩的方面转变，这使得欧元区以及其他国家的国际货币环境开始收缩。因此，为了缓解国际货币紧缩效果，作为对冲政策，欧洲中央银行以及日本银行只得考虑宽松其自身的货币政策，以平衡国际货币收紧的负面影响。欧洲中央银行及日本银行的这种期望以自身实行量化宽松货币政策对冲美国退出量化宽松的国际货币紧缩效果的举措，对于中国而言，是利好消息。因为如此对冲措施将减少美联储退出其量化宽松货币政策对中国的影响。

此前，围绕美联储缩减每月资产购买计划以及退出量化宽松货币政策对新兴市场国家资产变动影响的研究中，如 Andritzky、Bannisterb 和 Tamirisab（2007），Arora 和 Cerisola（2001）等，对美联储起初缩减大规模资产购买计划规模对新兴市场的影响的经验研究较为有限（与以往历史时期的美联储货币紧缩政策完全不同）。在此类研究文献中，有两篇文献需要指出：Eichengreen 和 Gupta（2014）研究了 2013 年 4 月至 8 月美联储逐渐退出量化宽松货币政策对新兴市场国家汇率、外汇储备以及股票价格的影响。其研究发现，那些受美联储逐渐退出量化宽松货币政策影响最严重的新兴市场国家，通常具有规模较大的、流动性较高的金融市场，并且在美联储大规模购买资产（LSAPs）期间经历了币值上升和贸易赤字，而其良好的宏观基本面或资本管制都没有起到有效的保护作用。Eichengreen 和 Gupta（2014）的研究扩展了他们在此方面的研究结果，并且包括美联储逐步退出量化宽松货币政策对新兴市场国家的资本流动和债券收益率变动的影响，即以美联储 2013 年 12 月开始逐步缩减其资产购买计划规模为时间起点开始研究，并添加其他解释变量。Aizenman 等（2014）也采用了面板框架和每天的数据，发现新兴市场国家的资产价格变化主要受美联储前主席 Ben Bernanke 及现任主席 Janet Yellen 的公开声明或演讲的影响，相比较而言，美联储其他官员，如美联储成员或是美联储下设的 13 个联邦储备银行主席等的公开演讲或其他公告对新兴市场国家资产价格变化的影响较小。

Vikram Rai 和 Lena Suchanek（2014）在加拿大银行 2014 年 11 月工作报告中利用事件研究法（使用单个国家以及面板回归）考察美国货币政策对新兴市场国家资本流动、汇率、股票市场和债券收益率的影响。该研究结果表明，新兴市场国家受美联储有关缩减每月资产购买规模及退出量化宽松的声明的影响较为显著。具体而言，在美联储于 2013 年 5 月、6 月开始准备退出量化宽松货币政策时，新兴市场国家就出现货币贬值以及股票市场下跌，并且在美联储于 2013 年底开始真正缩减资产购买规模时，部分新兴市场国家再次出现货币贬值及股票市场下滑趋势，但其债券收益率出现上升走势。通过对面板数据的回归分析，各类宏观经济指标进一步显示，较为脆弱的新兴市场国家（经济增长乏力，经常账户状况恶化，具有高负债、低储备，生产力增长缓慢的国家）受美联储缩减甚至停止大规模资产购买计划的影响更为显著，此类国家在美联储逐步退出量化宽松货币政策之际，经历了较为严重的汇率贬值和股市下跌过程，并且在美联储发表相关量化宽松货币政策退出公告时表现出较为明显的资本流动变化。

现有研究主要存在以下几方面的局限性：其一，事件研究分析并没有考虑到新兴市场国家在美联储缩减每月资产购买规模，直至正式退出量化宽松货币政策以来所采取的政策和应对措施，包括其可能对因变量产生的一系列影响。事实上，一些新兴市场国家在联邦货币政策委员会会议公告后的数天或数周即会通过货币干预、提高利率或实施其他临时措施，以对冲美联储逐步退出量化宽松货币政策对新兴市场国家金融市场的负面影响。但是，只要货币政策没有在其政策公告的同天实施，虚拟变量的回归结果不会受政策改变，而由于没有考虑到政策实施相对其公告时间的滞后性，收益率的回归结果可能会偏离实际情况。其二，此研究没有衡量美联储缩减每月资产购买计划规模以及退出量化宽松货币政策对新兴市场国家影响的具体程度，也没有比较新兴市场国家受美联储常规货币政策影响与受美联储退出量化宽松货币政策影响的具体区别。

五、本书国内外研究现状评述

围绕美联储应对危机采取的非常规货币政策，各国学术界开展了极为广泛的研究，主要集中在以下几方面：其一，对国际金融危机爆发的原因普遍归结为金融深化与影子银行的快速发展，并对历史上应对危机而采取的非常规货币政策进行追溯和比较，对"量化宽松"、"信贷宽松"（Bernanke，2009）的区分和"沟通策略"进行探讨。其二，对美联储货币政策执行效果的研究，具有代表性的包括 Doh（2010）、Neely（2010）等。但普遍是对某一阶段的单一政策的研究，缺乏总体研究，并主要集中于对中央银行独立性影响的研究，将其视为中央银行被动的政策调整。其三，对中央银行货币政策（尤其是量化宽松货币政策）基础原理和传导机制的研究，如 Bernanke 主张的"金融加速器原理"，以 Wright（2012）、Christensen 和 Rudebusch（2012）等为代表的相关研究多集中于通过各种传导途径对基础货币和通货膨胀率的影响。其四，对美联储货币政策国际影响的研究，主要是对新兴经济体（Emerging Market Economies，EMEs）的影响，普遍认为美联储采取的以量化宽松为主的非常规货币政策是向新兴经济体及全球转嫁金融危机风险，具有代表性的包括 Otaviano 和 Cavcllari（2013）、Thornton（2010）等，研究围绕新兴经济体如何应对美联储退出量化宽松货币政策引发的资本回流，以及中国如何在此期间进一步防范风险、推进人民币国际化。

既有相关研究的特点表现在如下几个方面：

第一，缺乏对以美联储为代表的中央银行货币政策操作相关第一手（英文）资料的全面收集、整理和分析，未能对美联储成立一百余年的宏观调控脉络进行详尽的整体研究。

第二，自国际金融危机以来对美联储的研究多集中于对以大规模资产购买（LSAPs）为主要内容的量化宽松（QE）等非常规货币政策效果的研究，缺乏从中央银行自身的操作范式和职能角度进行深入研究。

第三，普遍将影子银行的快速发展归结为国际金融危机爆发的原因，将美联储视为临时的、被动的政策调整。缺乏对美联储货币政策转变的根本原因的分析，缺乏对当前金融体系演进过程中美联储宏观调控基础转变的分析。

第四，普遍认为国际金融危机后美联储的货币政策范围超越了其本身职能，影响了央行独立性，对中央银行角色及功能界定仍局限在传统理论中，未能对中央银行货币政策操作及中央银行职能的转变进行挖掘。

第五，普遍将美联储2008年以来的货币政策调整视为应对危机的临时调整，并且认为2014年10月29日美联储彻底结束了量化宽松货币政策及资产购买计划，而并未充分注意到：美联储并未从此终止其债券购买行为，而是以"再投资"的名义继续进行债券购买。现有研究并未对美联储将债券购买作为其货币政策基本组成部分进行重点解析。

第六，缺乏研究美联储货币政策转变对新兴经济体，尤其是中国货币当局（中国人民银行）货币政策的启示意义，缺乏对当前中国金融体系改革背景下货币政策转型的关联性研究。

第三节　研究主要内容与基本观点

一、研究主要内容

本书主要围绕美联储为应对当前金融、经济发展趋势对其自身操作范式、操作工具的主动调整进行研究，重点解析金融危机对中央银行（美联储）的冲击，以及在此过程中中央银行职能的转变，特别是中央银行跨越货币政策操作的中介目标（利率、货币供应量等）直接对最终宏观经济目标（充分就业、经济增长等）进行调控的转变，并针对中国金融体系改革背景，提出对中国人民银行货币政策转型的启示意义。拟定的主要研究内容如下：

第一，解析美联储转变的根本原因，即重点研究中央银行（美联储）宏观调控对象与调控基础的转变：解析促进美国影子银行体系快速发展的金融环境及其发展需求，重点分析具备强大资本市场的美国独特的金融体系；梳理影子银行体系的发展脉络，将国际金融危机爆发前后影子银行的发展及其引发的美国金融体系结构变化进行比较研究；探讨影子银行体系引领的金融体系变革如何改变美联储宏观调控基础，及其对美联储宏观调控提出的挑战（通常将"影子银行"定义为：游离于传统银行体系之外，不受中央银行监管，从事类似于传统银行业务的非银行机构，具体包括投资银行、对冲基金、货币市场基金、债券保险公司、结构性投资工具等非银行金融机构。目前美国影子银行发展规模已远远超过传统商业银行）。

第二，基于美联储资产负债表结构变化的研究：比较金融危机爆发前后的美联储资产负债表结构变化，梳理每一项新增账户、科目［如新增的海外回购池、临时补充融资计划（Supplementary Financing Program，SFP）科目］的来龙去脉、变化的原因；阐述美联储创建的所有货币政策新工具的形成及发展因素；考察金融危机后美联储从传统的货币政策转变为以调整美联储资产负债表结构为主的货币政策的深层次原因。国际金融危机爆发之前，美联储资产负债表的资产项主要是其持有的美国国债，即美联储通过对国债进行买卖以支持、限制、配置联邦基金利率，对商业银行、企业的影响是通过利率等因素间接传导的。危机之后，美联储增加了购买机构债的操作后，对经济社会的影响就更为直接和深入了。如金融危机后美联储对房地美（Freddie Mac）等机构债的购买，起到了直接支持房地产的作用。

第三，基于中央银行操作工具变化的研究：梳理美联储公开市场操作中的创新工具的实施背景和环境；阐述新的操作工具是如何打破原有中央银行作为"银行的银行"限制，为各种机构、市场提供流动性支持的；传统的货币政策操作，如回购、逆回购、买卖国债等，是中央银行在向金融机构发放贷款，而在2008年金融危机后，美联储创建的针对交易商、主要信贷市场的多种货币政策操作新工具，如商业票据信贷便利（Commercial Paper Funding Focility，CPFF）、一级交易商信贷便利（PDCF）、定期资产支持证券信贷便利

(Term Asset – backed Security Loan Facility，TALF）以及对特定机构（如贝尔斯登、花旗、美国银行等）的支持便利，是中央银行直接向商业企业、信贷市场提供资金支持，已经远远超出了其传统的中央银行职能范围。

第四，论述中央银行货币政策操作的新范式：基于美国宏观经济发展目标转型（从发展国内生产总值、控制通货膨胀转向稳定就业、以扶持实体经济发展为主要任务），阐述美联储货币政策操作范式的变化。传统的货币政策传导途径为"操作工具—中介目标—最终目标"三级传导，具体表述为"联邦基金供给、需求—联邦基金利率—市场利率（中介目标）—（私人）信贷市场—经济、就业（最终目标）"。金融危机后美联储的大部分资产负债表政策是中立的，如定期证券借贷工具（TSLF）、机构 MBS 再投资、延长期限计划（MEP）等，不再通过调节准备金规模来调节利率，而是对美联储系统账户（SOMA）的结构进行调整。随着货币政策中介指标与宏观经济指标之间传导途径的逐步复杂，中央银行货币政策已经逐步跨越中介目标，直接对宏观经济目标（就业、物价等）进行调控，这意味着为达到一定的宏观经济目标，并不严格需要制定单一的货币政策中介目标。

第五，论述中央银行职能的转变：国际金融危机以来，中央银行（美联储）从传统的调节货币供应量、利率的货币政策逐步转变为以调节流动性，甚至可以直接调节市场流动性为其主要职能，超越"银行的银行"传统职能。

第六，结合转变中的美联储，探讨其对中国货币当局（中国人民银行）货币政策的启示意义，对当前中国金融体系改革背景下货币政策转型方向进行论述。

二、研究基本观点

第一，伴随着金融深化和金融创新，影子银行体系在全球，尤其是在美国，得到了快速发展，其发展规模和重要性远远超越了传统银行体系，从根本上改变了美国金融体系结构，进而改变了货币当局（美联储）的宏观调控的对象和基础。中央银行宏观调控主要盯住货币供应量，而影子银行对货币供应量影响极小。从孕育到发展，影子银行自身具有高杠杆、规避金融监管等一系列特性，极易放大系统性风险，从而引发大范围金融危机。由此美联储在宏观调控的对象和基础发生重大变化的同时，货币政策及中央银行职能也要相应发生转变，以更好地防范金融风险和金融危机。

第二，回顾历史，一个世纪前，纽约清算所救助范围外的尼克伯克信托投资公司倒闭引发了 1907 年全球经济危机，促使联邦储备体系于 1913 年成立；与之具有惊人相似之处的是，2008 年，为规避货币当局监管而衍生的影子银行体系的快速发展引发了全球金融危机，促使美联储在其货币政策及职能方面进行了重大转变。两次金融危机都是以国际大公司倒闭为导火索，从一国引发全球金融危机，引起了货币当局对金融监管漏洞的重新审视，对货币当局政策转型产生了决定性的推动作用，从而有效促进了历史上重大的金融改革。

第三，2008 年由次贷危机引发的国际金融危机前后，由于美联储宏观调控基础的变化，美联储进行货币政策操作的工具、范式、功能都随之发生了变化。首先反映在美联储的资产负债表的变化。在危机爆发之前，美联储传统的货币政策主要是以调节准备金来调节联邦基金利率，进而从调节市场短期利率到长期利率的宏观调控手段。全球金融危机以来，美联储货币政策逐渐转变为资产负债表政策，从调节美联储资产负债表规模转变为以调节美联储资产负债表结构为主的货币政策，而且对银行、金融机构、非金融机构等市场参与者自身的资产负债表修复越来越重视。

第四，2008 年国际金融危机以来，美联储创建了多种多样的新型公开市场操作工具，不仅对存款性金融机构的操作工具进行创新，如定期拍卖便利（Term Auction Facility，TAF）、货币互换（Swaps Lines，SL）等，还对交易商工具［如一级交易商信贷便利（Primary Dealer Credit Facility，PD-CF）、定期证券借贷期权交易（Term Securities Lending Facility，TSLF）等］和主要信贷市场的工具［如资产支持商业票据货币市场共同基金流动便利（the Asset‒Backed Commercial Paper Money Market Mutual Fund Lending Facility，AMLF）、货币市场投资基金便利（the Money Market Investor Funding Facility，MMIFF）］等进行创新。这些工具已经远远超越了原有中央银行作为"银行的银行"只能向商业银行提供资金支持的传统职能，而开始直接向交易商、企业、主要信贷市场提供流动性支持，直接调节市场流动性。

第五，传统的中央银行的操作范式主要围绕货币政策的中介目标进行调整，如美联储在 20 世纪 90 年代以利率取代货币供应量增长率为货币政策中介目标。伴随着影子银行引领的金融创新与金融体系变革，直接融资与间接融资之间的界限也越来越模糊，各种金融工具及金融市场交错纵横。

因此，传统的"货币政策操作工具—货币政策中介目标—货币政策最终目标"的货币政策传导途径已经不再是简单的单线传导。无论是货币政策操作工具与中介目标之间的关系，还是货币政策中介目标与货币政策最终目标的关系，都变得越来越错综复杂。经济学家们对于货币政策传导机制的讨论越来越复杂，关于从货币政策操作工具到货币政策最终目标之间，究竟如何传导的，学术界越来越难以达成一致。次贷危机以来，美联储实施的大规模资产购买计划跨越了货币政策中介目标，形成从货币政策操作工具到最终目标直接传导的货币政策新范式，这似乎为中央银行货币政策改革提供了一个更为直接的新思路。

第六，国际金融危机以来，中央银行（美联储）宏观调控的基础发生变化，由此引发的美联储资产负债表变化，以及货币政策操作工具、操作范式的变化，反映出美联储作为中央银行的职能变化——从传统的调节货币供应量和利率，逐渐转变为直接调节市场流动性。例如，在金融危机爆发前期，美联储通过新型流动性便利工具向流动性紧缩的市场直接注入流动性，在金融危机后期，美联储以定期存款便利、逆回购等准备金流出工具来回收市场上过剩的流动性等。

第七，尽管中国与美国的经济结构和金融体系结构均不相同，但是中国目前同样面临货币当局（中国人民银行）货币政策调控的困境。据国际货币基金组织于2014年10月发布的《全球金融稳定报告》显示，中国的影子银行问题也较为突出，与传统商业银行的信贷相比，中国影子银行的融资增长速度是其增速的近两倍。为此，国际货币基金组织提醒中国货币监管当局要更加密切地监测中国影子银行发展。随着互联网金融与影子银行在中国的快速发展，中国人民银行货币政策调控的基础也在发生巨大变化，货币政策操作的中介目标和最终目标之间的关系越来越错综复杂，难以辨析。美联储跨越货币政策中介目标，直接调控最终宏观经济目标、调控流动性的经验为中国货币当局提供了启示和借鉴。

第八，尽管美联储宣布在2014年10月结束其资产购买计划，即正式宣布结束量化宽松货币政策，但仍维持其现有政策——将机构债和抵押贷款支持证券的本金"再投资"于机构抵押贷款支持证券，以期继续保持宽松的金融环境。可见美联储并未停止购买债券，而是在宣布结束量化宽松货币政策及大规模资产购买计划（LSAPs）之后，以"再投资"的名义继续进行债券购买。量化宽松货币政策实施以来，购买债券行为已经成为美联储货币政策的组成部分，即便是美联储于 2014 年 10 月宣布结束第四轮量化宽松货币政策，也并未停止其购债行为。据多位美联储官员表示，美联储只是终止其自 2012 年 12 月以来的第四轮量化宽松货币政策，而并未将量化宽松货币政策逐出美国历史舞台。如果未来美国经济再次陷入危机，则美联储会重新考虑推出新一轮量化宽松货币政策。而且在美联储宣布退出量化宽松货币政策之时，欧洲中央银行已于 2015 年 1 月 22 日正式宣布推出量化宽松货币政策，并且日本银行也进一步扩张了其量化及质化宽松（QQE）的规模。故中国货币当局要认清当前发达国家货币政策发展基调，并采取积极应对手段。

鉴于以上研究，中国人民银行在宏观调控及监管过程中要吸取美联储政策转型的经验和教训：首先，要认真厘清金融体系长远发展趋势及发展脉络，对未来发展方向有基本的判断，货币政策的制定要符合金融和经济体系未来发展趋势，而不是相反。其次，秉承"发展"重于"管制"的原则，在确保市场主体有效自由经营的前提下，抵御金融危机及不适当金融活动对经济的负面影响。再次，影子银行作为金融创新的重要组成部分，其发展对于金融体系朝着市场化演进具有至关重要的作用，而其本身特有的高杠杆、增加信贷市场摩擦等特性又极易引发金融危机，故中国货币当局既要认清未来发展方向，确保影子银行引领的金融创新与金融市场化，同时又要及时防范和监管在影子银行自身风险以及影子银行快速发展引领的金融体系变革下的系统性风险，要继续寻求"更好"的调控与监管方式，而不是"更强"的宏观调控或是管制。

第四节　本书研究方法与创新之处

一、本书研究方法

本项目计划基于美国货币当局和相关国际组织的第一手资料，与世界顶尖大学进行合作研究，基于资产负债表研究方法，挖掘在金融创新进程中，以美联储为代表的中央银行在其货币政策操作工具、范式、职能方面的转变，对传统的货币政策理论和实践提出挑战，探索中央银行未来的发展方向。

研究美联储为代表的中央银行的变化首先必须获得真实完备的第一手政策资料和数据，在方法上主要采用资产负债表等研究方法进行研究。

（1）追踪原始资料：以美联储及相应美国官方公布的第一手资料为研究对象，确保研究基础的准确性、真实性。

（2）建立目前最完备的中文转换原始资料库：申请人已经花了两年时间建立了以美联储为代表的发达国家中央银行在国际金融危机以来每一年的货币政策中文资料库，包括 15 期的美联储货币政策报告（2007～2013 年每年 2 期，以及 2014 年上半年）①、66 期美联储公开市场操作委员会（FO-MC）会议纪要（平均每年 8 期，其中 2010 年为 10 期，2007～2014 年共 66 期）②、纽约联邦储备银行的历年公开市场操作报告（2007～2013 年）③，并对美联储的所有创新工具的官方相关资料进行梳理、翻译、整理，包括每种工具设立的初衷、如何使用等。截至目前，对美联储官方资料的整理、翻译已形成近百万字的中文材料，如此规模的对国外货币当局原始材料的翻译、整理成册对国际研究来说是非常充分的。

（3）资产负债表研究方法：采用较新的资产负债表研究方法（包括对资产结构的静态、动态分析，对资本结构的静态、动态分析，对资产、负债、权益具体结构的分析等），对联邦系统账户（SOMA）、美联储资产负债表进行分析，解析美联储在国际金融危机前后的转变，以及如何通过资产负债表结构调整来实现货币政策最终目标。

二、创新之处

第一，新视角。学术界普遍认为，美联储自 2008 年以来的货币政策调整是应对危机的临时被动举措。本书首次深入挖掘其根本原因为：近年来影子银行的发展和其引领的金融体系的变革导致了美联储原有宏观调控的对象变化。在宏观调控对象变化的基础上，为防范金融风险与金融危机，

---

① 详见 http：//www. federalreserve. gov/monetarypolicy/mpr_ default. htm.

② 详见 http：//www. federalreserve. gov/monetarypolicy/fomccalendars. htm.

③ 详见 http：//www. newyorkfed. org/markets/annual_ reports. html.

美联储主动调整货币政策操作范式和自身职能。

第二，理论与应用创新。对传统的中央银行货币政策传导途径、中央银行职能进行挑战，提出跨越中介指标，直接调控最终目标的新型货币政策传导模式，以及中央银行从传统的"银行的银行"到对非银行金融部门、企业、信贷市场的直接流动性进行管理的转变。借鉴美联储货币政策的转型，在当前中国金融体系改革背景下，对中国货币当局的货币政策转型提出建议。

第三，新资料与先进的研究方法。首次对中央银行（美联储）货币政策操作相关的第一手英文资料进行全面收集，穷尽相关的所有官方原始资料，确保研究的真实性、客观性，并逐一翻译且整理成册。采用学术界先进的资产负债表研究方法，对美联储资产负债表进行研究。

第二章 转变之前

——全球金融危机前的美联储

美联储自 1913 年成立至今长达一百余年的历史中，并非是一成不变的。布雷顿森林体系解体以来，尤其是在以影子银行快速发展为主导的金融创新、金融全球化进程中，美联储宏观调控的基础发生了变化，金融体系结构已发生了重大改变：游离于中央银行监管体系之外的影子银行逐渐成为比传统银行更为强大的市场主体，对美联储宏观调控提出了重大挑战。随着美联储宏观调控基础的转变，美联储的货币政策操作工具、传导机制，以及中央银行职能也都发生了转变，并且仍在转变过程中。这种转变在全球金融危机以来更为显著。本书试图对美联储在信用货币时期以来的上述转变进行详细阐述和深入研究。

笔者在本书中重点介绍美联储在 2008 年全球金融危机以来的货币政策实践以及金融危机对美联储的冲击。为更加有针对性地阐述清楚美联储在信用货币时期，特别是在全球金融危机以来的转变，本书首先对美联储的早期政策实践及理论进行论述，以期与后文的全球金融危机以来的美联储货币政策进行对比研究。本章前三节，笔者将通过对美联储历史的回顾，从联邦储备系统的建立、布雷顿森林体系解体之前以及 1970 年以后信用货币时期几个阶段分别对美联储货币政策体系的演进过程进行详细解析。本章第四节，笔者还将对 2008 年全球金融危机爆发之前美联储如何应对金融危机进行总结分析，以期与后文其他章节美联储全球金融危机以来的货币政策分析进行对比。

第一节 联邦储备系统建立概述

自 1969 年世界上第一家中央银行——荷兰阿姆斯特丹银行成立，多数国家都成立了自己的中央银行，并且从最初的以商业银行业务为主的银行逐渐演变成执行货币政策和监管的中央管理机构。

据 Meltzer Allan H.（2003）在其著作《美联储的历史》中记载，当代中央银行理论最初是在 18 世纪与 19 世纪金本位体系下发展起来的。因为当时英国在贸易、金融及经济理论中的世界主导地位，大部分央行理论起初都是在英格兰银行或其实践中发展起来的。联邦储备系统最初采用的中央银行理论与政策实践框架，反映了当时欧洲中央银行，特别是英格兰银行占主导的货币政策实践。更为重要的是，20 世纪 20 年代，联邦储备系统的最初发展吸收了英格兰银行在第一次世界大战前的中央银行理论思想。正是对美国历史中相关理论与实践重要因素的兼容并蓄，才创建了指引美联储政策实践的重要指导框架。

美联储自 1913 年成立至今，已有一百余年的历史。在美联储成立之前，也曾尝试成立类似的美国中央银行——美国第一银行、第二银行，但因担心利益和权力集中在少数集团手中，特别是不能在政府与市场间公平分配管理权力而失败。然而，在美国第二银行关闭之后，美国经历了漫长的无央行管理时期，金融市场放任自流引发金融危机频发，纽约清算所作为银行危机的主要救助机构，其管理和救助范围极为有限，如信托投资公司等非银行金融机构不在纽约清算所救助范围内。1907 年的金融危机便是由信托投资公司引发的，由于缺乏实力强大的"最后贷款人"，且银行业缺乏统一监管，美国银行家及州政府逐步意识到建立全国范围内的权威风险防控机构的重要性，最终，1907 年的金融危机促成了美联储的成立。可见美联储从成立之初便是与金融危机紧密相关的，美联储其特殊的"政府 + 非营利机构"结构实现了在市场与政府间的分权制衡。

在美联储成立之初，也面临过许多问题：其一，第一次世界大战使得黄金大量增加，使得以黄金为基础的国际金本位制度崩溃。美联储持有的资产组合规模较小，难以对金本位瓦解后的通货膨胀采取有效应对措施。

其二，在联邦储备体系成立的早期，在 13 家联储银行与联储委员会之间，为争夺权力而频频发生矛盾与冲突。其三，联邦储备系统成立之初并未完全满足其创建者的最初意旨。联邦储备系统的拥护者期望创建一个可以同时有效避免通胀、抵御金融危机，并且促进谷物、棉花以及主要产品出口的管理机构，然而，初期的美联储并未能满足诸多的功能要求。

下面，本节将主要围绕早期美国第一银行、第二银行所面临的"央行"性质与集权问题，1907 年"非银机构"危机如何促使美联储成立，以及联邦储备体系建立初期如何解决在政府与市场之间有效分权等问题进行论述。

一、"央行"性质与集权问题

荷兰阿姆斯特丹银行成立于 1969 年，被公认为世界上第一家中央银行。大多数国家在其历史发展过程中都成立了自己的中央银行，如瑞士、英国、法国先后于 1668 年、1694 年、1880 年成立了各自的央行。早期的中央银行仍从事吸收居民储蓄、提供贷款等类似私人银行业务，这些商业银行业务后来逐渐从中央银行中分离出来。发展至今的中央银行不再向企业或个人提供商业借贷，而只是作为执行货币政策和监管的机构。

从 1913 年至今，美联储成立已有百年历史。在此之前，美国历史上曾多次试图成立类似于美联储的中央银行，但因担心央行会被少数利益集团控制而没有成功。建国之初，美国大部分行政权力主要集中在州政府，而非联邦政策，故各州担心成立中央银行会扩大联邦政府权力。

18 世纪末至 19 世纪初，由于独立战争和英美战争的相继爆发，为维持银行秩序、处理战争债务，美国先后于 1791 年、1816 年成立全国性的"中央银行"——美国第一银行、第二银行，帮助各州发行债券以偿还债务，并为美国财政部提供服务。新成立的美国联邦政府缺乏资金，只能向银行贷款认购股票。美国第一银行、第二银行仍是私人性质的商业银行，从事商业银行业务，且按股份制方式向股东分配红利。其中，包括英国中央银行在内的外国金融机构购买了约 720 万美元的股票，即美国第一银行、第二银行超过 70% 的股权为欧洲银行家掌控，需向其支付大量红利。① 除了担心

---

① 美国政府官员们担心成立央行会对整个银行业务形成垄断，阻碍美国其他银行业务发展，削弱各州政府权力。因此，进一步加快了美国第一银行、第二银行的关闭。

私人性质的"中央银行"会偏向经济较发达地区的富商，而不顾及占美国人口多数的农民利益之外，反对者还担心持有较高比例股权的外国银行家会以此控制美国经济。鉴于以上种种反对，美国第一银行、第二银行分别于1811年、1836年，即20年经营权到期后被迫关闭。

二、"非银机构"危机特殊性

（一）无央行时期金融市场放任自流导致金融危机频发

在美国第二银行关闭后，美国度过了70多年漫长的无央行时代。缺乏央行对银行业的统一调控和监管，处于国民银行时期的美国，在金融市场迅速扩张的同时，饱受经济危机困扰。放任自流的银行体系问题逐渐暴露，19世纪70~90年代，没有中央银行作为"最后贷款人"对陷入困境的金融体系进行保护，由于挤兑导致银行大规模倒闭，金融危机频发，美国进入了长时期经济停滞和空前衰退时期。[①] 具体而言，1873年、1884年、1890年以及1893年，美国都爆发过由于银行危机而引发的大规模金融危机，而且每一次金融危机中倒闭的银行数量都在逐步增加，金融体系和整个经济受破坏的程度越来越严重。其中，在1893年的金融危机中，美国数百家银行破产倒闭，金融危机为个人、家庭、企业都带来了巨额财富损失，由银行危机导致的金融体系崩溃，使得整个美国经济都陷入困境和长期停滞，无法正常运行。

（二）"非银机构"引发危机在清算所救助范围之外

直至20世纪初，因信托投资公司过度吸纳社会资金投资股市失败而再次引发了1907年的金融危机。位于纽约市第三大信托投资公司——可尼克伯克信托公司（Knickerbocker Tust Company）终于于1907年10月宣布破产倒闭，起因是投机者试图在股票市场上操纵美国铜业公司（United Copper Company）股票，此行动失败后致使贷款给这次试图操纵市场的投资者的银行以及信托投资公司纷纷破产。其中，以纽约第三大信托投资公司的倒闭最为令人震惊。可尼克伯克信托公司的破产倒闭与2008年全球金融危机中雷曼兄弟公司的倒闭在某种程度上有相近之处，两次不同时期的国际大公

---

① 但此阶段的历次危机均发生在国民银行，作为国民银行自治机构的清算所可以通过组织会员银行联合自救，在一定程度上控制危机恶化和蔓延。

司的倒闭都给市场参与者敲响了警钟，带来了严重的市场恐慌。危机爆发后，大量存款者到所在银行进行提款，银行挤兑现象频发，危机恐慌瞬间从地区蔓延到了全国各地，此次金融危机对金融市场及整个经济体系产生了巨大冲击，较此前 1873 年、1884 年、1890 年以及 1893 年金融危机更为严重。

但因信托公司不属于美国国民银行，会员制的纽约清算所无力对其进行救助，联邦政府也缺乏直接干预金融市场的职权，以往由半官方机构承担的反危机工作最终由危机中的最大受益者摩根家族出面联合各银行采取救助，让美国经济免于崩溃。然而，20 世纪初的美国经济发展已具相当规模，而少数大银行的资金较为有限，在危机发生时缺乏足够充当"最后贷款人"的实力。银行业缺乏统一监管的风险再次暴露出来，银行家和州政府也逐渐意识到建立全国范围内的权威风险防控机构的必要性。

三、政府与市场如何分权制衡

（一）《奥尔德里奇计划》引发私营部门权力集中问题

继 1907 年金融危机后，《奥尔德里奇计划》（以下简称《计划》）被再次提出，而受美国第一银行、第二银行的影响，《计划》中的仍是私人性质"央行"。尽管《计划》主张美国成立一个统一的中央银行，以向金融危机发生时被挤兑的银行提供最终贷款，起到稳定市场信心的作用，但是美国中西部农业州担心此私人性质"央行"会集权于美国东部较发达地区的富人。另外，如果放弃私人性质"央行"的提议，成立完全由政府机构组成的央行，美国公众又会担心联邦政府的权限过大，政府滥用职权的风险过大。美国共和党、民主党的不同立场引发了对美国中央银行性质的争论。以奥尔德里奇为首的共和党成员担心政府权力过大会过度干预经济，民主党则担心建立私人银行性质的中央银行会控制整个国家经济，集权于富人区，而非美国大众。因此，如何成立一家既考虑政府，同时又顾及私营部门的中央银行成为讨论的核心问题。

（二）美联储"政府＋非营利机构"结构的分权制衡

在美国共和党和民主党的双方制衡和妥协下，1913 年，在新起草的《联邦储备法案》中提出并通过了建立"政府＋非营利机构"的双重结构的美联储，避免美国中央银行完全由政府或金融机构等私营机构控制，而又同时顾及了政府及私人机构的双方利益与意愿。具体地，美联储的分权制衡体现在地理位置、组织形式与货币政策制度三个方面。

第一，在地理位置上，美联储由位于华盛顿的联邦储备局和分散于美国各地区的12家联邦储备区银行组成。只有在联邦储备局的委员与分散于全国各地的12家联邦储备银行主席共同决策下，美联储的主要货币政策才能生效。避免了货币政策决策权主要集中于东北部富人区或其他个别区域，也防止政策决策权为联邦储备局的少数委员所掌控。

第二，在组织形式上，是"联邦政府＋非营利机构"的双重组织，货币政策制定由联邦储备局委员和各家联邦储备银行主席共同参与。与中国人民银行相比较，美联储12家联邦储备银行不同于中国人民银行在各地区下设的人民银行分行。美联储12家联邦储备银行不是美联储的下设分行，其运行相对独立，且享有比分行更高的政策决策权与参与权。联邦储备银行不同于一般的私营机构，其不以盈利为目的，与政府性质的联邦储备局共同决策货币政策。

美联储达拉斯联邦储备银行政策顾问及高级经济学家王健（2013）表示，美联储这种双层组织形式，既避免了货币政策集中于少数集权地区，也防止了权力完全集中在联邦政府或私营部门手中。

第三，在货币政策制度上，美联储包括联邦储备委员会及12家联邦储备银行董事会成员的选举及任期制度在很大程度上避免了美国总统、国会，甚至是少数行业操控美联储。具体而言，美联储货币政策的最高决策组织是由联邦储备局的7位委员及12家联邦储备银行主席共同组成的。作为美联储最为重要的货币政策——公开市场操作是由联邦公开市场操作委员会（FOMC）决策制定的。联邦公开市场操作委员会（FOMC）由12名成员组成——包括联邦储备委员会的7名成员、纽约联邦储备银行的主席，以及其他11家联邦储备银行主席中的4名。除纽约联邦储备银行主席之外，其余11家联邦储备银行主席按区域划分为四组，轮流担任联邦公开市场操作委员会委员，每届的任期为一年。

联邦储备委员会的7名成员均由美国总统提名，并需国会确认之后才能任命，但其独特的任期安排较为严格地限制了总统和国会对联邦储备委员会的控制。具体而言，联邦储备委员会中的每位成员任期为14年，到期后不允许连任。美国总统任期为4年，通常情况下，最多可以连任一届，即在联邦储备委员会成员的14年任期中，已经经历了几任总统换届，即在很大程度上限制了美国总统对其的控制权。此外，如果要罢免某位已经被任命的联邦储备委员会成员，美国总统不能单方面决定，还需要美国国会至少2/3以上的成员同意才生效。这在一定程度上，照顾到总统与国会的双方利益，其中任何一方都难以直接控制联邦储备委员会的决议。

12家联邦储备银行董事会成员的选举也考虑到了不同行业的利益需求与公平性。依据相关法律，地区联储董事会成员必须从各种不同行业的人员中选举，既要包括主要商业部门的执行总裁、金融界人士，也要包括大学等公共机构的负责人等。以此避免政策决策偏向于少数行业利益。

第二节 1970 年以前美联储货币政策评述

一、早期贴现率政策局限性

《联邦储备法》授予美联储货币政策的目标为"提供弹性的通货以及商业票据再贴现的措施，建立有效的银行监管机制，以及实现其他政策目标"。可见，早期的货币政策操作主要为调节贴现率（见图2－1）。美联储将贴现票据限定为"有真实贸易背景的商业票据、银行汇票以及汇票"，以此来满足生产性的货币需求，以避免出现通货膨胀。

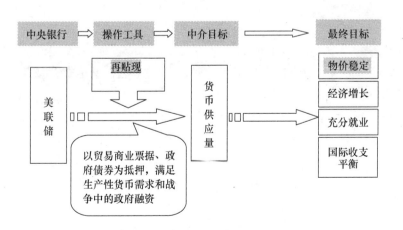

图2－1　早期的美联储货币政策传导机制（1914～1921 年）

美联储成立之初，决定货币发行的两个主要因素包括黄金储备和商业票据。在第一次世界大战爆发后，为解除黄金对货币供给的制约，一些国家相继放弃金本位制，美国则以禁止黄金外流的方式减弱金本位制对货币供给的限制。1920年年初，美联储提高贴现率以缓解不断增长的通货膨胀。在"一战"结束后，美国进入为时两年的经济衰退期（1920~1921年）。

这一时期的货币政策仍停留在较浅层面，货币政策对金融市场及宏观经济的作用并未被充分利用和体现，主要反映在以下几方面：

第一，成立之初的美联储还没有被赋予调整准备金的权力，没有意识到公开市场操作的重要性。12家联邦储备银行之间具备高度的独立性，独立进行各自以盈利为目的的公开市场操作。[①]

第二，为满足战争开支，财政部的政府债券被列为美联储再贴现的合格抵押品之一，大幅度刺激了美国货币存量的快速增长。[②]

第三，美联储通过提高贴现率来应对不断上涨的通胀压力。然而，贴现率越高，商业银行越难以利用贴现窗口取得信贷，货币供给越缺乏弹性，但贴现率是这一时期最主要的货币政策操作工具。

二、政策独立性与准备金调节评述

20世纪20~50年代，美联储公开市场操作开始逐步运作，《银行法》推进联邦储备体系进一步完善，但货币政策独立性并未完全实现，主要体现在以下几方面：

第一，关于公开市场操作。经历了1921~1922年的经济萧条后，公开市场投资委员会（Open Market Investment Committee，OMIC）以协调联邦储备体系的全部公开市场操作为目标于1923年被创建，这标志着公开市场操作（Open Market Operations，OMO）开始正式运作。但是，一直到20世纪50年代，美联储很少运用公开市场操作和再贴现等操作工具。

第二，关于准备金调节。在1929~1933年经济大萧条之后，美国

---

① 这一时期的公开市场操作仅仅作为一种政府收入来源，而没有发挥调节准备金、调控货币和信贷的作用，尽管目前常用的中央银行买卖债券以及回购协议（Repurchases，RPs）等手段已经在这一时期开始运用。

② 从"一战"爆发直至战后一年多，美国货币存量迅速增长，广义货币供应量（M2）从200亿美元扩张至超过400亿美元。

《银行法》于 1933 年颁布并于 1935 年修订，通过此法案，联邦储备体系被重新构造，其构造的基本框架一直持续到今天。该法案包括：将公开市场投资委员会（OMIC）更名为公开市场操作委员会（FOMC）；授权美联储调节法定准备金的权力；设置储蓄存款以及定期存款利率的上限；加强对银行业监管等。美联储执行货币政策的独立性和权力均得到进一步加强。

第三，关于货币政策独立性。尽管《银行法》中指定美联储调节法定准备金等货币政策制定的权力，但在第二次世界大战期间（1939～1945年），美联储以既定价格从财政部购买政府债券，货币政策实际上还是从属于财政政策的一部分，美联储的政策独立性并未完全实现。该时期，美联储开始重视通过调节法定准备金为主要操作工具的货币政策，以实现国内经济稳定，国际收支平衡，防范、缓解金融危机的政策目的。大萧条时期的美联储货币政策传导机制如图 2-2 所示。

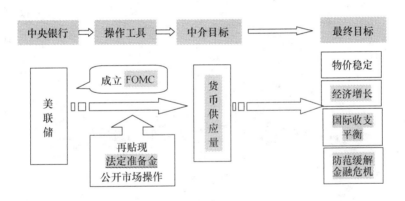

图 2-2　大萧条时期的美联储货币政策传导机制（1921～1950 年）

三、利率制定权的缘起、内在机理

20 世纪 50 年代，朝鲜战争的爆发将美联储货币政策调控局限性进一步放大，并推进美联储获取利率制定权，主要体现在：

第一，1951 年之前，美联储曾长期受制于财政部，尤其是在第二次世界大战期间，美联储配合财政部一直保持低利率以满足战争筹款。然而，美联储如果继续以固定水平利率支持美国政府债券价格，那么美联储货币政策就难以起到调控作用。

第二，伴随朝鲜战争的爆发，价格迅速上升，美联储债券支持政策对其货币调控的限制被显著放大，最终于1951年促使《财政部与联邦储备体系协议》的签署，终结了美联储维持固定国债利率的义务，获得制定利率政策的权力。[①] 公开市场操作（OMO）逐渐纳入美联储货币政策的基本操作工具，而将其他政策工具——贴现率和法定准备金率——作为货币政策操作的辅助工具。《财政部与联邦储备体系协议》签署后的货币政策传导机制如图2-3所示。

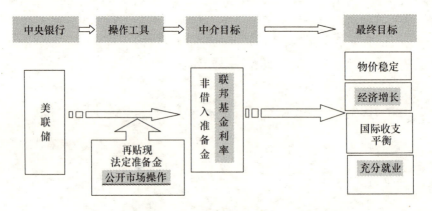

图2-3 《财政部与联邦储备体系协议》签署后的货币政策传导机制（1950～1979年）

1951～1970年，即马丁任职美联储主席期间，主要关注银行超额准备金和借入准备金量，将货币政策的中介目标设定为非借入准备金和货币市场短期利率。美国现代准备金市场就是在这个时期发展起来的，主要是在20世纪60年代中期。

---

① 时任美联储主席马丁拒绝了杜鲁门总统令其干预政府债券市场的命令，使得美联储最终摆脱白宫和财政部干预，成为真正独立的货币政策制定部门，开创了"现代美联储时代"。

第三节 信用货币时期货币政策模型分析

一、传导机制与准备金模型概述

（一）联邦基金、借入准备金、非借入准备金

联邦基金是指存放在联邦储备银行中的美国商业银行准备金。为预防商业银行在发生大量金额提款时出现挤兑现象，确保其具备充足资金用以清偿，美联储规定商业银行不能将其吸收的所有存款全部放贷出去，而需要以一定比例留存一部分。法定准备金即商业银行须按规定在中央银行（美联储）存放的一定比例的存款，而超额准备金就是商业银行存放在中央银行的超出法定准备金的那部分存款，其中，超额准备金主要用于商业银行间的支付清算、调拨头寸以及资产运用备用资金等。

按照准备金的来源，又可以分为借入准备金和非借入准备金。借入准备金是指中央银行通过贴现窗口向商业银行以及存款性金融机构提供的临时性贷款，即商业银行及存款性金融机构在其法定准备金数额不足时，向其他拥有超额准备金的商业银行借入的资金。其从自身存款总额以一定比例提取的作为准备金的部分资金则被称为非借入准备金，又称为自由准备金或自有准备金。

（二）货币政策传导机制、联邦基金利率、贴现率与公开市场操作

美联储传统的货币政策通常是指，美联储（中央银行）运用政策操作工具（再贴现、存款准备金政策以及公开市场操作）调节中介目标（利率、货币供应量），以实现货币政策最终目标（物价稳定、经济增长、充分就业与国际收支平衡）。货币政策传导机制是指美联储如何运用货币政策操作工具，通过何种途径传导，以实现最终目标（见图2-4）。

作为货币政策的三大操作工具，最常用的是公开市场操作，也是目前大多数市场经济国家的中央银行进行宏观调控的最重要工具。美联储的公开市场操作具体可以分为永久性、暂时性两种公开市场操作。永久性公开市场操作主要是用来调节美联储资产负债表的长期影响因素，即关注流通中

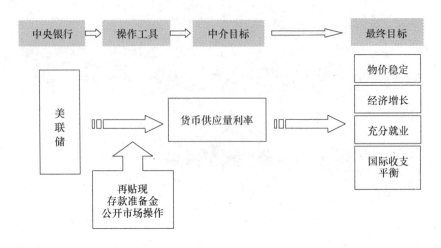

图 2-4 美联储传统货币政策传导机制

货币的增长趋势，具体方式是通过联邦系统公开市场账户（SOMA）直接买卖证券。暂时性公开市场操作则用于应对短期变化引起的准备金临时需求，具体操作通过回购协议（RPs）或者逆回购协议（RRPs）的方式进行。①

联邦基金利率即需要借入准备金的银行从其他拥有超额准备金的银行借入准备金而需支付的利率。美国《银行法》规定美联储被授予调节准备金的权力，公开市场操作委员会（FOMC）指定纽约联邦储备银行交易专柜调节联邦储备结余，使得联邦基金利率（隔夜拆借利率）的平均值保持在联邦基金目标利率上下。因此，纽约联邦储备银行交易专柜安排一系列公开市场操作，影响银行体系中的准备金供给及联邦基金利率，使联邦基金利率维持在目标利率，同时通过联邦基金持有国内金融资产结构达成其他目标。美国现代准备金市场于 20 世纪 60 年代开始发展起来。美联储通过调节准备金市场，从而影响货币供给、市场利率，并最终起到影响经济活动和通胀率的作用。

贴现率是指商业银行或其他金融机构将持有的已贴现票据向中央银行申请办理再贴现时的利率，即当商业银行需要调节流动性时向央行支付的利息。理论上，美联储可以通过调整贴现率来影响商业银行向央行申请贷

---

① 回购协议是指纽约联邦储备银行交易专柜先买入某种证券，并约定好在未来某一时间再将该债券卖出。回购的实质与抵押贷款相同，买入价与卖出价之间的差额类似于贷款利息。

款的积极性，进而调控整个货币体系利率和资金供求关系。

（三）准备金市场的传统模型

准备金市场传统模型的原理即联邦基金利率是在准备金需求与供给相互影响下决定的。商业银行要在以下两者之间寻求平衡：持有超额准备金会增加机会成本；如果不持有充足的超额准备金，在准备金出现短缺时借入准备金需要支付利息，同样会产生成本。下面，以准备金市场的传统模型着手进行研究。

设 TR^d 为总准备金需求，i^f 为基金利率，v^d 为需求扰动，a 为系数，总准备金需求可以表示为：

$$TR^d = -ai^f + v^d \qquad\qquad (2-1)$$

准备金需求取决于准备金成本以及货币需求的其他影响因素（如收入因素）。这里主要考察准备金问题和基金利率之间的短期决定关系，故将收入变动以及其他影响存款需求变动的因素都放在需求扰动中。式（2-1）即表示在排除其他因素的滞后效应之后，基金利率新息与总准备金需求之间的关系。此时，银行体系中的准备金总供给（TR^s）可以表示为借入准备金（BR）与非借入准备金（NBR）之和，其中，t 表示时间：

$$TR_t^s = BR_t + NBR_t \qquad\qquad (2-2)$$

关于非借入准备金，美联储通过公开市场操作，即买卖政府证券来控制其存量。如当美联储在公开市场上购买政府债券时，购买金额记在出售债券银行的贷方，即增加了非借入准备金存量。当美联储在公开市场上出售政府债券时，则减少了非借入准备金存量。

借入准备金存量取决于银行从美联储借款的决策，需要权衡从美联储借款成本（贴现利率）与在联邦基金市场上借款的成本（联邦基金利率）。2003 年之前，联邦基金利率通常高于贴现率，当二者之间的利差增加时，银行则更愿意从美联储借款。[①] 故如果预期基金利率未来升高，银行会削减当期借款以保留未来借款额度。因此，银行从美联储借入准备金既取决于当期利差，又取决于未来预期利差：

$$BR_t = b_1(i_t^f - i_t^d) - b_2E(i_{t+1}^f + i_{t+1}^d) + v_t^b \qquad\qquad (2-3)$$

式（2-3）中，i^d 为贴现率，v^b 为借款扰动项。2003 年之后，美联储

---

① 为防止银行先以较低贴现率借入准备金，再以较高联邦基金市场利率贷出资金来套利，美联储设定非价格配给制银行从贴现窗口的借款额度。

改变了贴现窗口管理方式，规定贴现率高于联邦基金利率。贴现率转变为惩罚性的利率，故银行失去了原有的套利机会。系数 b 表示基金利率对贷款影响的方式，将式（2-3）简化为：

$$BR_t = b(i_t^f - i_t^d) + v_t^b \qquad (2-4)$$

假设美联储能对准备金市场的各种扰动因素即时做出反应，将 v^s 表示为货币政策冲击，v^d 仍为需求扰动项，v^b 为借款扰动项，ϕ^d 和 ϕ^b 的不同组合则表示不同类型货币政策操作模式，则非借入准备金可以表示为：

$$NBR_t = \phi^d v_t^d + \phi^b v_t^b + v_t^s \qquad (2-5)$$

准备金市场均衡条件，即准备金总需求与准备金总供给相等，可以表示为：

$$TR_t^d = TR_t^s = BR_t + NBR_t \qquad (2-6)$$

将式（2-1）、式（2-4）和式（2-5）代入准备金均衡条件方程（2-6），求解基金利率新息 i_t^f，可以得出：

$$i_t^f = \left(\frac{b}{a+b}\right)i_t^d - \frac{1}{a+b}\left[v_t^s + (1+\phi^b)v_t^b - (1-\phi^d)v_t^d\right] \qquad (2-7)$$

由此得出借入准备金和准备金总额新息分别为：

$$BR_t = \left(\frac{ab}{a+b}\right)i_t^d - \frac{1}{a+b}\left[bv_t^s - (a-b\phi^b)v_t^b - b(1-\phi^d)v_t^d\right] \qquad (2-8)$$

$$TR_t = \left(\frac{ab}{a+b}\right)i_t^d + \frac{1}{a+b}\left[av_t^s + a(1+\phi^b)v_t^b + (b+a\phi^d)v_t^d\right] \qquad (2-9)$$

下面将对 20 世纪 70 年代以来信用货币体系下不同类型货币政策模式与准备金调节进行分析。20 世纪 70 年代布雷顿森林体系解体后，在信用货币体系下，按主要操作程序和传导机制划分，美联储先后制定了四种货币政策操作程序：基金利率、非借入准备、借入准备以及联邦基金利率。

二、基金利率（1972～1979 年）

20 世纪 70 年代，布雷顿森林体系解体后，美国经济陷入严重滞胀期，通胀率曾高达 7.5%。美联储开始将货币供应量作为货币政策中介目标，以期控制通胀，美联储允许非借入准备金自行调整，以使基金利率稳定在其目标范围内，即货币政策在实际操作中仍以联邦基金利率作为最先指标。当出现准备金需求扰动项 v^d 时，如果货币政策保持不变，货币政策冲击 v^s

为0，则按照式（2-5）的关系，借入准备金和基金利率就会自动上涨。在此阶段，美联储通过公开市场操作购买债券，增加非借入准备金，以起到抑制基金利率上涨的作用，即 $\phi^d = 1$，以此抵消准备金需求扰动或冲击。美联储以增加准备金供给的方式来削弱准备金需求扩张引起基金利率上涨的影响。

但因为以上基金利率操作仅在开始时抵消了对基金利率的上升压力，而利率在未来下一时期可能会做出更强烈的反应。故这一操作制度忽视了价格水平的影响：

第一，在通货膨胀时期，为保持实际货币余额，私人部门对银行存款名义需求增加，即银行准备金需求相应增加。若此时央行保持非借入准备金余额不变，则银行准备金需求增加会进一步增加利率上升压力，抑制实体经济发展。

第二，若此时期中央银行为防止利率上涨而增加准备金供给，则会进一步推动通胀恶化。

套用式（2-5）关系，此阶段以非借入准备金自动调整为前提的基金利率操作中，$\phi^d = 1$，$\phi^b = -1$，将式（2-5）简化为：

$$NBR_t = v_t^d - v_t^b + v_t^s \qquad\qquad (2-10)$$

Bernanke 和 Mihov（1998）研究表示，基金利率新息在 1972 年至 1979 年末这一阶段可以作为货币政策适当指标。实际上，这一阶段的货币政策效果甚微，通货膨胀并没有得到有效缓解。

三、非借入准备（1979～1982 年）

20 世纪 70 年代，随着凯恩斯主义需求管理政策在经济滞胀中的失效，货币主义逐渐占据主导地位。1979～1988 年，美联储不再以联邦基金利率作为操作目标，而以货币供应量替代，作为这一阶段的货币政策中介目标。起初是对狭义货币供应量（M1）的关注，逐渐发展为对广义货币供应量（M2）的关注。美联储在此阶段实行较为紧缩的货币政策，通货膨胀得到了有效控制。[①]

按照具体操作程序，可以将 20 世纪 80 年代的美联储货币政策再细化为

[①] 但是，伴随着金融创新的进一步发展，货币供应量的可测性逐步弱化，其与货币政策操作目标、最终目标的关系也变得越来越微弱。

两个阶段：第一阶段，1979～1982 年，非借入准备操作时期；第二阶段，1979～1988 年，借入准备操作时期。

1979 年末，美联储开始执行非借入准备政策，以此降低通货膨胀。在此操作程序下，预期通胀上升不会自动引发银行准备金的增加，可以通过提高利率来减少其对名义资产需求，抑制货币增长，即围绕货币存量增长率目标而调整非借入准备金余额。当货币增长速度快于其目标水平，可以通过下调非借入准备金目标量，推动基金利率上升，进而减少货币需求，使货币存量恢复到目标水平。故市场利率对美联储每周公布的货币供给信息要做出及时反应。

但在具体操作过程中，这一政策制度存在以下若干问题：

第一，美联储制定的不同货币存量指标的目标不尽相同，非借入准备调整方式难以确定。

第二，这一时期通过滞后准备金计算法测定准备金，然而基金利率变动对准备金需求的影响具有滞后性，准备金供给的小幅变化，通常需要大幅度的基金利率波动，才能促使准备金市场趋近均衡。具体模型推导如下：

根据本节的准备金市场模型，非借入准备操作制度下，$\phi^d = \phi^b = 0$，即式（2-5）可以简化为：

$$NBR_t = v_t^s \tag{2-11}$$

由式（2-7）可得出非借入准备操作时期的基金利率新息 i_{NBR}^f 的表达式：[①]

$$i_{NBR}^f = \left(\frac{b}{a+b}\right) i_t^d - \frac{1}{a+b}(v^s + v^b - v^d) \tag{2-12}$$

20 世纪 70 年代末至 80 年代初，狭义货币供给量（M1）与名义收入之间关系较为稳定，但在之后的历史时期，由于准备金指标与名义收入之间的联系越来越微弱，非借入准备操作程序淡出历史舞台。

---

① 故从基金利率操作程序到非借入准备操作程序，基金利率新息的方差由 $\sigma_s^2/(a+b)^2$ 增加到 $(\sigma_s^2 + \sigma_d^2 + \sigma_b^2)/(a+b)^2$，$\sigma_i^2$ 代表 v^i 的方差（i = s, d, b），由此可以得出基金利率方式与 a 负相关，a 值越大，则基金利率方差越小。由滞后准备金计算法得出 a = 0，基金利率方差较大，即准备金供给的小幅波动常常需要较大幅度的基金利率变动来维持准备金市场趋于均衡。

四、借入准备（1982～1987 年）

1982～1987 年，美联储采用借入准备操作方式，此程序与 1972～1979 年执行的基金利率操作较为相近。但诸多研究显示这一时期较适宜采用借入准备目标操作程序：

第一，根据基本普尔分析结果，如果货币需求冲击方差大于总需求冲击方差，则利率目标较货币总量目标更为有效。Friedman 和 Kuttner 的研究结果显示，货币需求冲击方差与总需求冲击方差之比在 1981 年达到最低值后平稳增长。[①]

第二，根据本节准备金市场模型，借入准备目标时期，$\phi^d = 1$，$\phi^b = a/b$，即非借入准备金表达式（2-5）可以简化为：

$$NBR_t = v_t^d + (a/b)v_t^b + v_t^s \qquad (2-13)$$

Cosimano 和 Sheehan 通过对 1984～1990 年数据的分析，认为借入准备目标操作与基金利率目标政策所执行的具体政策较为相似，但这一时期更适宜采用借入准备目标操作程序。

五、联邦基金利率（1987～2006 年）

（一）"中性"货币政策与政策透明度

1987 年末经历了股市崩溃之后，格林斯潘任职美联储主席期间（1987～2006 年），美联储再次回归将联邦基金利率作为中介目标，与 20 世纪 70 年代的基金利率政策在一定程度上较为相似，$\phi^d = 1$，$\phi^b = -1$。1988 年后，每日的联邦基金利率都围绕其目标波幅波动。作为最早以政策规则为联邦基金利率建模的学者，泰勒（Taylor）研究表明，由通胀、产出缺口确定联邦基金利率较为有效。泰勒规则对这一时期的货币政策影响极大，成为美联储和许多央行制定政策的基准，可以简单表示为：

$$i = i^* + a(N - N^*) - b(U - U^*) \qquad (2-14)$$

其中，i 表示名义利率，i^* 表示名义目标利率，N^* 表示通胀目标，U 为失业率，U^* 为自然失业率。泰勒规则表示，通胀目标的设定不仅与当前通

---

① 美联储在 1982 年后实行借入准备目标操作是符合基本普尔分析结果的。

胀相关，且与失业情况关系密切。根据泰勒规则，当失业率高于自然失业率时，央行应降低名义利率；通胀高于其目标值时，央行应提高名义利率。

格林斯潘时期（1987～2006 年）的美联储货币政策主要有以下几方面特点：

第一，提出"中性"货币政策，强调保持利率水平中性，减少利率对经济增长的刺激或抑制作用，以保持经济以较低的通胀率按照自身潜在增长率进行增长。美联储将美国劳动力设定为 1.5%，生产率年增长率为 1%，故得出经济潜在增长率为 2.5%。

第二，重视理性预期作用，增强货币政策透明度。美联储于 1994 年公布了 1976～1993 年的公开市场委员会的会议纪要，并在之后开始及时公布有关利率调整的会议纪要。1999 年之后，公开市场操作委员会在每次会议后都公开会议声明。该时期货币政策传导机制如图 2-5 所示。

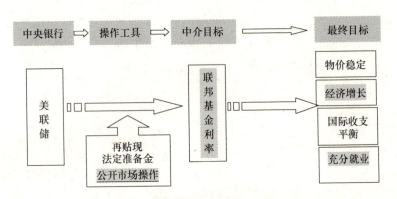

图 2-5 联邦基金利率操作时期的美联储货币政策传导机制（1987～2006 年）

（二）美联储公开市场操作如何影响联邦基金利率

具体地，公开市场操作委员会（FOMC）指定纽约联邦储备银行交易专柜调节联邦储备结余，使得联邦基金利率（隔夜拆借利率）的平均值保持在目标利率周围。因此，纽约联邦储备银行交易专柜安排一系列公开市场操作，以使联邦基金利率维持在目标利率，同时通过联邦基金持有国内金融资产结构达成其他目标。传统的货币政策传导机制如图 2-6 所示。

为影响联邦基金利率，纽约联邦储备银行交易专柜进行公开市场操作，以促使存款机构在美联储持有的准备金与联邦基金利率目标保持一致。①

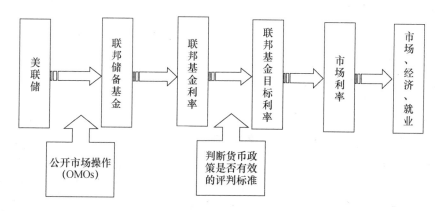

图 2－6　美联储传统的货币政策传导机制

　　具体地，为使联邦基金利率保持在其目标水平，美联储一般会规定存款机构在两周的储备保持周期内持有准备金余额的平均水平，还会要求一些小型存款机构持有准备金规模略高于美联储规定的平均水平。② 存款机构在美联储账户的余额，在一个储备保持期内可以确定它们是否满足其要求，使它们在日常账户管理中有相当大的余地。这种灵活性可以吸收一些储备波动，否则在储备供需失调时可能会进一步放大波动幅度和频率。

第四节　全球金融危机前美联储应对金融危机评述

一、历史上美国危机救助主体

（一）美国联邦储备委员会（简称美联储，FED）及其主要职责

　　在本次国际金融危机之前，作为美国中央银行，美联储在全球金融危

---

① 纽约联邦储备银行交易专柜每天早上都要考虑公开市场操作是否建立在美联储余额的供应和需求的评估基础上。

② 虽然大多数大型存款机构一般需等于他们要求的余额，许多小机构要求在美联储账户中还需要一些超额量作为透支风险防范。

机救助中的主要职责包括：负责监督和进行宏观协调，但并不作为救助的出资主体，一般不会直接参与危机中问题金融机构的具体救助行动。在全球金融危机爆发之前，美联储的主要职责是通过执行货币政策来稳定金融体系，极少情况下，美联储才会直接参与救助对本国经济和金融具有重要影响的金融机构，但美联储极少直接救助非金融机构或特定企业（法人）。

（二）财政部（Treasure，TRE）

要参与金融危机救助，美国财政部通常需要经过程序极为复杂的政府决策过程，一般地，美国财政部常用的危机救助方式往往是股权救助，而这一救市方式又往往受到与其根深蒂固的美国自由主义精神相违背的指责。因此在美国金融危机时期，通常情况下，货币政策的救市举措会早于财政政策。如大萧条时期，1932年初，美国政府由财政部拨款建立金融重建公司（Resolution Financial Corporation）。初期由财政部向其提供资本金达5亿美元，并且为获得更多的解困资金，受危机影响较为严重的公司可以向财政部申请借款或通过发行债券取得融资。随后，美国国会又于1933年3月通过《紧急银行法》，为帮助问题金融公司进一步获得资金支持，该法案赋予金融重建公司从问题金融公司购买优先股的权力。除此之外，大萧条时期，罗斯福政府采取的扩张性财政政策，其财政赤字在国民生产总值（GDP）中所占比例较1932年之前提高了1.5%。相比较而言，在货币政策方面，美国政府则在危机爆发之初即决定采用大规模扩张性的货币政策。截至1937年，美国货币供给总量较1933年增加了近42%，为美国经济复苏奠定了基础。

（三）美国联邦存款保险公司（Federal Deposit Insurance Corporation，FDIC）

作为会员银行以及储蓄贷款机构的存款保险代理人，美国联邦存款保险公司（FDIC）主要扮演以下三种角色：监管人、接管人以及保险人。在金融危机中，联邦存款保险公司在金融体系的救助方面发挥了积极的重要作用，向问题金融机构提供救助是其主要职责。依据美国法律，联邦存款保险公司可以作为破产的全部联邦银行以及储蓄贷款协会的清算管理人。[①] 总体而言，管理破产机构的资产和负债是联邦存款保险公司的重要职责，

---

① 除此之外，美国的一些州也可以将联邦存款保险公司（FDIC）视为其管辖范围内破产银行的清算管理人。

以在最短的时间内、最大限度地回收破产机构持有的资产。

（四）清算信托公司（Resolution Trust Corporation，RTC）——过渡性不良资产救助机构

1980 年 3 月，美国金融机构吸收存款的利率上限被取消以后，很多规模较小的储蓄银行开始高息揽存，将大规模短期负债向风险相对较高的房地产以及证券等中长期资产进行投资，致使一些储蓄银行因风险过高并且过度集中而濒临破产。1989 年，为救助储蓄银行过度投机引发的金融危机，美国政府相继出台《金融机构改革、复兴和实施法案》（Financial Institutions Reform，Recovery and Enforcement Act of 1989，FIREA）以及《1989 年清算信托公司再融资、重组和改良法》，正式宣布成立清算信托公司（RTC）、清算基金公司以及节俭储蓄机构存款人保障监事会等机构。其中，清算信托公司（RTC）的主要职责是对破产的储蓄银行以及其持有的问题资产进行处理；节俭储蓄机构存款人保障监事会主要职责是针对清算信托公司的所有工作展开审查和监督；清算基金公司的主要任务是以发行债券的方式向清算信托公司筹备资金来源。

清算信托公司与存款保险公司的救助资金来源不同：存款保险公司的救助资金来源是通过向银行提供保险金，而清算信托公司的救助资金来源则是全部依赖国会的拨款，除拨款外，清算信托公司自身不再具备任何资金来源。保管、接管倒闭的储蓄贷款机构是清算信托公司的主要职责，此外，其职责还包括处置问题金融机构资产、购买储蓄贷款机构的不良债券，以及对不良负债进行资产证券化包装，并且追究经营者责任等。关于出售债权以及债转股权，清算信托公司通常是以委托私人金融机构的方式进行，以竞拍的手段进行股权出售。鉴于美国资本市场发展较为成熟，各种债权股权交易服务比较完善，故债权和股权的流通性相对较好，有助于对不良资产进行处置。在将不良负债进行资产证券化后，清算信托公司通常会尽快将股权或债权进行出售，其中，资金规模较小的资产通常会在几个月内出售，而资金规模相对较大的资产一般在一年至两年内处理完毕。

从 1989 年成立至 1995 年底完成使命后正式关闭，不足六年的时间里，清算信托公司共接管几百家储蓄银行，使得接管资产中 86.6% 的部分得到了收回，同时使上百家储蓄银行恢复正常经营。在处理问题金融机构的过程中，清算信托公司作为过渡性机构，起到了极为重要的作用。

二、救助的主要方式

金融危机救助方面，美国采用的方式多种多样，其中，维持银行业的持续经营、收购以及继承等作为其主要救助方式。第一种方式，维持银行持续经营。考虑到在危机初期，一些问题金融机构的资产仍然处于相对完整的状况，因此先维持银行业整体的正常运营，以期缓解金融机构资金紧张问题，并且引导相对健康的金融机构对问题金融机构进行购买或合并。具体地，救助问题金融机构的方式多种多样，例如，购买资产、捐赠以及存贷款等多种手段。第二种方式，通过收购以及继承来向问题机构提供救助。这种方式是美国金融危机救助体系中最主要、最常见的救助手段之一。例如，在 2007 年次贷危机爆发之后，美国联邦存款保险公司（FDIC）、清算信托公司（RTC）都采用过这种救助方式。[1]

三、美联储应对金融危机的历史经验评述

从成立之初，美联储与金融危机之间就存在着密切联系。1907 年信托机构危机引发的金融危机促成了 1913 年 12 月美联储成立，届时《联邦储备法》规定美联储成立的主要政策目的即是"提供较有弹性的通货以及商业票据再贴现的手段，创建较为有效的银行监管机制，并且实现其他宏观政策目标"。伴随第一次世界大战时期的经济大萧条、布雷顿森林体系解体，20 世纪 70 年代金融危机等，美联储时刻肩负着为抵御或化解金融危机而制定并执行货币政策的重任。

自美联储成立一百余年，从理论上讲，经过主流经济学关于政府和市场关系的百年争论，目前学术界在政府干预经济方面基本达成共识，即承认市场存在信息不对称性，承认市场"失灵"的存在，因此，政府有权并且应当对市场进行适度的政策干预，通常干预的手段可以通过将财政政策、货币政策二者联合起来对经济进行宏观调控。从上述对美联储发展历程上经历的历次金融危机中的政府救助及政策措施的研究来看，金融危机发生

---

① 收购以及继承手段的具体操作包括，具备相对健康资产负债表的金融机构对问题金融机构的部分或所有资产进行购买，同时承担问题金融机构持有的全部负债。

后，如果美联储没有及时采用货币政策措施进行危机救助，任由市场自行调节，那么经济难以在短时期内从金融危机中得到复苏，比如大萧条时期，在金融危机爆发之初，由于胡佛政府秉持"政府不应干预市场"的政策理念，任由市场在危机爆发之后自行调节，其直接后果就是使整个国家陷入严重的经济危机和经济萧条。

从美联储应对金融危机的历史实践来看，美联储介入金融危机救助的时机非常重要，经过百年的探索，美联储已经建成了一套较为完备的金融监测指标体系，其危机预警系统可以分为宏观审慎指标和综合微观金融性指标两大方面。正是通过对银行危机的实时监控，美联储才得以对经济波动的调控不过早，也不过度，而又能防止错过调控的最佳时机和最适宜的调控力度。

伴随历史的演进，金融危机政府救助的政策措施得到不断完善。尽管历史上历次金融危机发生的背景不尽相同，美联储及其他政府部门采取的具体措施也并不一致，随着金融危机历史的演进，金融危机政府救助措施不断发展完善，每次危机发生后都会借鉴历史上较为成功处理危机的经验。①

（一）关于美联储成立之初的危机救助职能简析

1907 年，由于信托公司危机引发的全面金融危机促成了美联储于 1913 年 12 月正式成立，1907 年金融危机与在此之前的多次危机的不同之处在于，此前的危机多发生在会员银行，可以由纽约清算所为其提供资金支持和救助。但 1907 年发生危机的信托公司不在会员银行范围内，纽约清算所无法为其提供救助，故缺乏一个具备充当"最后贷款人"实力的机构对银行业进行统一监管的同时，在危机爆发时可以在必要时为金融体系及时注资和救助。吸取历史经验教训，美联储在成立之初即被赋予整个金融体系的"最后贷款人"职能，对银行之外的其他金融机构应该给予有效的监管和危机救助。

（二）关于大萧条时期"量化宽松"政策的评述

1. 大萧条时期的首次"量化宽松"货币政策

如前面文献综述中提到，美国联邦圣路易斯储备银行副主席安德森

---

① 如美国自 1929～1933 年金融危机中政府成立对问题金融机构注资的复兴金融公司（Reconstruction Finance Corporation，RFC）之后，在后来发生的 80 年代储贷危机时，又借鉴复兴金融公司的模式成立了清算信托公司（RTC）。

（Anderson Richard G.，2010）将美国大萧条时期的货币政策视为美国历史上第一次量化宽松货币政策实践，而将 2008 年美联储开展的量化宽松货币政策视为美国历史上第二次量化宽松政策。1932 年，美联储购买国债数额高达 10 亿美元。至 1932 年底，美国短期市场利率水平维持在 0.5% 左右。1933～1936 年，为抵御经济大萧条，美联储从财政部直接购买国债高达 30 亿美元。在此之前，通常不允许美联储从财政部直接购买国债；罗斯福总统被国会授权发行 30 亿美元货币，这一数额与美联储购买美国国债相等。自 1933 年 4 月开始，美联储每星期在公开市场上购买 5000 万美元的美国国债。截至 1933 年 11 月，由于银行准备金达到历史高峰，而且市场短期利率已经降至历史最低点，故美联储停止对美国国债的继续购买，而转由财政部购买黄金的方式继续进行量化宽松政策。

1934 年 1 月通过的《黄金储备法》（该法案于 1974 年废止）规定黄金货币不能归私人所有。1933 年 8 月，罗斯福总统下令美国公众将全部黄金上交，停止黄金自由流通，美联储以每盎司 20.67 美元收取私人黄金，从中积蓄了大量黄金储备。1934 年 1 月底，黄金证书从美联储转交财政部。黄金价格直线上升，从每盎司 20.67 美元上升到 35 美元，Meltzer（2003）指出，财政部通过发行更多的黄金证书从购买黄金中获取暴利。1934～1936 年，财政部在国际市场购买了 40 亿美元的黄金，大幅提高银行准备金和基础货币。1936 年，伴随着通货膨胀压力的增加，美联储退出"量化宽松"政策的呼声逐渐增强。最后，美联储以回购协议、提高联邦基金利率等方式逐步退出此轮非常规货币政策。综上，Anderson Richard G.（2010）指出，20 世纪 30 年代美联储通过对国债和黄金的直接购买来扩张银行准备金和基础货币，这是美国历史上第一次量化宽松货币政策实践。只是"量化宽松"这一提法在当时还并未被提出。

2. 政府救市的争论

大萧条之前，古典经济学作为指导各国经济政策的主流思想，金融危机爆发后各国政府依然相信市场可以通过自行修复而不用借助政府的过多干预，故在 20 世纪 30 年代金融危机爆发之初，是否救市一直是各国政府的争论焦点，伴随着金融危机的不断蔓延，尽管各国政府决定救市，但鉴于缺乏理论指导，中央银行及其他政府部门应对危机并不十分有效。大萧条时期美国采取的扩张性财政政策为今后美国财政政策在宏观调控中的重要作用奠定了基础。

3. 关于银行业分业经营的制度改革

美国政府于 1933 年 3 月颁布《紧急银行法》，将缺乏支付能力的银行进行重组。之后美联储被授权可以向金融机构直接注资，这一时期美国政策整顿金融业的新举措对于提振市场信心发挥了积极的作用。继《紧急银行法》后，出台了《格拉斯—斯蒂格尔法》，该法案在推进银行分业经营以及建立存款保险制度方面做出了重要改革：首先，推行商业银行与投资银行分业经营，该举措为美国货币当局监管框架奠定了重要基础。其次，在美国建立存款保险制度。这两项改革对整个 20 世纪美国的金融机构经营方式产生了深远影响。

（三）20 世纪 70 年代以来美联储货币政策中介目标选择评析

1970 年之后，美联储在应对金融危机的宏观调控过程中，反复调整其货币政策中介目标，从 20 世纪 70 年代初以基金利率为中介目标，80 年代初又改为货币供应量调节，之后在 80 年代末又重新以联邦基金利率作为中介目标进行宏观调控。一方面，伴随着金融创新的不断发展，货币供应量测度方面遇到困难；另一方面，恢复货币政策"中性"的理念逐步为经济学家和政府当局认同，故在 2007 年全球金融危机爆发之前，以联邦基金利率作为美联储货币政策中介目标对宏观经济进行调控似乎是较为有效的政策选择。

第三章 转变的基础

——影子银行引领的金融体系变革与全球金融危机

回顾本书第二章内容，笔者围绕联邦储备体系的建立、早期美联储货币政策等内容进行了评述，并且对全球金融危机之前美国金融危机救助主体、救助方式，以及美联储应对金融危机的历史经验进行了系统阐述。与上述全球金融危机前的美联储货币政策内容相比较，笔者接下来在本章、第四章、第五章、第六章中，将围绕本书的核心——全球金融危机之后美联储的一系列转变，具体包括美联储宏观调控基础的转变，美联储货币政策操作工具、传导机制以及中央银行职能的转变进行论述。

在信用货币时期，特别是在 2008 年全球金融危机以来，美联储货币政策操作工具、传导机制，以及美联储作为中央银行的职能等诸多方面发生了变化。为深入研究美联储此番转变，首先应该挖掘美联储发生转变的根本原因。在本书第二章论述全球金融危机之前的美联储货币政策时，关于联邦储备系统的建立，笔者提到 1907 年因信托投资公司引发的金融危机是促使联邦体系建立的重要原因之一。美国第二银行关闭后，无央行时期金融市场放任自流导致金融危机频发，特别是 1907 年信托公司过度吸收社会资金，投资股市失败而引发的金融危机，无论是联邦政府、纽约清算所，还是少数大银行，都不具备在金融危机发生时充当好"最后贷款人"的实力，至此在全国范围内建立权威的金融风险防控机构的必要性被充分意识到，最终促成美联储成立，可见美联储从成立之初就与金融危机产生了不可分割的紧密联系。1907 年金融危机爆发的原因是"非银机构"——信托投资公司不受当时作为金融危机救助机构的纽约清算所救助。与 1907 年金融危机具有相似之处的是，2008 年次贷危机爆发而引发的全球金融危机，与不受美联储监管的影子银行体系的快速发展亦有重要相关性。随着国际金融危机的爆发、蔓延和深化，"影子银行"概念被逐步提出，并引起越来越广泛的关注和热议。"影子银行"是在金融创新背景下产生的，满足历史客观发展要求。然而，游离于中央银行监管体系之外的"影子银行"改变了中央银行调控的对象，对美联储宏观调控提出了重大挑战，由此引发了美联储在货币政策及其作为中央银行职能等方面的一系列转变。

布雷顿森林体系解体以来，在全球化背景下，伴随着金融创新的发展，美国和全球的金融体系结构发生了根本性变化——影子银行逐渐发展成为比传统银行更加强大的金融市场主体。无论是在资产占比，还是在金融交易规模等方面，影子银行的发展都远远超越了传统银行。与传统银行业相比，影子银行体系具备相当的比较优势。在以影子银行快速发展为主导的金融创新、金融全球化进程中，美联储宏观调控的基础发生了变化，金融体系结构已发生了重大改变：游离于中央银行监管体系之外的影子银行逐渐成为比传统银行更为强大的市场主体，对美联储宏观调控提出了重大挑战。脱离美联储监管范围的影子银行体系一方面提高了金融市场效率，推进了金融创新及金融全球化发展，另一方面也导致了次贷危机以及全球金融危机的爆发。

2008年全球金融危机中雷曼兄弟公司的倒闭与1907年纽约第三大信托投资公司——"可尼克伯克"信托公司的破产倒闭在某种程度上有相近之处，两次相隔一个世纪的国际大公司的倒闭都给市场参与者敲响了警钟，带来了严重的市场恐慌，危机爆发后，大量存款者到所在银行进行提款，银行挤兑现象频发，危机恐慌瞬间从地区蔓延到了全国各地。这两次金融危机之后也都面临着金融管理体制的重大变革：一个世纪前，1907年，脱离会员制的纽约清算所救助范围的"非银机构"——尼克伯克信托投资公司引发的金融危机，促使联邦储备体系成立；在某种程度上与此相类似的是，2008年，不受货币当局监管的影子银行体系的快速发展引发了全球金融危机，促使美联储在货币政策操作工具、传导机制以及管理职能等方面进行了转变，以应对其宏观调控基础的变化。

下面，笔者将详细阐述美联储转变的原因，即影子银行快速发展引领的金融体系变革与全球金融危机，使得美联储宏观调控基础发生了转变。将围绕影子银行与金融创新、金融体系演进之间的关系，阐述其给中央银行宏观调控带来的挑战。

第一节 影子银行发展与金融体系演进

据 Pozsar 等（2010）在纽约联邦储备银行报告中记载，自 20 世纪 80 年代中期以来，以市场为基础的金融体系的快速发展深刻改变了美国金融中介的根本性质。在以市场为基础的金融体系内，"影子银行"逐渐成为极其重要的金融机构。影子银行作为可以进行信用、流动性转移等市场活动的金融中介，不在中央银行管理的流动性范围之内，并且无须公共部门做信用担保。影子银行包括金融公司，资产支持商业票据（CABCP）管道（Conduit）之类的证券化载体，有限目的金融公司，结构性投资工具，对冲基金，货币市场共同基金，以及政府资助的企业等。

2000 年以来，影子银行系统交易量大幅增长，而在 2008 年全球金融危机爆发之后的一段时间，影子银行体系交易量无论是在美国和世界各地都开始有所下降（Masters & Brook，2011）。2007 年金融稳定委员会评估美国影子银行的规模大约是 250 万亿美元，而 2011 年的评估结果显示较 2007 年减少了 24 万亿美元（Financial Stability Board，2011）。

在全球范围内，针对影子银行体系规模最大的 11 个国家进行研究发现，2007 年这 11 个国家的影子银行体系规模达到 50 万亿美元，2008 年下降到 47 万亿美元，但到 2011 年底已上升到 51 万亿美元，超过其在全球金融危机之前的规模。

据金融稳定委员会数据显示，在其统计的 20 个国家（包括欧元区），广义影子银行规模在 2013 年已超过 75 万亿美元，其规模相当于这些国家国内生产总值的 120%。2013 年，影子银行在金融总资产中的占比为 24.5%，已达到全球金融危机以来的最高值。相比较而言，传统银行在金融总资产中的占比从全球金融危机爆发前的 49% 下降到 45.6%。2013 年，传统银行业资产规模在 2013 年较为稳定，相比较而言，影子银行总资产扩张了 7%。从各国影子银行体系规模来看，发达国家拥有的影子银行规模最为庞大，而新兴市场国家中的影子银行具有较快的增长速度。可见，无论是在美国等发达国家，抑或是新兴市场国家，影子银行体系规模在全球快速增长，这从根本上改变了全球金融体系结构和功能，改变了美联储等中央银行宏观调控的对象和基础，对中央银行货币政策实践提出了重大挑战。

一、影子银行的定义

1. 定义的提出

影子银行体系是在 2007 年次贷危机爆发之初最先提出的，是由经济学家保罗·麦考利（Paul McCulley）在 2007 年由堪萨斯联邦储备银行在怀俄明州主办的杰克逊·霍尔（Jackson Hole）金融研讨会上的发言中提出的，即指"与传统的、受中央银行监管的商业银行体系相对应的金融机构"，包括对冲基金、货币市场基金、结构性投资工具（Structured Investment Vehicle，SIV）等金融中介机构。

保罗·麦考利指出，影子银行主要是指那些从事经济学家们所谓的"期限变换"业务（Maturity Transformation）的非银行金融机构。商业银行通常在利用短期存款来为长期贷款融资时，进行所谓的期限变换。影子银行从事与银行业务十分相似的活动。它们在货币市场筹集短期资金，利用这些资金购买长期债券资产。但因影子银行不受传统的银行监管，它们不能像银行那样从美联储紧急借款，也没有传统的存款人；它们似乎处于不透明的"阴影"（Shadows）之中。

影子银行的含义和范围是在学术文献中有争议的。根据国际清算银行（BIS）常务副总经理赫维·汉努恩（Hervé Hannoun）所言，投资银行和商业银行也有可能从事影子银行体系的大量金融行为，但一般不将其本身归类为影子银行机构（Hervé Hannoun，2008）。2008 年 3 月，即东南亚中央银行第 43 届组织会议上，赫维·汉努恩再次提到影子银行体系，并称影子银行体系的过度发展是爆发全球金融危机的根本原因。

综观历史文献，"影子银行体系"并不是这一类型金融机构或金融活动的唯一提法。时任纽约联邦储备银行主席的盖特纳也曾将这些"非银行"金融机构称为"平行银行系统"（Parallel Banking System）。之后国际货币基金组织（IMF）也曾将类似的金融机构或金融活动称为"准银行"（Near-bank）。但在 2009 年之后，影子银行体系开始被广泛地在各类学术范围讨论，逐渐成为各国货币当局文件中的正式、统一的概念。

影子银行概念尽管已经统一，但对其定义却见仁见智。本书参照英格兰银行保罗·塔克（Panl Tucken）对影子银行定义的概括，即向企业、居民以及其他金融机构提供流动性、期限配合以及提高杠杆率等服务，并在不同程度上起到替代商业银行核心功能的这类工具、结构、企业或市场。①

2. 影子银行与住房抵押贷款

影子银行首次引起众多专家的关注，是因为他们在住房抵押贷款证券化中起到了越来越重要的作用。"证券化链条"是在出现了抵押贷款之后产生的，然后抵押贷款经由一个或多个金融机构买卖直到它作为按揭贷款打包的一部分，用于支持向投资者出售的证券。证券的价值取决于打包中的抵押贷款价值，以及房主从住房贷款利息和本金中用以向住房抵押贷款支持证券支付的利息部分。几乎从抵押贷款形成到证券销售中的每一步都发生在监管机构直接审查的范围之外。

3. 影子银行体系的主要特点

金融稳定委员会（Financial Stability Board，FSB），对影子银行进行了更广泛的定义，包括具有银行核心功能，又在受监管的银行体系之外的所有实体或信用中介（即将储蓄者的资金收集，然后贷给借款人的中间机构），具有以下四个主要特点：

第一，期限变换。利用获得的短期资金投资于长期资产，例如，商业银行利用短期存款来发放长期贷款。

第二，流动性转换。类似于期限变换，使用类似现金支付功能的负债来购买不易出售的贷款等资产。

第三，杠杆。采用借款等方式购买固定资产，以扩大投资的潜在收益（或损失）。

第四，信用风险转移。将借款人的违约风险，转移到其他金融机构或非金融机构（主要是金融机构）。

在此定义下，影子银行包括利用回购协议（回购）融资的经纪交易商。在回购协议中，需要资金的机构先将证券进行销售，获得资金，并且承诺在未来某一时间以指定的价格将这些证券再购买回来。货币市场共同基金用投资者的资金去购买商业票据或是抵押贷款支持证券，也通常被认为是影子银行。出售商业票据（一种短期债务工具）筹集资金的金融机构（在许多国家被称为金融公司）通常也被称为影子银行。

---

① 保罗·塔克对影子银行定义的概括揭示了影子银行的范围之广：它不只涵盖那些与传统商业银行相竞争的"机构"，并且广泛涉及一切可以发挥金融功能的市场、工具或方法。

二、影子银行与金融创新

影子银行是在金融创新及金融全球化背景下快速发展起来的。影子银行的发展与金融创新互为推动作用。自布雷顿森林体系解体以来，以融资为主要功能的传统金融业逐渐向可以提供多样化服务的现代金融业成功转型，这为能够满足市场主体多种需求的影子银行体系的孕育和发展提供了历史机遇；美国强大的资本市场发展为影子银行在美国甚至是在全球的快速发展提供了强有力的基础；国际上机构投资者的快速发展壮大也对影子银行的发展起到了重要的推进作用；1999 年、2000 年先后实施的《金融服务现代化法》与《商品期货交易现代化法》进一步推动了影子银行体系活跃发展；21 世纪以来经济全球化和信息技术革命进一步推动了美国金融市场的迅速发展，影子银行在促进金融市场一体化进程中所起的作用越来越突出。

第一，20 世纪 70 年代以来，传统金融业逐渐转型为现代金融业，这为影子银行体系的孕育和发展创造了机遇。20 世纪 70 年代之前，传统金融业以融资中介为主要功能，测重对经济资源的分配。相对于资金需求方，以银行为主体的金融部门作为金融产品供应方，垄断金融产品供应，整个金融市场可以被视为卖方市场主导。可见，传统金融业的基本功能是资金融通。近几十年来，伴随着科技进步与创新，筹资者和投资者们的需求逐渐多样化，以金融产品的供应方为主要内容的传统金融部门已难以满足现代金融市场参与者的多样化需求，故可以提供多样化金融服务的影子银行体系应运而生并逐渐发展壮大，为满足金融市场主体的需求变化，现代金融业逐渐开展各式各样的金融服务，现代金融业逐步转型为可以为金融市场参与者提供多种多样服务的新兴服务业。

第二，美国强大的资本市场发展促进了影子银行的快速发展。影子银行体系是基于市场交易发展起来的，美国金融体系具备强大资本市场，这为影子银行体系在美国快速成长提供了强有力的基础。20 世纪 80 年代以来，美国资本市场主导的金融市场体系逐步得到强化，证券化热潮促进影子银行体系的快速发展。在此时期，金融部门证券化逐步扩大，非市场化的资产，例如住房抵押贷款、自助贷款，以及信用卡应收账款等，经过证券化之后均可以以证券形式在二级市场上进行交易。投资银行、货币市场基金等机构在此过程中得到了快速发展。20 世纪 70 年代末的美国宏观调控政策方向也推动了影子银行的快速发展，美国政府在这一时期转为实施紧缩货币政策和宽松财政政策，传统银行业受到极大影响。面临各种非银行机构的激烈竞争，传统银行业为了提高利润不得不寻找存款之外的盈利来源。故银行业开始通过对各类贷款以及其他非市场化资产进行证券化加工，将相关资产和风险转移到投资者的资产负债表中。随着以资产证券化为代表的金融创新的演进，影子银行体系形成并逐渐发展壮大。

第三，国际上机构类投资的快速增长也促进了影子银行体系的形成和发展。自 20 世纪 60 年代以来，机构投资者在全球主要资本市场的投资主体中所占的比重日益提高。至 20 世纪 80 年代，机构投资者——包括养老基金、互惠基金、对冲基金以及保险基金，在跨境国际资本流动中，特别是在跨境证券交易中起到了越来越重要的作用。相对于个人投资者，机构投资者在资产多样化以及分散风险等方面更具优势，并且与银行相比，机构投资者通常受到更为宽松的监管。中央银行通常不对机构投资者直接进行再融资，故机构投资者对中央银行的依赖性较弱。1997 年，美国机构投资者所持资产规模就已达到其国内生产总值的 138%，英国机构投资者所持资产占其国内生产总值的 169%。由于"Q 条例"（1980 年后逐步废除）下的严格利率管制，机构投资者在商业银行的存款利息受限，共同基金、养老基金、保险公司以及一些非金融公司等机构逐渐将资金转向回购市场与对高评级证券化产品的投资，向影子银行体系注入了大量资金。此外，担保品市场快速发展为影子银行体系发展提供保障。美国国债和高评级债券，如抵押证券化产品等担保品的广泛运用，增强了非银行投资渠道的安全性，担保品在影子银行体系中发挥着与商业银行存款保险类似的保障功能。

第四，1999 年实施的《金融服务现代化法》与 2000 年出台的《商品期货交易现代化法》进一步推动了影子银行体系活跃发展。前者实现了美国金融业分业经营向混业经营的转变，后者规定场外交易不受商品交易委员会监管。1999 年，美国取消了《银行法》（又称为《格拉斯—斯蒂格尔法》），颁布并实施《金融服务现代化法》（又称为《格拉姆—利奇—布利雷法》，*Gramm Leach Blileg Act*），引发了美国历史上最为重要的金融监管法律的变革，是美国金融史上自联邦储备系统建立以来最为重要的制度之一，该法案对于美国金融行业甚至是全球金融业的发展结构调整都产生了重要的影响，并且对正在进行的全球金融体系变革仍然发挥着重要作用。在颁布《金融服务现代化法》之前，可以提供多样金融服务的金融控股公司是不允许成立的，银行控股公司在当时是主要的金融集团组成形式，银行控股公司则主要受1933年颁布的《银行法》以及1956年颁布的《银行控股公司法》的监管。在1999年，《金融服务现代化法》解除了禁止金融混业经营的条款，允许在《银行控股公司法》的规定下建立可以经营多种多样金融服务业务的金融控股公司，这为可以提供多样化服务的现代金融业提供了法律保障，特别是对影子银行体系的快速发展起到了重要的推进作用。2000年出台《商品期货交易现代化法》，规定美国商品期货交易委员会不对衍生品场外交易进行监管，而衍生品场外交易亦不在美国证券交易委员会的监管范围内。综上所述，对美国金融监管的重大法律变更使得包括投资银行在内的影子银行体系摆脱了法律限制与束缚。同时，这在某种程度上对金融体系的稳定性产生了威胁，也为日后的金融危机埋下了伏笔，具体内容将在下一节中进行详细阐述。

第五，21世纪以来，经济全球化和信息技术革命进一步推动了美国金融市场的迅速发展，形成了高度全球化的国际金融体系。自第二次世界大战以来，尤其是20世纪90年代以来，以信息技术革命为核心的高新科技快速发展，打破了世界各国之间的边界，大大增加了不同国家、不同地区间信息交流与经济交易的速度和渠道。新科技革命以及社会生产力的大幅发展，使得全球经济活动跨越国界，以对外贸易、资本流动以及技术转移等形式，各个国家、地区之间相互影响、相互依存，成为世界范围内的有机经济整体。国际金融的快速发展和经济全球化进程互为推动作用。在此背景下，影子银行体系不断发展壮大，其重要性日益显现。21世纪以来的金融创新主要以应对金融市场的全球竞争和规避金融监管为主要目的，多种金融市场新工具、新型金融机构以及金融市场被大量创建。而且在金融业从传统产业向新兴服务产业转型的过程中，传统的金融业仍属于劳动密集型的传统产业，而现代金融业已经逐渐转型成为人力资本密集型以及知识密集型的新型服务业。信息资源对于现代金融业具有重要影响作用，现代金融企业的发展和壮大都离不开丰富的信息资源和先进的信息技术。信息技术的不断发展不仅在降低金融交易成本以及提升金融交易效率等方面为影子银行体系的发展发挥了重要促进作用，并且对金融市场的一体化进程起到了重要促进作用。

三、"市场型"金融体系演进

20世纪70年代以来，美国影子银行体系的快速发展与商业银行经营模式的转变互为推动作用。从某种意义上看，可以将影子银行体系视作商业银行信贷资产的一个庞大二级市场。商业银行出售信贷资产的激励与市场交易成本变化成反比，与市场流动性变化成正比，以期从中获取价差收益。因此，美国商业银行盈利模式逐渐转变，传统的模式是以获取银行存贷利差作为主要收益，而目前已逐渐转变为获取买卖价差收益，在某种程度上，可以将目前的商业银行视为出售贷款的金融机构。在此过程中，传统商业银行的经营模式转变，在连接金融市场与实体经济之间起到重要枢纽作用，对美国经济发展发挥极为重要的作用。

影子银行体系的快速发展在美国金融体系的演进，以及美国金融市场结构变化等方面都发挥了非常重要的作用。资本市场的快速发展，从根本上改变了美国金融体系主导方式——从传统的以商业银行间接融资为主导的金融体系逐渐演进为以资本市场为核心、直接融资为主导的"市场型"金融体系。影子银行的快速发展与"市场型"金融体系演进互为推动作用。在拥有发达资本市场的"市场型"金融体系中，商业银行以提供短期融资以及结算为主要业务，相比较而言，资本市场中的直接融资方式通常作为企业长期融资的主要渠道。在市场型金融体系中，规模庞大的影子银行体系承担了相当一部分传统商业银行所承担的融资、降低风险等作用，大大提高了资金配置效率，促进金融体系向市场化方向快速发展。与此同时，作为信贷中介的影子银行体系的发展，使商业银行贷款的融资渠道进一步拓展，可以从资本市场以及货币市场投资者取得融资，因此，伴随着影子银行体系的快速发展，传统的间接融资方式和直接融资方式二者之间的界限变得越来越模糊，可以满足多层次的金融市场结构的各种需求，进一步推动市场型金融体系演进。

与此同时，美国以资本市场为主导的市场型金融体系演进中，金融风险并没有被影子银行吸收消化掉，而是从商业银行等传统信用中介不断转向并集中于资本市场。在信息革命、金融创新与金融全球化浪潮的大力推动下，美国金融市场一体化进程发展得更加迅速，市场主导型金融体系逐步形成，并且不断向外扩张其范围与影响。在此过程中，金融风险并未消失不见，而只是从传统的金融中介转移到了资本市场，金融风险经历了从聚集到转移，再到分散的过程。

四、影子银行与金融全球化

自 20 世纪 70 年代布雷顿森林体系解体以来，对金融体系的监管日益重要。美国金融机构快速发展的一部分原因是因为传统银行业的运作模式难以满足越来越多样化的市场需求，于是逐渐允许大银行从事更广泛的金融活动。随着经济全球化和金融资产证券化的兴起，美国国内许多大型机构成为全球金融市场的积极参与者，并且发展壮大。每个部门都被一些大型金融机构主导，而这些大型金融机构均是如此规模庞大，以至于其中任何一个大型金融机构失败都可以使整个金融系统面临瘫痪风险。至 2007 年，全球前四大银行持有资产占所有银行总资产的 40% 以上。另一个重要的转变是金融系统的资产结构变化，大量资产从银行转向"市场"。商业银行和储蓄机构的资产相对萎缩，由此可以看出，其在金融部门所占份额已越来越小。2007 年，机构投资者持有约 24 万亿美元，占金融部门金融总资产的 38%，而银行持有的资产仅为 12 万亿美元，占金融部门金融总资产的 19%。

在全球化背景下，金融资源可以在全球范围内得到配置，使得各主要金融市场外延与各国的影子银行规模不断扩张，各国不同产业之间的界限也已经变得越来越模糊，金融机构已经转化为多样化的金融混合物，从而塑造了极度繁荣的美国金融市场与国际金融市场。在金融创新的发展过程中，美国和全球金融体系的结构均发生了根本性变化——影子银行逐渐成为比传统银行更加强大的市场主体，其在资产占比、金融交易规模等方面都迅速提升，与传统银行业相比，影子银行体系具备相当的比较优势。

在传统金融体系中，资金盈余者往往可以利用金融中介直接将过多资金转给资金需求方，但是随着资产证券化快速扩张，金融中介将各种贷款越来越多地以证券化包装的形式在证券市场上进行销售，而经过证券化后的贷款则不再反映在银行的资产负债表上。资产证券化的快速发展使得传统的信贷方式被大大改变，而全球金融危机爆发以来，银行业经营结构的变化将推进信贷资金更多地转向传统渠道，即美国银行业加大对传统银行模式的重视，并逐步调整经营结构，但是，这一过程并不是简单地完全回归到传统的银行信贷模式，实际上是将传统银行信贷模式与现代模式进行了重新整合。近几十年来，银行业表外业务发展迅速，在银行体系之外形成了规模十分庞大的影子银行体系。Geithner 指出，21 世纪全球金融体系结构已经出现了根本的转变，非银行金融体系规模已发展得非常庞大，特别是货币市场以及基金市场。

综上所述，自 20 世纪 70 年代以来，影子银行在金融创新与金融全球化背景下快速发展，大大降低了交易成本，提高了金融体系运行效率，在推动全球金融体系市场化进程中发挥了至关重要的作用。与此同时，较高的杠杆率增加了流动性风险，而不受监管的影子银行体系在提高金融体系运行效率的同时，也放大了系统性风险，加剧信用市场摩擦。相比较而言，影子银行体系发展较快、资本市场较为发达的市场型金融体系国家，如美国和英国，在全球金融危机中所受到的冲击远远大于以传统商业银行为主导的金融体系国家，如德国。本章第二节和第三节将重点阐述影子银行与全球金融危机的关系以及美联储面临的宏观调控困境。

第二节　影子银行与全球金融危机

Yeva Nersisyan 和 L. Randall Wray（2010）指出，虽然大多数经济学家认为，本次全球金融危机是自大萧条以来最严重的经济危机，但经济学家们就引发此轮金融危机的根本原因并未达成一致。然而，许多经济学家都意识到了在金融创新、经济全球化背景下，逃离于中央银行管理范畴之外的影子银行体系的快速发展，对全球金融危机的爆发和蔓延都起到了重要作用。国际货币基金组织（IMF）货币和资本市场部副主任 Laura E. Kodres（2013）指出，影子银行标志着金融体系的许多缺陷，而这正是导致全球危机的重要原因。

影子银行体系是在资产证券化，以及银行与资本市场发展相结合的背景下发展起来的，2008 年以来的全球金融危机突出了"影子银行体系"日益增加的重要性。影子银行体系的快速发展趋势在美国最为明显，并对全球金融体系产生了深远的影响。在以市场为基础的金融体系中，银行业和资本市场的发展是分不开的：融资环境与以市场为基础的金融中介机构杠杆波动密切相关。这些金融中介机构的资产负债表扩张，通常伴随着融资环境改善，而其资产负债表收缩往往先于金融危机的爆发。证券化的目的是将信用风险转移到那些能更好吸收损失的部门，在此过程中允许银行和其他中介机构购买一个又一个的证券，提高了全球金融系统的杠杆水平，因此增加了整个金融体系的脆弱性。后危机时期的金融系统发展，则是要在更严格的金融监管下开展证券化，重要的是要防止过高的杠杆率和期限错配，这两者都会削弱金融系统稳定性。

一、较高"杠杆率"增加流动性风险

影子银行自身杠杆率较传统银行高出多倍，经营风险较大，故成为引致金融危机爆发并使危机蔓延和恶化的关键因素。krugman（2009）指出"影子银行体系的快速发展，使其成为传统银行的主要竞争对手，影子银行体系的重要性逐步超越了传统银行业。与此同时，不容忽视的是，在金融体系内部，影子银行体系正在重新创造着一种可能引起再次经济大萧条的极度金融脆弱性，因此，影子银行体系引发的挤兑现象是金融危机爆发的导火索。在影子银行体系内，极容易发生资产抛售循环现象，由此进一步恶化市场动荡，然而投资者对影子银行体系的信任缺失又极易导致下一轮'去杠杆化'的再次发生及恶性循环"。后危机时期的金融系统发展，则是要在更严格的金融监管下开展证券化，重要的是要防止过高的杠杆率和期限错配，这两者都会削弱金融系统稳定性。

以信用违约掉期（Credit Default Swap，CDS）为例，作为保险和信贷的衍生工具，信用违约掉期通常是由两个法人进行交易，一方作为买方，即在信贷违约时可以受到保护的一方；另一方作为卖方，即向买方提供保障以免其在信贷违约时遭受损失。核心业务即在事先约定的期限内为信用违约风险提供比率较高的保险。在较为理想的情况下，如果担保方具备充足的保证金，就可以为信贷机构提供其面临违约风险时的本金保证。但是，如果担保方不具备充足的保证金，就会涉及严重的投机行为。具体而言，信贷违约掉期的买方通常是借款给有抵押物的第三方，即欠款人，但信贷违约掉期的买方，即借款人，因为担心欠款方到期违约不履行还款义务，故向信贷违约掉期的卖方购买一份关于第三方——欠款人的违约保险，即信贷违约掉期。依据此合同，卖方需向买方及时提供资金，直到第三方，即欠款人还清其所有债务为止。如果欠款人果真违约不予还款，则信贷违约掉期的买方就可以依照合同向卖方索求保费补偿。如果欠款人如期还款，卖方就可以成功赚取信贷违约掉期合同的合约金或是保险费。综上，信用违约掉期作为损失保险类型的金融合约，借出款项的债权人以购买类似金融合约的渠道，转移其债务违约的风险。

在全球金融危机爆发之前，2001～2006年，美国房地产市场如日中天，被炒得火热。投资银行经理们发现，相比较于CDS数额有限的保险费损失，其收益是极其可观的。于是，投资银行家们将次级房地产抵押贷款进行分类打包，并将其作为债权进行出售，通常是卖给利率杠杆较低，且资金充足的对冲基金。与此同时，购买CDS以对冲其违约风险。此时，以CDS为担保的条件下，信用评级机构往往给债券较高评级，即大幅减少了债券的发行成本。在房价飙升、违约率极低的情况下，CDS的出售方，即使没有实际债券，也可以发行CDS。这使得CDS市场迅速扩张。从1997年至2008年，全球CDS市场从1800亿美元迅速膨胀至62万亿美元的庞大规模。CDS交易过度引发了杠杆过高，其风险也急剧上升，包括银行体系，甚至是整个金融体系都被牵涉到极高的系统性风险之中。过高的杠杆率引发的系统性高风险，终在美国房地产价格下跌过程中引爆了次贷危机，并最终进一步恶化、蔓延，导致全球金融危机的爆发。

二、不受金融监管制约放大系统性风险

影子银行体系之所以具有较高的"杠杆率"，与其不受货币当局监管限制直接相关。传统商业银行受《巴塞尔协议》的监管约束，其银行杠杆比率较为有限，运行风险也较低。相比较而言，在全球金融危机爆发以前，影子银行不受金融监管约束，可以向消费者通过信贷市场提供较为便利的杠杆率较高的金融产品以及流动性资金。正如保罗·麦考利在2007年首次定义"影子银行"（Shadow Bank）概念时指出，影子银行之所以被称之为"影子银行"，就是源于：影子银行虽然从事与银行业务十分相似的活动，但影子银行不像传统银行那样受到货币当局监管，亦不能像传统银行那样从美联储紧急借款，也不存在传统银行中的存款者；他们似乎处于不透明的"阴影"（Shadows）之中。除此之外，在全球金融危机爆发以前，影子银行不仅逃离于货币当局监管体系之外，亦不受美国存款保险制度保护。

在传统商业银行遇到危机，面临倒闭风险之时，美国的存款保险制度可以为其提供保护，减缓商业银行存款人的担心和恐慌，有效避免商业银行出现挤兑现象。相比较而言，影子银行则不在存款保险制度保护伞的庇护之下。

此外，影子银行系统本身就具有规避监管的业务倾向，很多影子银行从一开始就是为规避监管进行套利而创建的。例如，对冲基金既不受相关贷款法律的限制，亦不在证券法管理范围内。作为金融创新的重要组成部分，影子银行创建之初即是以规避金融监管、提高金融市场效率、降低交易成本为主要意图的。从另一个角度来看，当商业银行受到较为严格的监管时，以规避监管为主要功能的影子银行体系会更加兴盛、壮大。货币当局对商业银行的监管越严格，越能突出影子体系规避监管、降低交易成本的优势，越为其快速发展带来机遇。

信用货币时期，在金融创新与金融全球化背景下，伴随着影子银行体系的快速发展，现代信贷资金的传导不再仅仅通过传统商业银行模式而是转向由资本市场证券化的手段进行传导。然而，通过影子银行获得资金的方式常常涉及较多的各种复杂的金融操作工具链条。在资产价格进一步上涨时，这种传导方式可以在一定程度上起到分散风险、降低成本的效果；但是，如果资产价格下降，这一较长的金融工具链条也可以无限地放大风险。全球金融危机爆发以前，逃离于货币当局监管体系之外的影子银行系统尽管可以相对不受限制地自由扩张与发展，推进金融市场化与市场繁荣，但与此相对应的是，其本身亦被排除在货币当局的救助与保护范围之外，不在"最后贷款人"的保护伞庇护范围内，极易导致金融危机爆发。

三、影子银行体系加剧信用市场摩擦

为什么影子银行会出现问题，并导致金融危机的爆发呢？只要投资者相信这一连串的金融活动不会给金融系统带来不必要的风险，再从各种短期投资者手中获取资金，并将这些资金投资于较长期的证券资产过程中，没有本质上的模糊或不确定性。然而，全球金融危机发生以来，当投资者开始关注那些长期资产是否真正值得投资，并且许多人决定一次性撤回他们资金的时候，问题逐渐爆发。为向这些投资者偿付资金，影子银行不得不将其资产进行"紧急打折销售"（Fire Sales）。国际货币基金组织（IMF）

货币和资本市场部副主任 Laura E. Kodres（2013）指出，这些"紧急打折销售"普遍降低了这些资产的价值，使拥有类似资产的其他影子银行实体（以及一些银行）被迫降低其资产价值，较低的市场价格为其发展带来了更大的不确定性。在危机顶峰，很多投资者撤回资金或停止再投资，许多金融机构，包括银行和非银行机构，都遇到了严重的危机。

如果这发生在银行系统之外，它可能是孤立的，这些实体可能会有序关闭。但是传统银行也被卷入危机之中。一些影子银行是由商业银行管控的，在危机中，考虑到信誉等方面因素，作为母银行的实力强大的商业银行对其下属影子银行实施救助。

在其他情况下，由于影子银行不得不退出其他市场——例如那些银行出售商业票据和其他短期债券的市场，这些银行资金来源也会遭受损失。因为在此过程中极少具有透明性，往往哪方欠哪方债务，甚至欠了多少债务都不清楚。

通过运用大量衍生金融工具，影子银行体系促使银行资产负债表中的有毒资产以证券化形式进行包装并出售出去，而运用信用违约互换（CDS）等信贷衍生工具致使影子银行承担的较大信用风险在资产负债表上无法体现。这就加大了系统的信息不对称和信用市场摩擦，即投资者难以对一家银行的财务状况做出准确分析，也就难以对风险进行有效评估。影子银行加剧了信贷市场中的信息不对称，在很多情况下投资者只能依赖评级机构的风险评估，难以准确评估自身承受的金融交易风险。

总之，影子银行的特点是：缺乏关于他们资产价值的信息披露（有时甚至连包括哪些资产也不为公众所知）；银行和影子银行之间的不透明管控和股权结构；与传统银行相比不受监管部门监管，或是所受监管力度极小；缺乏可以承担亏损的资本或现金；缺乏正规的流动性支持，以避免紧急的折价销售。

评估影子银行体系的规模也是较为困难的，因为这些机构的大部分无须向政府管理机构进行汇报。作为非银行信用中介，影子银行体系在全球迅速发展，其中，美国的影子银行体系规模是全世界最为庞大的。

2010 年 5 月，美联储开始收集并公布作为影子银行体系组成部分的回购贷款交易的数据。2012 年，金融稳定委员会（FSB）进行了第二次"全球"监测行动，以检查在 25 个司法管辖区和欧元区的所有非银行信用中介，涉及 20 个发达国家和新兴经济体。结果是不精确的，因为他们将"其他金融机构"都列入考察范畴,但从其结果可以看出,美国的影子银行体系规模仍然是最庞大的,虽然它从44%下降到了35%。

根据金融稳定委员会(FSB)的统计,全球影子银行体系于2007年达到62万亿美元的峰值,之后在全球金融危机爆发时下降至59万亿美元,至2011年底又回升至67万亿美元。影子银行体系在全球金融中介中的份额从2007年的27%下降至2009年11月的25%。但金融稳定委员会(FSB)的统计方法是基于资金来源与资金走向的,既不能准确测量影子银行给金融系统带来的系统性风险,亦不能测量用于购买资产的债务规模(通常被称为杠杆)可以将系统风险放大到何种程度,或是通过何种渠道可以将风险从一个部门转移到另一个部门。

四、信用市场摩擦与危机中"金融加速器"效应

影子银行体系加剧了市场的信息不对称和信用市场摩擦,而"信用市场摩擦或成本可以显著放大宏观经济的真实或名义波动"(Bernanke,Gertler & Gilchrist,1999)。Bernanke等(1996)将信用市场不完全性纳入了标准的宏观经济模型中,以解释历史上最为严重的经济危机,如大萧条或东亚金融危机。Bernanke在此文中揭示了"金融加速器机制"的基本原理,即信用市场的内生变化发展并放大了宏观经济波动。

金融加速器的关键渠道是"外部融资额外成本"[①]以及"贷款者资产净值"[②]之间的关系。前者随经济周期反向变动,而后者则随经济周期正向变动。Bernanke通过构建一个动态一般均衡模型,用以解释信用市场摩擦对经济周期的实际影响。该模型综合了以往的多种研究方法,有助于从数量上更为准确地估量信用市场摩擦对宏观经济波动的影响程度。该模型重点考察信用市场摩擦如何加剧和放大经济体系遇到的各种冲击。具体地,Bernanke在此模型分析中重点考察了四种类型的冲击:货币政策冲击、政府支出冲击、技术冲击以及一次性的突然财富转移的冲击。每一种冲击,都分成包含金融加速器机制和不包含金融加速器机制两种情况进行对比研究,最后再将投资时间滞后以及企业融资能力差异引入模型。在货币政策冲击

---

① 外部融资额外成本即指,企业外部融资所支付的成本与企业内部资金机会成本之间的差额。
② 贷款者资产净值=企业流动性资产+非流动性资产的抵押价值-企业未清偿债务。

模型中，尽管引入信用市场不完全性并没有显著改变名义利率的变动，但其使得真实经济变量产生了更加剧烈的波动。特别是引入金融加速器机制之后，货币政策冲击引发的初始产出震荡幅度上升了近50%，而对于投资的影响增加了一倍。在技术冲击和需求冲击的模型分析中，引入金融加速器机制后，其冲击影响的放大程度与货币政策冲击影响的扩展幅度相当。冲击影响被放大的主要机制是：投资热潮引发的资产价格上涨，提升了企业的"资产净值"，降低其"外部融资额外成本"。企业资产净值向其趋势值回归的速度较慢，故真实经济变量的动态变化时间被显著延长。由此可见，当经济处于上升期时，信用市场摩擦及信用市场不完全性导致的金融加速器机制，放大并扩展了经济的繁荣程度与持续时间。

与上述投资扩张、经济扩张过程中的金融加速器机制相对应，我们可以用以分析2008年全球金融危机爆发以来的金融加速器机制。伴随影子银行体系的发展与壮大，金融资产链条与金融工具越来越复杂化，信息不对称性以及信用市场摩擦加剧，企业的外部融资额外成本与风险增加，金融加速器机制效果更为显著。2008年全球金融危机爆发以来，一方面，大型金融机构破产倒闭给市场参与者带来了严重的恐慌，市场参与者纷纷撤回投资，大量抛售次级抵押贷款债券及其衍生品，停止再投资，影子银行遭遇挤兑危机。投资的快速收缩引发资产价格下降，特别是美国房地产价格急剧下跌，降低了企业"资产净值"（其变动与经济周期同向），企业"外部融资额外成本"随之增加（该成本与经济周期反向变动）。另一方面，企业外部融资成本提升会进一步加剧经济波动。故在2007年次贷危机爆发以来，影子银行加剧了信用市场摩擦，由此引发的"金融加速器机制"效应使得经济波动加剧，导致全球金融危机进一步蔓延和恶化。

五、影子银行亏损牵连银行机构危机

影子银行体系从孕育到发展，都与传统银行之间有着紧密的相关性，并将整个金融体系的关联度进一步提高。一方面，伴随着科技进步与金融创新，筹资者和投资者们的需求逐渐多样化，以金融产品的供应方为主要内容的商业银行等传统金融部门已难以满足现代金融市场参与者的多样化需求，故可以提供多样化金融服务的影子银行体系应运而生并逐渐发展壮大，弥补了传统银行业的局限性，在一定程度上填补了传统银行业的空白。

另一方面，由于影子银行天然具备的高杠杆率与高风险特性，使其从创建到发展，都离不开传统银行的参与和支持。在美国，大多数影子银行业务都是受传统银行支持的。因为影子银行具有期限错配、流动性错配等天然属性，其业务发展需要传统银行参与，对传统银行有较强的依赖性。为进一步降低融资成本，影子银行业务通常依赖传统银行为其提供流动性支持以及信用支持。尽管影子银行的资产负债状况未并入商业银行会计报表，但商业银行要在特殊时期为影子银行提供流动性支持，特别是一些商业银行作为影子银行的母银行，出于信誉等方面的考虑，不得不向陷入困境的子银行——影子银行提供流动性支持和帮助。一旦影子银行体系陷入困境，与之紧密相关的传统银行也难免会受之牵连。当影子银行等表外实体机构面临严重资金亏损时，商业银行不仅不能视而不见，还要承担与之相关的亏损。基于影子银行体系与传统银行间的紧密相关性和依存性，在双方配合下，影子银行体系自身高杠杆率与期限错配特性所蕴含的潜在风险蔓延至传统银行范畴，甚至是整个金融体系。

次贷危机爆发之后，由于大量传统商业银行资产被用以投资次级抵押贷款支持证券，参与影子银行业务的商业银行受到严重牵连，导致了大多数发达国家商业银行的巨大损失。例如，2007年第四季度，美国银行的盈利下降了95%（同比）；2007年8月，英国的北岩银行（英国五大抵押贷款银行之一）也出现大幅亏损，并于2008年2月宣布政府国有化。由于受影子亏损的影响，次贷危机爆发之后，美国银行机构危机迅速蔓延至全国，继而引发全球范围内的金融危机。

第三节　美联储宏观调控困境

一、央行调控"货币供给"效果甚微

伴随着金融深化和金融创新，影子银行体系在全球范围内（尤其是在美国）得到快速发展，其发展规模远远超越了传统银行体系，从根本上改变了美国金融体系结构，进而改变了美联储的宏观调控基础。

影子银行体系之所以具有较高的"杠杆率"，主要的一部分原因就是其不受货币当局的直接监管。相比较而言，受《巴塞尔协议》监管约束的传统商业银行的杠杆率通常较低，运动风险也相对较小。影子银行不受货币当局的金融监管约束，可以向消费者提供更为便利的杠杆率偏高的金融产品或是流动性资金。正如本章第二节所述，影子银行较高的杠杆率增加了流动性风险，加之不受货币监管当局的直接监管和制约，放大了系统性风险，为金融危机埋下伏笔。影子银行的信息不透明性加剧了信用市场摩擦，信用市场摩擦会在金融危机爆发过程中起到"金融加速器"效应，加速金融危机和经济衰退的恶化和蔓延。

当前处于金融创新、金融全球化进程中的金融体系转型，无论是规模还是影响力方面，影子银行都已远远超越传统银行业，这为货币当局带来了极大的挑战：一方面，货币当局要认清影子银行快速发展引领的金融体系演进脉络，要保障影子银行发展以及金融体系变革的市场化方向。另一方面，又要防范其引发和放大系统性风险与金融危机，并要控制由影子银行带来的信用市场摩擦加大而产生"金融加速器"效应，进而加速金融危机的加剧与扩张的风险。再加之，影子银行并不像传统商业银行一般受货币当局的直接监管，影子银行对中央银行传统的宏观调控中主要盯住的货币供应量的影响甚微，且脱离于传统中央银行宏观调控职能之外，不受货币政策制约。随着影子银行的逐步发展壮大，这对货币当局者提出了重大挑战，也促使以美联储为首的货币当局在面临重大挑战和监管困境时，亟须调整其宏观调控手段、货币政策操作，甚至是中央银行的管理职能，以缓解当前金融创新与金融全球化背景下，影子银行快速发展的金融体系变革中的中央银行宏观调控困境。

二、联邦基金利率调控效果受限

传统的货币政策调控是指通过对联邦基金供给和需求的调控来调整联邦基金利率，进而由短期利率影响长期市场利率，从而起到影响投资、消费和实体经济的作用。然而，联邦基金是用于在美联储注册的商业银行进行准备金交易的。所以，美联储调控联邦基金的直接作用限于在联邦、州注册的国民银行。这一传导是从美联储向银行的传导，而非银行金融机构不在此交易范围内，如一级交易商。新兴的市场主体——影子银行也不在其交易范围和直接调控范围内。以影子银行为首的大量的市场交易在美联储货币政策调控之外。中央银行既无法对影子银行进行有力监管，也无法通过货币政策对其进行调控。正如美联储货币政策报告中指出，"面对时下美联储联邦基准利率——联邦基金利率的政策调整影响力剧减，美联储开始创建一些新型便利工具，以做出准备和应对措施。"（美联储之后创建的新型便利工具将在本书第四章进行详细介绍）由此可见，美联储在其公布的货币政策报告中，已公开承认其传统的联邦基金利率调控手段的政策效果已明显减弱，美联储亟须转变其货币政策操作手段，扩大并提高其宏观调控及监管的范围与效果。

三、"最后贷款人"保护职能受限

影子银行游离在中央银行监管范围之外，既不受美联储货币政策调控影响，也不受国家金融安全网的保护。1913 年 12 月美联储成立，即是受 1907 年非银行机构——信托公司危机引发的金融危机的影响促成的，当时信托公司作为非银机构不在货币当局监管范围内，也在会员制的纽约清算所救助范围之外，而当时的大银行和政府部门都不具备担当"最后贷款人"的实力与资质。之后美联储于 1913 年末成立是为了对包括会员银行以外的非银行机构同样进行监管和"最后贷款人"保护。然而，在一个世纪之后，类似的危机再次爆发，2008 年以次贷危机为导火索最终引爆了全球金融危机。导致危机爆发的主要原因，依然是逃离于货币当局监管体系之外的非银行机构——影子银行。伴随着影子银行的快速发展，游离在中央银行监管范围外的影子银行体系逐渐成为金融市场主体，其规模已经远远超越了美国传统银行业的规模。面对如此大规模的金融市场主体，美联储不能对其有效实施金融保护和监管，这是目前美国货币当局面临的主要困境之一。历史上，每逢重大的金融危机，必然会提高公众和货币当局对金融系统风险的警惕，促使货币当局进行宏观调控和金融监管改革，以期弥补当前宏观政策管理漏洞，提供更符合市场发展方向、更加保障消费者及公众财产安全的金融市场环境。

国际货币基金组织（IMF）货币和资本市场部副主任 Laura E. Kodres（2013）指出，政府部门正在收集更多更好的信息，寻找在影子银行体系中隐藏的金融脆弱性。银行监管部门也正在监测暴露在影子银行业务中的传统银行，试图通过资本和流动性监管等途径进行遏制，试图减少影子银行风险转移到传统金融行业以及更广泛的经济领域。

此外，由于许多影子银行只受到监管机构极少的监管，甚至是处于监管范围以外，货币当局正在考虑扩大其信息报告披露范围，并且进一步扩大货币当局监管的金融机构和金融市场范围。力求所有影子银行机构及其潜在的国内及全球业务均受到监管部门的监管。货币当局已经取得进展，但他们对于影子银行的监管工作也是处于暗处（In the Shadow），试图通过拼凑各种不同的、不完整的数据，来考察和分析组成影子银行系统的各种业务、相关机构和金融工具涉及哪些系统性风险，以及如何防范。

第四章 货币政策工具转变

——基于资产负债表视角

本章通过比较国际金融危机爆发前后的美联储资产负债表结构变化，梳理每一项新增账户、科目 [如新增的海外回购池、临时补充融资计划（Supplementary Financing Program，SEP）科目] 的来龙去脉、变化的原因；阐述美联储创建的所有货币政策新工具的形成及发展因素；考察金融危机后美联储如何从传统的货币政策转变为以调整美联储资产负债表结构为主的货币政策。在本章里面，将分别从美联储资产负债表的规模、资产方、负债方阐述金融危机以来美联储创建的新操作工具和新账户，对其产生和发展以及最终消亡的脉络进行分析，并论述其运行的机制、直接支持的机构和市场方向。

第一节 美联储资产负债表规模变化

美国联邦储备委员会的工作，涉及大规模的不同种类的资产负债表，如银行资产负债表、非银行金融机构资产负债表以及企业资产负债表等。在众多的资产负债表中，美联储的资产负债表最能体现其货币政策意旨，其中包含了大量与货币政策操作规模、内容相关的信息。因此，美联储资产负债表既是其实施货币政策过程中的主要调控手段，也是公众获取货币政策相关信息的重要来源途径。近几十年来，市场参与者、学者们等都对美联储资产负债表进行仔细研究，以便更清楚地了解美联储货币政策实施过程中重要细节的演变。2007 年以来，美联储为抵御金融危机的进一步恶化，创建并实施了一系列新型政策操作工具，一方面增加了美联储资产负债表的复杂性，另一方面通过这些工具直接向市场以及特定机构等注入流动性以缓解资金紧张。2011 年，美联储在其《国内公开市场操作报告》中明确指出，其国内公开市场操作主要是调整美联储资产负债表的规模和组成。这些调整用以向长期市场利率施加下行压力，为支持经济增长营造更宽松的金融环境。

金融危机爆发之后，美联储资产负债表规模呈现"下降—增长—保持—增长"的趋势。在 2007 年金融危机爆发之初，受危机影响，美联储资产负债表规模先呈现短暂下降趋势，之后在美联储实行一系列市场救助计划及大规模资产购买计划下开始迅速增长；至 2010 年美联储主要调节资产负债表结构，资产负债表规模开始保持在一定水平，而主要变化体现在其组成结构方面；2011 年末至 2012 年全年，由于期限延长计划（MEP）的实施，美联储资产负债表规模基本保持不变；2013 年之后，美联储资产负债表继续平稳增长，截至 2014 年 3 月底，其规模已达 4.227 万亿美元，如图4-1所示。

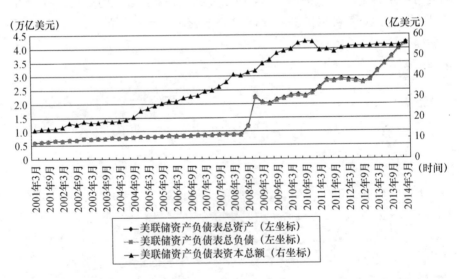

图 4-1 2001 年 3 月至 2014 年 3 月美联储资产负债表资产、负债、资本规模变化
资料来源：美联储。

一、2007 年受危机影响各方组成规模下降

受国际金融危机影响，2007 年 8 月在联邦基金市场中骤然猛增的金融市场压力对公开市场操作以及货币政策执行框架产生了深远影响。2007 年 8 月，银行间市场资金压力骤升的一个重要表征是银行间无担保定期拆借利率的飙升，并在 8 月后一直上升（如图 4 - 2 所示，Libor - OIS 利差，即美元 Libor 利率与隔夜指数掉期利率之间的利差）。Libor - OIS 利差主要反映全球银行体系的信贷压力，利差扩大即表示银行间拆借的意愿下降。此利率上升影响了联邦基金隔夜拆借利率，进而影响纽约联邦储备银行交易专柜执行的公开市场操作。

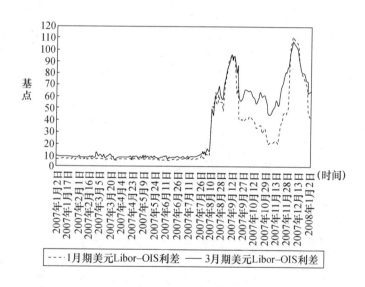

图 4 - 2   2007 年美元 Libor - OIS 利差变化

资料来源：美联储。

（一）大量证券赎回，美联储持有国债减少，资产方下降

受市场资金紧张压力影响，投资者的不确定情绪进一步增强，大量投资者从其持有的政府公债基金中进行证券赎回操作。这对美联储资产负债表规模产生了显著影响。2007 年，美联储直接持有证券价值下降了 393 亿

美元，至 2007 年底下降到 7357 亿美元。① 2007 年美联储没有购买外国中央银行或其他在联储开设账户的国际机构发行的证券。美联储直接持有证券在 2007 年的收缩是自 1989 年以来的首次减少，主要是由于纽约联邦储备银行交易专柜在资金市场压力下采取措施以增加资产负债表的灵活性。如图 4-3 所示，由联邦系统公开市场操作账户（SOMA，即美联储进行公开市场操作的总账户）即可以看到以上变化趋势，即由于 2007 年金融危机爆发后，投资者进行大量政府证券赎回操作，使得联邦系统公开市场操作账户（SOMA）总规模下降，因此美联储资产负债表规模也在 2007 年较前几年呈现缩小趋势。

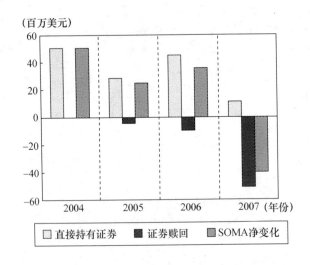

图 4-3 2007 年美联储 SOMA 账户变化

资料来源：美联储。

受上述因素影响，美联储资产负债表的规模在 2007 年底开始缩小，各方组成规模都开始下降。美联储资产负债表的资产方（以美联储直接持有的美国国债为主要组成部分）开始下降，至 2007 年 6 月底，美联储资产负债表规模缩小至 0.8677 万亿美元，较 2006 年底减少了 62.14 亿美元。而且

---

① 美联储直接持有证券价值的下降是由于 2007 年美联储 504 亿美元的证券赎回抵消了其直接购买的 107 亿美元证券以及 5 亿美元的通货膨胀保值证券收益。具体地，504 亿美元证券赎回包括 12 亿美元的国库券息票证券，以及 492 亿美元的国债。美联储直接购买证券是其在二级市场上与一级交易商进行的。

美联储持有国债占总资产的比例也开始大幅度下降,从 2006 年初的 90% 缩小到 2007 年底的 84%,如图 4 - 4 所示。

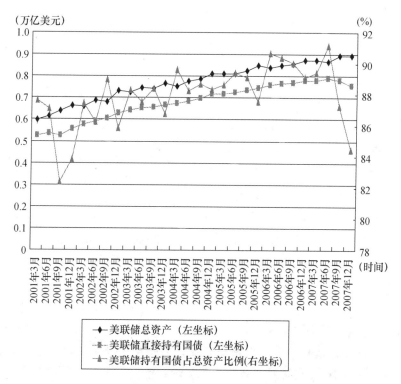

图 4 - 4　2001~2007 年美联储资产规模及持有国债比例变化

资料来源:美联储。

(二) 联邦储备券增幅下降,美联储负债减少

相应地,以联储票据,即联邦储备券为主的美联储资产负债表的负债方规模也在缩小。联储票据在 2007 年前三个季度末的规模分别为 0.7702 万亿美元、0.7765 万亿美元、0.7748 万亿美元,较 2006 年底的 0.7827 万亿美元缩小了近 100 亿美元,如图 4 - 5 所示。

至 2007 年底,联邦储备券结余才出现相对较小幅的增长 (2007 年较 2006 年全年增长了 87 亿美元)。这一增长导致年同比增长率略高于 1%,这一比率是自 1960 年之后的最低增长率 (除 2000 年之外,2000 年时值世纪末,大量联邦储备券由于各种结算等原因返回到美联储手中)。具体地,2007

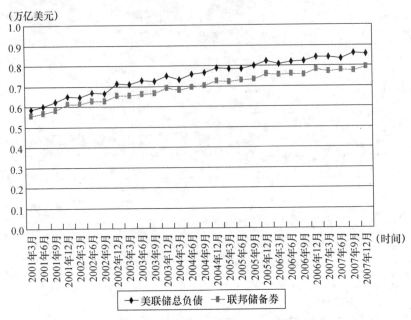

图 4－5　2001～2007 年美联储负债规模及联邦储备券比例变化

资料来源：美联储。

年联邦储备证券的增长率每月不断变化，可以从图 4－6（M1 货币增长率，季调）中的每月增长率中可以看出。这些月份的变化大部分源于向国外发行的净美元货币流通。① 种种迹象显示，即使没有国外的票据净回流，联邦储备券结余的增长率仍然相对较低，与自 2002 年以来的国内美元需求增长速度逐渐减缓的趋势相一致。

二、2008～2009 年受政策影响规模迅速扩张

（一）连续下调贴现率，创建大量新操作工具，美联储资产负债表规模迅速扩大

2007 年 8 月开始的金融危机在之后的几个月愈加严重，为经济前景带来极大的下行风险。在此环境下，公开市场操作委员会在 2008 年先后八次

---

① 2007 年，其他国家的居民返还给美国相当数额的联邦储备券。但是，这一大笔票据回流并不能解释 2007 年联邦储备券的缓慢增长。

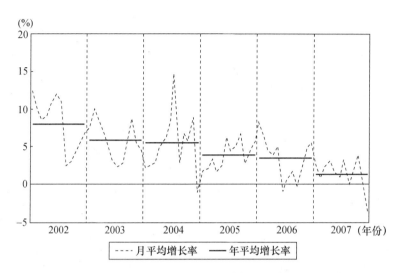

图 4 - 6　美元 M1 货币增长率（季调数据）

资料来源：美联储。

下调联邦基金利率目标，从 2007 年 12 月 11 日的 4.25% 下调至 2008 年 12 月 16 日的 0～0.25%。在联邦基金利率下调的背景下，2008 年 3 月 17 日，美联储进一步下调贴现率（Primary Credit Rate）和联邦基金利率之间的利差，从 0.5% 下调至 0.25%，如表 4 - 1 所示。其他主要信贷便利的变化将在本章第二节中详细阐述。

表 4 - 1　2007～2008 年联邦基金目标利率与贴现率调整　　　　单位：%

	联邦基金目标利率 （Federal Funds Target Rate）	贴现率 （Pimary Cedit Rate）
2007 年 12 月 11 日	4.25	4.75
2008 年 1 月 22 日	3.50	4.00
2008 年 1 月 30 日	3.00	3.50
2008 年 3 月 17 日	3.00	3.25
2008 年 3 月 18 日	2.25	2.50
2008 年 4 月 30 日	2.00	2.25
2008 年 10 月 8 日	1.50	1.75
2008 年 10 月 29 日	1.00	1.25
2008 年 12 月 16 日	0～0.25	0.5

资料来源：美联储。

自 2007 年 8 月暴露的金融市场压力，在 2008 年愈加显著，2009 年得到一定缓解。2009 年初即开始执行问题资产救助计划（Troubled Asset Relief Program，TARP）以及美联储发起的许多流动性、信贷便利。[①] 自 2007 年美联储为应对国际金融危机恶化而创建的一系列新型流动性便利工具，向银行系统输入了大量的准备金，进而加大了纽约联邦储备银行维持联邦基金目标利率的难度。2008 年 12 月 16 日，随着经济和金融市场状况进一步恶化，公开市场操作委员会将联邦基金利率下调到 0 ~ 0.25 区间，是美国历史上至今最低的联邦基金利率目标。公开市场操作也注意到除非联邦基金利率继续维持低位达一段时间，才能使受挫的经济环境有所改善，并且还要通过公开市场操作来支持金融市场功能和提振经济。会议声明明确指出这些措施将很大程度上扩大美联储资产负债表规模。

（二）为抵消联邦储备余额增加，美联储减持国债，增加机构债"直接救援"

随着 2008 年资金和信贷市场恶化，纽约联邦储备银行交易专柜的系统公开市场操作账户（SOMA）投资组合及公开市场操作都进一步调整：数量庞大的流动性便利工具被创建，存款性机构与一级交易商从美联储获得大量短期融资，定期拍卖便利（TAF）规模逐步扩大，与其他国家央行建立货币互换等，一系列政策调整促使美联储减少了传统的国债回购操作，促进纽约联邦储备银行交易专柜通过赎回（偿还）、直接从二级市场出售国债等途径来逐步减少其持有的国债投资组合，即美联储资产负债表规模迅速扩大的同时，美联储直接持有的国债比例在 2008 年开始快速下降。

从 2007 年 6 月至 2008 年底，仅一年多的时间里，美联储一系列的政策安排促使美联储资产负债表从 0.8677 万亿美元增长到 2.2587 万亿美元。这些政策操作规模十分庞大，并且其对美联储资产负债表结构和规模都产生了巨大的影响，在一定程度上，意味着纽约联邦储备银行交易专柜即使通过赎回国债等操作也无法完全抵消联邦储备余额的增加（2008 年底已增加至接近 8400 亿美元）。

金融危机以来美联储定期拍卖工具 TAF 的创建以及 2007 年底与欧洲央行、瑞士央行货币互换协议使得 2008 年美联储资产负债表的资产方增加了 340 亿美元。为抵消这些流动性便利增加的联邦储备，美联储于 2007 年 12

---

① 美联储为应对国际金融危机创建的流动性便利中的大部分都是美联储法第 13（3）条中授权的。

月赎回 390 亿美元的短期国库券，以抵消一部分过多的联邦储备余额。

2008 年底美联储持有的美国国债剩余期限分布如图 4 - 7 所示，平均为 82.7 个月，与全部市场的国库债务平均期限 49.9 个月相比，延长了近一倍。2007 年底，公开市场操作账户（SOMA）投资组合以及国库债务的平均剩余期限仅为 49 个月和 55.7 个月。相对于全部国库债务，美联储公开市场操作账户（SOMA）持有国债平均剩余期限的增长，主要是因为其持有的国库债务以及出售其他短期国库息票证券的减少。[①]

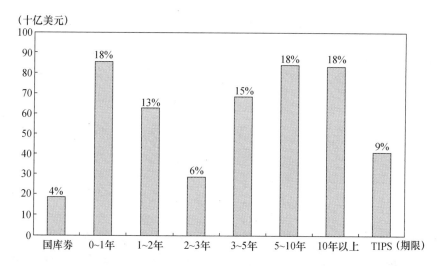

图 4 - 7 2008 年底联邦系统公开市场操作账户（SOMA）持有国债期限分布

资料来源：美联储。

2008 年 11 月，在机构证券市场仍然存在显著压力之时，美联储宣布将开始购买机构债券和机构抵押贷款支持证券（MBS）。公告表明，这些新的购买计划将包括房利美、房地美的 1000 万亿美元直接证券，和联邦家庭贷款银行高达 5000 万亿美元的房利美、房地美、吉利美的住房抵押贷款。年终时，共购买总额为 150 万亿美元的以下五种期限的机构证券，如图 4 - 8 所示，并在 2009 年 1 月初开始购买机构抵押贷款支持证券（MBS）。

---

① 在 2008 年底，8.1% 的市场国库债务为美联储公开市场操作账户（SOMA）持有，较上年的 16.2% 的比例减少了一半。

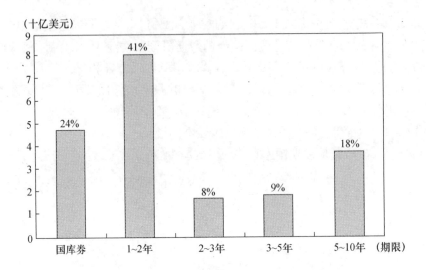

图4-8 2008年底联邦系统公开市场操作账户（SOMA）持有机构债期限分布

资料来源：美联储。

　　2008年9月至2009年3月，美联储购买长期国债达3000亿美元，并且收购房利美、房地美发行的抵押贷款支持证券（MBS）高达1.25亿美元，呈现出中央银行"直接救援"的显著特征。一方面，直接购买陷入困境的金融机构——房利美、房地美及美国国际集团公司（American International Group，AIG）的抵押贷款支持证券（MBS）等。另一方面，通过各种创新的操作工具即流动性便利，向市场直接释放流动性。国际金融危机爆发后，大量不良资产累积、风险预期逐步恶化、信贷紧缩严重，金融市场和金融机构等金融中介难以正常发挥作用。在此背景下，美联储直接扮演金融中介角色，先后创建货币市场共同基金流动便利（AMLF）以及货币市场投资者融资便利（Money Market Investor Funding Facility，MMIFF）等多种新型操作工具，直接向市场注入流动性。

　　在实施大规模资产购买计划（LSAP）过程中，美联储购买机构债不断积累，为向特定机构提供流动性援助，2009年7月，证券借贷计划中的机构债购买量增加。机构的最初购买需求较小，平均每天交易商贷款只有1.83亿美元，投资者都不愿意购买受美联储大规模资产购买计划（LSAP）支持的机构债。然而，在美联储公开市场委员会发布2009年9月会议声明——将开始逐渐停止代理购买机构债之后，联邦系统公开市场操作账户

（SOMA）持有的机构债券贷款额上升到平均每天 7.77 亿美元。

（三）美联储延长持有国债期限，进一步压低长期利率

2009 年，公开市场操作账户（SOMA）对美国国债长期持有额从 4700 亿（美元增加到 7707 亿）。这一增长主要归因于长期国债购买计划引发的 3000 亿美元的扩张，还包括 6 亿美元的美国国债通胀指数债券（Treasury Inflation – Indexed Securities，TIIS）的通胀补偿。公开市场操作账户（SOMA）中的国债增长是通过直接购买在二级市场的美国国债来实现的，即 2009 年纽约联邦储备银行交易专柜进行的 3000 亿美元国债购买。在购买计划的一开始，纽约联邦储备银行交易专柜宣布将集中采购 2 ~ 10 年期的美国国债，即占超过 3000 亿美元的 80% 的购买额度。事实上，在购买计划的实施过程中，美联储购买了 2420 亿美元的 2 ~ 10 年期国债，420 亿美元的 10 ~ 30 年期国债，110 亿美元的 1 ~ 2 年期国债，以及 50 美元的通货膨胀保值债券（Treasury Inflation Protected Secunties，TIPS），如图 4 – 9 所示。

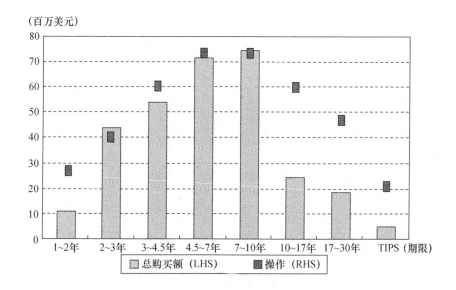

图 4 – 9 2009 年美联储购买国债期限分配

资料来源：美联储。

2009 年 8 月，美联储宣布将扩大其在 10 月末美国国债购买量，随着这

一公告的出台，纽约联邦储备银行交易专柜降低了每次购买操作的规模和购买操作的频率。在此公告之前，纽约联邦储备银行交易专柜平均每星期购买 120 亿美元国债，平均每星期执行两次购买操作，而公告后，采购规模不断下降，且每星期平均只有一次购买操作。在 2009 年底公开市场操作账户（SOMA）持有的美国国债的期限分布如图 4－10 所示。[1] 公开市场操作账户（SOMA）持有的未到期美国国债平均剩余期限在 2009 年底是 81.6 个月，而此时国债市场的全部国债平均剩余期限为 56.2 个月。2008 年底，公开市场操作账户（SOMA）持有未到期美国国债和国债市场的全部国债的平均剩余期限分别为 82.8 个月和 50.6 个月。[2]

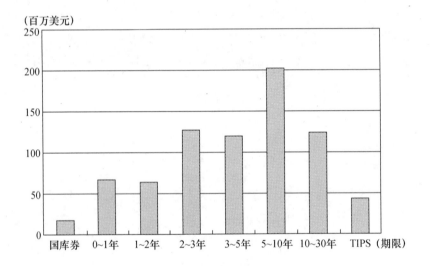

图 4－10　2009 年底美联储持有国债期限分配

资料来源：美联储。

（四）新操作工具逐步减少，但因 LSAPs、SFP，美联储资产负债表规模继续扩张

2008 年下半年，美联邦储备余额急剧增长，在一定程度上体现了美联储大规模流动性项目以及信贷项目所提供的巨额信贷量。2009 年，这

---

[1] 2009 年 10 月 29 日，纽约联邦储备银行交易专柜直接持有国债购买量达到 3000 亿美元。

[2] 2009 年底，公开市场操作账户（SOMA）持有国债占全部国债市场的 10.6%，2008 年底为 8.1%。

些项目引发的信贷扩张逐步缩小，但是美联储余额继续增长，主要归因于美联储实行大规模资产购买计划（LSAPs）下，其持有证券的进一步扩张。

2009 年初，美联储资产负债表的主要组成是为应对金融市场危机创建的一些流动性便利、信贷便利的余额构成。但是，随着市场状况逐步改善，这些便利工具也相应减少，其余额也开始下降。尽管这些便利工具逐步减少，联邦系统公开市场操作账户（SOMA）投资组合规模仍在不断扩大，主要是由于大规模资产购买计划（LSAPs）引发的。因此，美联储资产负债表在 2009 年底的规模继续保持在历史最高水平 2.2 万亿美元，尽管其结构发生了明显变化，如图 4－11 所示，2008 年、2009 年的政策措施使得美联储资产负债表的总资产极度扩张，导致以存款机构持有的准备金余额形式的负债急剧增加。大规模资产购买计划（LSAPs）与补充融资计划（SFP），使得 2009 年底储备余额增长了 1650 亿美元，达到 1 万亿美元之多。2009 年底美联储资产负债表规模接近 2.237 万亿美元。

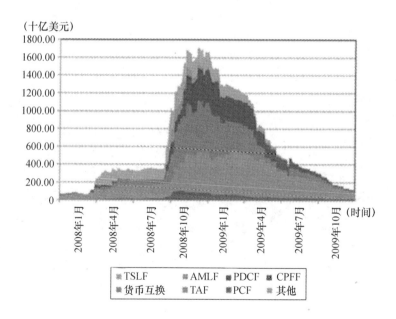

图 4－11　2008～2009 年短期流动性便利信贷余额

资料来源：纽约联邦储备银行。

三、2011～2012 年中性 MEP 规模不变

（一）鉴于市场环境逐步改善，美联储停止流动性便利

2007 年金融危机爆发后，美联储通过大量的流动性计划，以促进金融稳定。除了调整主要信用工具（Primary Credit Facility，PCF），为了支持短期信贷，从 2007 年 12 月至 2008 年 10 月创建了一系列新的政策工具，其中大部分在 2010 年仍然运行，但规模迅速缩小。这些额外的便利，包括定期拍卖工具（TAF），中央银行流动性互换（货币互换），主要交易商信用工具（PDCF），定期证券借贷工具（TSLF），资产支持商业票据货币市场共同基金流动便利（AMLF），以及商业票据融资工具（CPFF）。全部便利工具的总信贷余额在 2010 年 12 月达到 1.714 万亿美元。伴随市场融资环境的逐步改善，以上便利工具的使用量显著缩减，至 2009 年初，以上便利的总信贷余额缩减到 1220 亿美元，如图 4-11 和图 4-12 所示。

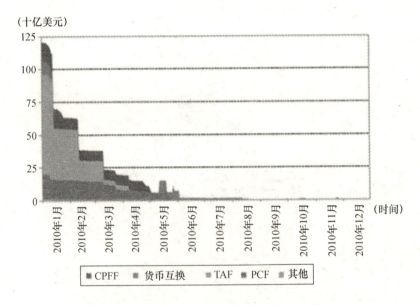

图 4-12　2010 年短期流动性便利信贷余额

资料来源：纽约联邦储备银行。

2009 年 7 月，美联储宣布延长资产支持商业票据货币市场共同基金贷款（AMLF）、商业票据融资工具（CPFF）、主要交易商信用工具（PDCF）、定期

证券借贷工具（TSLF）的使用期限至 2010 年 2 月 1 日，公开市场操作委员会（FOMC）也将货币互换延长到同一天。但那时美联储并未对定期拍卖工具（TAF）设置确定期限，但会在市场状况逐步改善过程中逐步减少定期拍卖工具（TAF）。一旦市场融资环境继续改善，美联储允许这些便利工具如期在 2010 年 2 月 1 日结束，2010 年 2 月会采取其他更常规形式的操作来提供短期流动性。因此，这些便利工具的总借贷量在 2010 年的头几个月明显减少。

2010 年初，在继续执行 2008 年末开始的大规模资产购买计划（LSAPs）时，公开市场操作主要集中于购买政府支持企业发行的债务以及这些机构担保的抵押贷款支持证券（MBS）。这些购买完成之后，经济、金融环境在 2010 年有所改善，公开市场操作的目标集中在向之前获得的证券主要收入进行再投资的渠道。2010 年后期，操作目标为通过追加购买长期国库证券来扩大联邦系统公开市场操作账户（SOMA）持有总额。2010 年，鉴于金融市场环境得到逐步改善，美联储停止了所有临时特定流动性便利，尽管之后又再次与其他央行建立货币互换。由于 2008 年末美联储开始购买 1.75 万亿美元的抵押贷款支持证券（MBS）、机构债、长期国债，至 2010 年初，联邦系统公开市场操作账户（SOMA）持有的国内证券扩张到 18450 亿美元。①

2011 年的国内公开市场操作主要是调整美联储资产负债表的规模和组成。这些调整用以向长期利率施加下行压力，为支持经济增长营造更宽松的金融环境。通过大规模资产购买计划（LSAPs），从 2010 年底至 2011 年 6 月，联邦系统公开市场操作账户（SOMA）投资组合中增加了 6000 亿美元长期国库证券。购买计划使得私人部门持有的国库证券数量较低，以期向长期利率施加下行压力。

（二）利率继续维持在零附近，无须开展公开市场操作调控利率

2011 年下半年，资产负债表组成受美联储公开市场操作委员会（FO-MC）在 2011 年 9 月会议影响，将到期的机构债和机构抵押贷款支持证券（MBS）再投资于抵押贷款支持证券（MBS），并且通过出售短期证券、购买长期证券来扩展持有国债的平均期限。至 2011 年 9 月，对机构债和抵押贷款支持证券（MBS）的主要支付用于再投资长期国库证券，以免投资组合缩小为长期利率带来上升压力。这一从长期国库证券转向抵押贷款支持

---

① 至 2010 年末，纽约联邦储备银行交易专柜完成这些购买，联邦系统公开市场操作账户（SOMA）持有证券总额增长到 2.014 万亿美元。

证券（MBS）的再投资的决定，是为帮助改善抵押贷款市场。期限延长计划（MEP）涉及4000亿美元的长期国债购买，以及相同规模的短期证券出售。最早的大规模资产购买计划（LSAPs）用于减少私人部门持有的长期国债，对长期利率施加下行压力。2011年，以上计划需要开展紧密的公开市场操作。然而，美联储声称"交易专柜并不需要开展任何公开市场操作（OMOs）来维持联邦基金利率在其目标利率0~0.25%范围内"。

（三）MEP计划呈中性，改变美联储资产负债表结构，对总量无实质影响

自2007年金融危机以来，以调整美联储资产负债表为主的货币政策使得联邦系统公开市场操作账户（SOMA）投资组合中的国债平均期限延长。自2011年10月开始的期限延长计划（MEP），通过购买和出售债券使得这个现象更加明显。因此，2011年底，美联储直接持有超过三年期的债券在其全部投资组合中的比例较2010年更高。期限延长计划（MEP）实际上对美联储资产负债表的规模并未产生明显影响，因为其运行原则是美联储出售短期证券，同时购买等额的长期证券，以此来压低长期利率为目标。因此，该计划仅对美联储持有证券的组成结构，特别是期限结构产生影响，而对其证券总量，即对美联储资产负债表规模并无实质影响。故在2011年实施了期限延长计划（MEP）之后，美联储资产负债表规模并没有继续扩张，而是基本保持不变。原因就在于美联储并没有进一步扩大对美国国债的购买，而只是在持有债券的结构上进行了调整。

2012年国内公开市场操作主要是为在保证价格稳定的前提下进一步支持经济复苏，并通过调整美联储资产负债表组成和规模提供额外的政策便利。这些活动用以施加长期利率下行的压力，支持抵押贷款市场，帮助改善金融市场环境。联邦系统公开市场操作账户（SOMA）持有的国内证券投资组合总规模在2012年几乎没有变化，但是其结构发生了显著变化。始于2011年10月的期限延长计划（MEP），并未对美联储资产负债表规模产生显著影响，[①] 然而，系统公开市场操作账户（SOMA）国债投资组合平均期限延长了三年之多。将机构债和机构抵押贷款支持证券（MBS）再投资于抵押贷款支持证券（MBS），于2011年9月生效，这一政策促使机构抵押贷款支持证券（MBS）投资组合向利率较低、期限更长的证券转移。这种转移在之后的月份中表现得更为明显，随着公开市场操作委员会于2012年9

---

① 2012年6月美联储资产负债表总规模为6670亿美元，并保持这一规模直到2012年年底。

月宣布每月额外购买 400 亿美元的机构抵押贷款支持证券（MBS）。将期限延长计划（MEP）的债券购买和新的机构抵押贷款支持证券（MBS）购买加总起来，到 2012 年底每月平均购买 850 亿美元的长期证券。至 2012 年底，联邦系统公开市场操作账户（SOMA）国内证券持有增长到接近 2.8 万亿美元。在期限延长计划（MEP）实施阶段，即 2011 年末至 2012 年全年，美联储资产负债表规模没有进一步大规模扩张，而是主要调整其组成结构，通过期限延长计划增加了美联储持有的长期国债，并且延长了持有国债的平均期限，如图 4 - 13 所示。

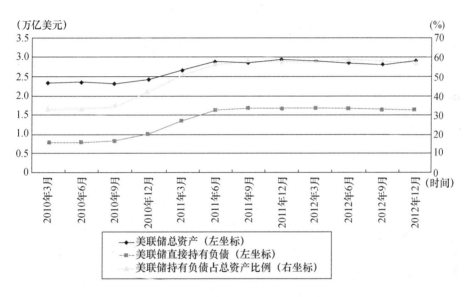

图 4 - 13　2010 ~ 2012 年美联储资产负债表规模及持有国债比例变化
资料来源：美联储官方网站。

　　从 2012 年初到 9 月中旬，期限延长计划（MEP）改变了投资组合结构，但不影响其整体规模。受 9 月中旬额外购买机构按揭证券抵押贷款支持证券（MBS）的影响，2012 年底美联储持有国内证券总额增长到 2.8 万亿美元（见图 4 - 14）。2012 年，联邦系统公开市场操作账户（SOMA）持有的国债水平稳定保持在 1.7 万亿美元。通过 2011 年初发起的期限延长计划，在 2012 年 6 月宣布要延长到 2012 年底，出售较短期债券并出售相同票面价值的较长期美国国债。2012 年下半年，购债也因为允许到期国债被赎回而抵消了，也就是到期证券不被进行再投资了。

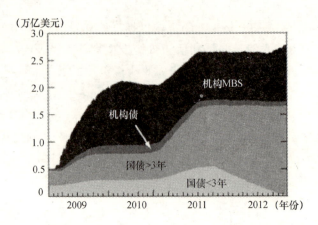

图 4 – 14   2009 ~ 2012 年 SOMA 持有国内证券规模和组成比较

资料来源：纽约联邦储备银行。

2012 年继续执行期限延长计划，进一步延长国债投资组合期限（见图 4 – 15）。2012 年底，联邦系统公开市场操作账户（SOMA）持有的 61% 美国国债有六年或更长的时间期限，期限不超过三年的证券几乎都已经消除了。相反，在金融危机之前，联邦系统公开市场操作账户（SOMA）持有的美国国债是偏于期限较短的一端，持有 63% 的证券期限都少于三年，其中包括 31% 的国债。2012 年底，联邦系统公开市场操作账户（SOMA）国债投资组合平均期限约为 10.4 年，比 2012 年初延长了三年之多，超过金融危机前的美联储持有国债期限的三倍。

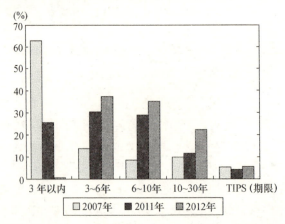

图 4 – 15   2007 年、2011 年、2012 年 SOMA 持有国债期限分配比较

资料来源：纽约联邦储备银行。

四、2013～2014 年（QE 退出后）规模继续增长

从 2013 年初至 2014 年 12 月，美联储资产负债表规模继续扩张。下面，以 2014 年 10 月 29 日美联储正式宣布退出量化宽松货币政策和结束大规模资产购买计划（LSAPs）为分水岭，分成两个时间段进行分析：第一阶段从 2013 年初至 2014 年 10 月 29 日美联储宣布退出量化宽松货币政策，第二阶段从 2014 年 10 月 29 日至 2014 年 12 月 17 日（本书撰写截止时间）。

第一阶段，自 2013 年初至 2014 年 10 月 29 日，在大规模资产购买计划（LSAPs）下，美联储资产负债表的规模进一步扩张；第二阶段，自 2014 年 10 月 29 日美联储宣布结束量化宽松货币政策以来，在"再投资"的债券购买计划下，美联储资产负债表规模继续扩张，特别是美联储资产组成中的抵押贷款支持证券（MBS）规模持续增长。负债方面，美联储资产的大部分增长被负债方的准备金余额、流通中货币、联邦储备银行存款、逆回购的增加所抵消。

（一）2013 年初至 2014 年 10 月 29 日，在 LSAPs 计划下，美联储资产负债表规模平稳增长

2014 年 10 月 29 日美联储正式宣布结束大规模资产购买计划（LSAPs），停止量化宽松货币政策。在此之前，从 2013 年初至 2014 年 10 月 29 日，在大规模资产购买计划（LSAPs）作用下，美联储资产负债表规模继续平稳增长，从 29187 亿美元增长至 44867 亿美元，增加了 15680 亿美元，增长率高达 53.72%。

在此期间，从美联储资产负债表的资产方来看，美联储持有美国国债从 2013 年初的 16661 亿美元增加到 2014 年 10 月 29 日的 24616 亿美元，增长了约 7955 亿美元，增长率约为 47.75%；美联储持有联邦机构债从 768 亿美元下降至 397 亿美元，减少了 371 亿美元，增长率约为 −48.31%；美联储持有抵押贷款支持证券（MBS）规模从 9267 亿美元增加至 17179 亿美元，增加了 7912 亿美元，增长率约为 85.38%。

（二）2014 年 10 月末美联储宣布结束 QE 至 2014 年 12 月，在"再投资"计划下，美联储资产负债表规模继续扩张，持有 MBS 规模继续增加

在此之后，联邦公开市场操作委员会（FOMC）于 2014 年 10 月 29 日

宣布结束其资产购买计划，即正式宣布结束量化宽松货币政策，美联储资产负债表规模仍未停止增长，从2014年10月末美联储宣布结束量化宽松货币政策至2014年12月17日，美联储资产负债表从44867亿美元增长到了45022万亿美元，仅一个半月的时间里，扩张了155亿美元。可见，在美联储于2014年10月29日宣布结束量化宽松货币政策以来，至2014年12月末，美联储资产负债表规模仍继续扩张。

从美联储资产负债表的资产方来看，在此一个半月时间，联邦公开市场操作账户（SOMA）投资组合中的债券组成比例有所变化。首先，美联储持有美国国债规模有所下降，从2014年10月29日的24616亿美元减少至2014年12月17日的24615亿美元，减少了约1亿美元的美国国债持有额。其次，美联储持有联邦机构债规模也从2014年10月29日的397亿美元下降到2014年12月17日的387亿美元，减少了约10亿美元。最后，美联储持有的抵押贷款支持证券（MBS）规模则继续增加，从17179亿美元增长至17420亿美元，增加了约241亿美元。在美联储持有债券中，抵押贷款支持证券（MBS）在此期间的增加量最为显著，如表4-2所示。

尽管2014年10月29日（美国当地时间），联邦公开市场操作委员会（FOMC）宣布在2014年10月结束其资产购买计划，即正式宣布结束量化宽松货币政策。但是委员会仍维持其现有政策——将机构债和抵押贷款支持证券（MBS）的本金"再投资"于机构抵押贷款支持证券（MBS），美联储持有大规模的长期证券将有助于保持宽松的金融环境（Federal Reserve，2014）。

表4-2 2013年至2014年12月美联储资产负债表规模及持有国债比例变化

单位：亿美元

	2013年1月1日	2014年10月29日 （美联储宣布结束QE）	2014年12月17日
美联储资产负债表规模	29187	44867	45022
持有国债	16661	24616	24615
持有联邦机构债	768	397	387
持有抵押贷款支持证券（MBS）	9267	17179	17420

资料来源：美联储官方网站。

美联储并未停止购买债券，而是在宣布结束量化宽松货币政策及大规模资产购买计划（LSAPs）之后，以"再投资"的名义继续进行债券购买。由此可以解释以上美联储资产负债表的规模及组成变化：在2014年10月

29 日，美联储宣布停止量化宽松货币政策以来，至 2014 年 12 月 17 日，美联储资产负债表规模仍在继续扩张，而在其资产组成中，联邦机构债券有所下降，而抵押贷款支持证券（MBS）增长显著，从 2014 年 10 月 29 日的 17179 亿美元增长至 12 月 17 日的 17420 亿美元，即美联储于 2014 年 10 月 29 日宣布结束量化宽松货币政策后，其将持有的机构债与抵押贷款支持证券（MBS）的本金又以"再投资"的名义继续购买抵押贷款支持证券（MBS），使得美联储持有的抵押贷款支持证券（MBS）的规模继续增加。

美联储的多位官员表示，量化宽松货币政策实施以来，购买债券行为已经成为美联储货币政策的组成部分，即便是美联储于 2014 年 10 月宣布结束第四轮量化宽松货币政策，也并未停止其购债行为。

此外，美联储此番大规模量化宽松货币政策实践的正式退出，并不意味着量化宽松货币政策作为非传统货币政策正式退出历史舞台。2014 年 10 月 29 日联邦公开市场操作委员会的公开声明，仅代表美联储实施两年的第四轮量化宽松货币政策的结束，而此后在经济下行风险加剧或是通胀预期恶化时，美联储是否在必要时期再继续推出第四轮量化宽松货币政策仍未确定。

第二节　资产方组成变化——回购及临时流动性便利

次贷危机前美联储资产负债表结构较为简单。联储票据（Federal Reserve Notes）是资产负债表中比例最大的负债，在联邦系统公开市场操作账户（SOMA）的资产方被美国国库证券大部分抵消了。即在次贷危机之前，美联储资产负债表组成较为简单，其中，资产方主要是美联储持有的美国国债，负债方主要是联储票据。在联邦系统公开市场操作账户（SOMA）中，美联储直接持有的债券主要是美国国债。国际金融危机爆发之前，美联储资产负债表的资产项主要是其持有的美国国债，即美联储通过对国债进行买卖以支持、限制、配置联邦基金利率，对商业银行、企业是通过利率等因素间接传导和影响的。

2007 年下半年，为抵御国际金融危机的进一步蔓延和恶化，美联储先后采取了一系列救助政策和措施，通过调控美联储资产负债表的结构来达到预期的政策目的，改善市场资金紧张状况和金融市场环境。金融危机爆发以来，美联储资产负债表的结构发生了显著的变化：从原来的以国债为主要资产，联储票据为主要负债的简单结构已经发展成包含多种创新工具、新账户的极为复杂的结构。一些新增的工具和账户又随着市场的逐步改善而渐渐缩小和消退。首先，关注美联储资产负债表的资产方，为进一步支持金融市场和经济，一系列新型流动性便利在 2007 年、2008 年创建，其规模逐渐增加；随着金融市场好转，于 2010 年又逐步退出市场，经历"从无到有，又逐渐退出"的过程。这些临时流动性便利大幅度扩张了美联储的准备金规模，使得传导的货币政策操作工具，如临时回购（RPs）协议自 2009 年之后逐渐减少至零。下面分别进行详细阐述。

一、传统回购（RP）抵押品转变与操作暂停

（一）临时性回购协议：短期回购与长期回购

美联储通过公开市场操作（OMO）对准备金余额的供给进行调节，以促使联邦基金利率维持在其目标利率附近。传统的美联储公开市场操作主要可以分为以下两类：第一种是永久性操作（Permanent Operations），第二种是暂时性操作（Temporary Operations）。其中，永久性的公开市场操作的主要作用是对美联储资产负债表的长期影响因素（流通中货币的增长趋势为主）进行调节。永久性的公开市场操作主要内容包括美联储通过系统公开市场操作账户（SOMA）对证券进行直接买卖（永久性公开市场操作内容将在本章第四节中详细阐述）。暂时性的公开市场操作的主要作用是为应对短期变化引发的准备金需求变化，此类操作主要通过回购协议（RPs）、逆回购（RRPs）协议的方式展开。回购协议通常是指，纽约联邦储备银行交易专柜事先买入某种证券，同时约定在未来某一时期将此债券再次卖出。在一定程度上，回购可以视为一种抵押贷款，其买入价与卖出价二者之间的差额可以看作贷款利息。具体地，回购协议又分为短期和长期回购。其中，短期和长期的回购在联储的总准备金供应管理方面有所不同。期限短于 6 天的回购被称为短期回购，7 天或者更长期限的被称为是长期回购。短期回购可以用来对美联储的每日余额供给进行调整。事实上，美联储几乎在每个营业日都进行短期回购操作。短期回购可以快速建立或抵消储备需求的短期变化。相比较而言，长期回购操作不如短期回购那么频繁，是用以调整

准备金余额需求的季节波动，通常可以持续数星期，甚至是几个月。①

（二）危机后先增加以打压利率上行，后暂停以配合流动性便利

2007 年 8 月 10 日，纽约联邦储备银行交易专柜每日分别于以下时间安排三次回购操作（RPs）：早上 8：10，上午 10：40 左右以及下午 1：30。这些操作一方面可以起到调节准备金波动的作用，另一方面是为了向市场表明纽约联邦储备银行交易专柜打击利率持续上升压力的决心。2007 年美联储平均短期回购余额为 89 亿美元，略高于 2006 年。在一个保持周期（Maintenance Period）内的平均余额为 38 亿～135 亿美元，每日平均余额为 0～380 亿美元。美联储于 2007 年共安排了 208 次隔夜回购操作（包括跨越周末或假日），并安排了 38 次其他期限的短期回购。2007 年美联储短期回购操作的平均规模为 74 亿美元，每次回购金额介于 17.5 亿美元与 192.5 亿美元之间。2008 年，美联储短期回购的平均余额为 71 亿美元，比上年减少了 18 亿美元。平均一个维持周期内的短期回购余额为 0～261 亿美元，每日为 0～1000 亿美元（见图 4－16），2008 年共安排了 148 次隔夜回购，纽约联邦储备银行交易专柜安排了 30 次其他天数的短期回购。2008 年，所有短期临时性操作的平均规模为 91 亿美元，每次操作的规模为 15 亿～500 亿美元。

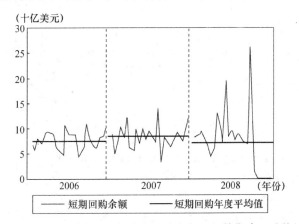

图 4－16　2006～2008 年短期回购余额（保持期内平均值）
资料来源：纽约联邦储备银行。

---

① 每日上午 9：30，纽约联邦储备银行交易专柜在对联储准备金的供给与需求量预测之后，开始进行短期回购操作。长期回购操作则在每日更早些时候进行。2007 年之前，纽约联邦储备银行交易专柜几乎在每周四早上都安排 14 天的长期回购操作。直至 2007 年底，伴随着总回购余额规模扩大，纽约联邦储备银行交易专柜就开始安排更为频繁的为期 7 天的短期回购。

关于长期回购，2007 年美联储长期回购的平均余额为 235 亿美元。2007 年 8 月后这一水平大幅增长。2007 年所有长期回购操作的平均规模为 99 亿美元，每次操作从 30 亿美元到 240 亿美元不等。2008 年长期回购余额的平均水平为 170 亿美元。2008 年初的平均长期回购规模较高，所有长期回购操作的平均规模为 95 亿美元，每次操作规模为 50 亿~270 亿美元。直到 2008 年 9 月中旬，金融市场压力逐步增加，美联储因此扩大了定期拍卖便利（TAF）操作的规模，扩大与其他国家中央银行的货币互换数量和规模，发展新的市场融资便利。如此大量的流动性注入促进纽约联邦储备银行交易专柜停止了其隔夜、7 天、14 天回购，因为额外的储备水平急速攀升，联邦基金隔夜交易远低于目标水平，直到 12 月 16 日公开市场操作委员会的政策变化（图见 4 – 17）。

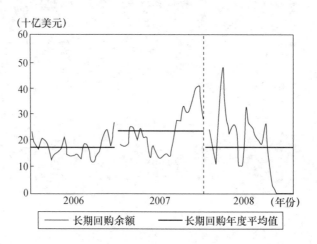

图 4 – 17　2006 ~ 2008 年长期回购余额（保持期内平均值）
资料来源：纽约联邦储备银行。

随着资金紧缺、市场环境进一步恶化，纽约联邦储备银行交易专柜传统的公开市场操作进行了调整。公开市场操作账户（SOMA）的规模和结构都被扩大。一系列流动性便利、信贷便利、大规模资产购买计划（LSAP）的创建导致银行准备金水平上升，因此不再需要大量用传统回购（RPs）来增加银行准备金临时基础。事实上，2009 年至 2014 年 3 月的近六年的时间里，纽约联邦储备银行交易专柜并未实行任何回购操作（RPs）（见图 4 – 18）。

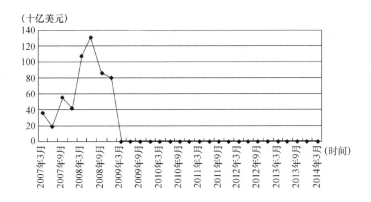

图4-18 2007年3月至2014年3月美联储临时回购协议余额

资料来源：纽约联邦储备银行。

（三）回购抵押品分配变化——由国债转向机构债和MBS

纽约联邦储备银行交易专柜只接受三种形式的回购抵押品：第一种是国债，第二种是联邦机构证券，第三种是机构抵押贷款支持证券。总体而言，2007年之前回购抵押品偏向国债。2007年继续这种模式，直到短期资金市场出现金融市场紧张局面，国债在回购抵押品总额中所占比例逐渐缩小，2007年第四季度仅为32%。尽管国债担保的比例增加（2008年第三季度为49%，接近抵押品总额的一半），这一趋势在2008年仍继续延续，直到交易专柜在2008年第四季度停止常规回购操作（见图4-19）。

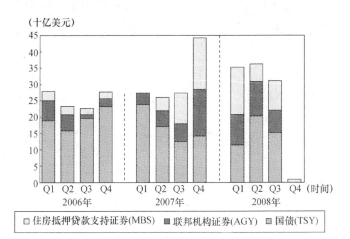

图4-19 回购担保品类型变化（季度平均）

资料来源：纽约联邦储备银行。

二、临时流动性便利的创建、退出、救助方式及指向

国际金融危机爆发以来，为进一步支持金融市场和经济，美联储创建了一系列新型货币政策操作工具。2007 年，美联储创建了支持存款机构的便利——定期拍卖便利（Term Auction Facility，TAF）、与其他央行的美元互换协议（Reciprocal Dollar Swap Lines），2008 年又增加了一系列流动性便利，向特定的市场和机构提供流动性，包括支持交易商的便利工具——定期证券借贷便利（TSLF）、一级交易商信贷便利（PDCF），以及在定期证券借贷便利基础上发展的定期证券借贷期权交易 [Term Securities Lending Facility Options Program，TSLF（OP）]；支持货币市场的便利工具——货币市场投资基金便利（MMIFF），资产支持商业票据货币市场共同基金流动便利（AMLF）；支持特定企业的便利工具——商业票据信贷便利（CPFF），以及定期资产支持证券信贷便利（TALF）。大量新型流动性便利在 2007 年、2008 年创建，其规模逐渐增加，随着金融市场好转，于 2010 年又逐步退出市场，经历了"从无到有，又逐渐退出"的过程。

2007 年下半年金融危机爆发以来，美联储实施一系列救市政策，为市场直接注入流动性。其资产负债表规模由 2007 年 6 月的 0.899 万亿美元迅速膨胀到 2014 年 12 月 17 日（本书撰写截止日）的 4.5022 万亿美元。[1] 美联储持有债券规模显著扩张，在此阶段，各种流动性便利[2]逐渐减少（见图 4 - 20），并于 2010 年减少至零，即在一定程度上证实了金融系统流动性已经得到显著提高。

在美联储资产负债表的资产方，新创建的操作工具可以根据其支持的不同机构和市场分为以下四类：支持存款机构的创新工具，以定期拍卖便利（TAF）、定期贴现措施（Term Discount Window Program，TDWP）和双边互换协议（Currency Swap Line，SL）为主；支持交易商的创新工具，以一级交易商信贷便利（PDCF）、定期证券借贷便利（TSLF）和定期证券借贷

---

[1] 其中，2008 年 9 月、10 月和 11 月相继超过 1 万亿美元、1.5 万亿美元和 2 万亿美元；2011 年 2 月超过 2.5 万亿美元；2013 年 1 月超过了 3 万亿美元。

[2] 全部流动性便利（All Liquidity Facilities）包括：定期拍卖信贷（Term Auction Credit）、一级信贷（Primary Credit）、二级信贷（Secondary Credit）、季节性信贷（Seasonal Credit）、一级交易商信贷便利（Primary Dealer Credit Facility，PDAF）。

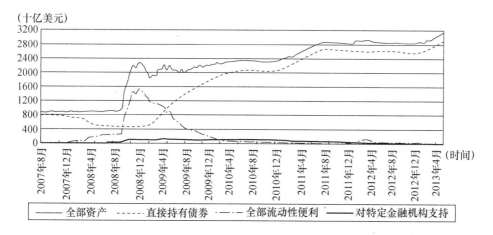

（十亿美元）

图例：
—— 全部资产　　-------- 直接持有债券　　·—· 全部流动性便利　　—— 对特定金融机构支持

图 4-20　新型流动性便利工具的产生、退出

资料来源：美联储。

期权计划［TSLF（OP）］为主；支持货币市场的创新工具，以资产支持商业票据货币市场共同基金流动便利（AMLF）、货币市场投资基金便利（MMIFF）为主；支持特定企业和法人的创新工具，以商业票据信贷便利（CPFF）、定期资产支持证券信贷便利（TALF）为主，如表 4-3 所示。

表 4-3　美联储创新操作工具（流动性便利）

救助对象	便利工具	引入时间	退出时间	信贷方式	担保品	期限
存款机构	定期贴现措施（TDWP）	2007 年8 月17 日	进行中	资金	贴现窗口接受的抵押品	不超过 90 天
	定期拍卖便利（TAF）	2007 年12 月12 日	2010 年3 月8 日	资金	贴现窗口接受的抵押品	28~84 天
	双边互换协议（SL）①	2007 年12 月12 日	进行中	美元	主权货币	隔夜至 3 个月
交易商	一级交易商信贷便利（PDCF）	2008 年3 月16 日	2010 年2 月1 日	资金	三方回购市场抵押品	隔夜至 14 天
	定期证券借贷便利（TSLF）	2008 年3 月11 日	2010 年2 月5 日	国债	国债、地方政府债券、投资级别证券	28 天
	定期证券借贷期权计划［TSLF（OP）］	2008 年7 月30 日	2009 年6 月25 日	国债	投资级别证券	不超过 14 天

① 在某种意义上，双边互换协议可以看成是通过海外央行向其存款机构救助的一种便利。

续表

救助对象	便利工具	引入时间	退出时间	信贷方式	担保品	期限
货币市场	资产支持商业票据货币市场共同基金流动便利（AMLF）	2008年9月19日	2010年2月1日	资金	高质量ABCP	ABCP期限（不超过270天）
	货币市场投资基金便利（MMIFF）	2008年10月21日	2009年10月30日	资金	美元存款凭证商业票据	无
特定企业和法人	商业票据信贷便利（CPFF）	2008年10月7日	2010年2月1日	资金	3个月ABCP	3个月
	定期资产支持证券信贷便利（TALF）	2008年11月25日	2010年2月1日	资金	AAA级ABS	长于1年

三、最先缓解海内外存款机构资金紧张：TDWP、TAF、SL

2007年8月金融危机爆发之后，在美联储创建的众多流动性便利工具中，最先设立的是支持存款机构的政策措施，率先对存款机构进行资金支持。主要包括定期贴现措施（TDWP）以及定期拍卖便利（TAF）。前者主要通过放宽存款机构从贴现窗口借款的限制条件，降低存款机构的贴现利率，并且延长贷款期限等；后者主要是以招标的方式向存款类金融机构提供贷款。通过这两项便利工具，以期向国内存款机构提供更便利的贷款和资金支持，提高国内市场流动性。另外，美联储在设立定期拍卖便利（TAF）的同时，与海外中央银行签署了双边互换协议（SL），通过海外央行向其本国的存款机构提供美元救助，以缓解美元市场资金紧张状况。正如美联储在《国内公开市场操作报告2007年》中指出，"与美联储签署货币互换协议的中央银行向其本国存款性机构提供美元是与美联储通过定期拍卖便利（TAF）向美国存款性金融机构提供定期资金相配合的"。可见，2007年次贷危机爆发后，美联储最先创建的定期拍卖便利、货币互换协议是为海内外存款机构提供贷款支持，以期缓解存款机构的资金压力，进而起到缓解市场流动性紧张的作用。

（一）定期贴现措施（TDWP）

在传统贴现窗口基础上，美联储进一步创建了定期贴现措施（TDWP），相对于传统政策而言，其创新主要体现在延长贷款期限方面。在国际金融危机爆发之前，存款类金融机构从贴现窗口仅能获取隔夜或是最长几周的贷款。在次贷危机爆发之后，2007 年 8 月 17 日，美联储宣布（财务健康的）存款类金融机构向美联储申请贴现贷款的期限可以延长至最长 30 天。在此之后，伴随全球金融危机的进一步蔓延和恶化，一部分存款类金融机构资金持续紧缺，于是，美联储于 2008 年 3 月 16 日将存款类金融机构的贴现贷款期限进一步延长，最长可达 90 天。该政策将存款类金融机构的贴现贷款期限从危机前的隔夜、几周延长到了一个季度之久，对存款类金融机构的短期资金紧张起到了更加持久有效的缓解作用。下面，主要介绍另外一种相对复杂的创新工具——定期拍卖便利（TAF）的形成、实施机制及其退出方式。

（二）定期拍卖便利（TAF）

1. TAF 的形成及运行机制

（1）TAF 的形成及申请方式。为解决短期融资市场日益增长的压力，美联储于 2007 年 12 月 12 日针对存款性金融机构创建了定期拍卖便利（TAF），即通过招标（拍卖）的方式向存款类金融机构提供贷款和资金支持，可以将此工具视为存款机构获取贷款的一种新贴现便利。该便利工具申请条例规定，只有达到一级信贷要求并且财务状况较为良好的存款类金融机构才可以申请借用此工具，以申请贷款和资金支持，具体申请方式为：向所在地联储银行提交贷款利率报价和申报竞拍额，最终由联储银行根据所有竞拍机构的报价决定本次招标结果和中标机构。

（2）抵押物和资金要求。TAF 抵押物的要求与贴现窗口相同，凡是贴现窗口可以接受的抵押资产均可以用作 TAF 的抵押物。关于资金数量，联储预先公布每次 TAF 拍卖的资金总额，竞拍的存款机构每次可以申报小于资金总额的竞拍额度。

（3）贷款利率、期限和拍卖频率。TAF 贷款利率是通过存款机构之间的竞拍来确定的，其中，贷款资金发放给投标利率最高的存款机构。TAF 的贷款期限为 28～84 天，随后，美联储又于 2008 年 9 月 19 日再次延长 TAF 贷款期限，创建了一种远期 TAF。在 TAF 创建之前，存款机构从传统贴现窗口借款较为困难，然而 TAF 的创建在很大程度上缓解了存款机构的借款问题。TAF 工具自 2007 年 12 月创建以来，美联储平均每月开展两次 TAF 拍卖，即每两周开展一次，每次拍卖的 TAF 总金额可高达 200 亿美元。

（4）TAF 运行机制。可以将 TAF 运行机制简要绘制成以下流程图，如图 4-21 所示：第一步，美联储宣布拍卖，规定 TAF 拍卖资金总量，每两周进行一次拍卖；第二步，达到要求的存款机构可以向所属地区的联邦储备银行竞拍，提交贷款利率报价以及竞拍金额；第三步，拍卖结果由各联邦储备银行进行确定，其中投票利率最高的存款性金融机构将获得贷款；第四步，联储银行向竞拍成功的存款机构发放贷款，贷款期限通常为 28～84 天，贷款金额不高于美联储预先规定的拍卖总额。

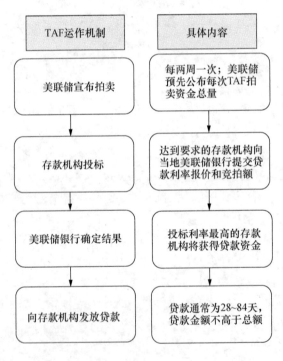

图 4-21　定期拍卖便利（TAF）运行机制

2. TAF 发展历程

2007 年 12 月 17 日至 2010 年 3 月，美联储共进行了 62 次定期拍卖便利的拍卖活动，按照具体金额、期限将这 62 次拍卖分为如下四个阶段：

（1）第一阶段：创建初期（2007 年 12 月 17 日至 2008 年 1 月 28 日）。
TAF 自 2007 年 12 月 17 日创建，至 2008 年 1 月 28 日共进行了 4 次拍卖。首
次 TAF 拍卖额为 200 亿美元，于 2007 年 12 月 17 日开始竞拍，12 月 20 日
确定，这次拍卖将提供 28 天的定期资金，即 2008 年 1 月 17 日到期。第二
次拍卖额达 200 亿美元，12 月 20 日开始竞拍，12 月 27 日确定，这次拍卖
将提供 35 天的资金，即 2008 年 1 月 31 日到期。① 这一阶段的 TAF 期限为
28～35 天，投标最小金额为 1000 万美元，数额较大，存款机构的竞标门槛
相对较高，政策效果受到一定限制，如表 4-4（a）、表 4-4（b）所示。

表 4-4（a） 创建初期的 TAF

名称	交易对象	交易形式	抵押物
定期拍卖便利	财务健康的存款类金融机构	以招标方式提供贷款	贴现窗口接受的所有抵押物均可

表 4-4（b） TAF 创建初期四次拍卖情况

序号	竞拍日期	确定日期	到期日	期限	投标最小金额（万美元）	总金额（亿美元）
1	2007 年 12 月 17 日	2007 年 12 月 20 日	2008 年 1 月 17 日	28 天	1000	200
2	2007 年 12 月 20 日	2007 年 12 月 27 日	2008 年 1 月 31 日	35 天	1000	200
3	2008 年 1 月 14 日	2008 年 1 月 17 日	2008 年 2 月 14 日	28 天	1000	300
4	2008 年 1 月 28 日	2008 年 1 月 31 日	2008 年 2 月 28 日	28 天	1000	300

资料来源：美联储。

（2）第二阶段：发展期（2008 年 2 月 11 日至 2008 年 7 月 28 日），资
金数量不断提高。根据不断变化的市场状况，美国联邦储备委员会决定在
随后的几个月进行更为频繁的 TAF 拍卖。存款机构将通过当地储备银行提
交投标书。拍卖的最低投标利率为隔夜指数掉期（Overnight Indexed Swaps,
OIS）利率，相当于被拍卖信用证的到期日利率。该 OIS 利率是市场参与者
预期的平均联邦基金利率。2008 年 1 月 TAF 每次拍卖的资金数量进一步增

---

① 定期拍卖便利（TAF）的第三、第四次拍卖活动分别于 2008 年 1 月 14 日、28 日开始竞拍。

加，提高到 300 亿美元，后又于 2008 年 5 月继续提高每次拍卖资金数额至 750 亿美元，随着拍卖资金数量的不断增加，向存款类金融机构提供了大规模的资金支持。2008 年 7 月 30 日，美联储修订《定期拍卖工具条款》（Terms and Conditions for TAF），① 如表 4－5 所示。

表 4－5　发展期的 TAF（2008 年 2 月 11 日至 2008 年 7 月 28 日）

序号	竞拍日期	确定日期	到期日	期限	投标最小金额（万美元）	总金额（亿美元）	备注
5	2008 年 2 月 11 日	2008 年 2 月 14 日	2008 年 3 月 13 日	28 天	500	300	降低最小投标额，为帮助小规模存款性机构参与 TAF
6	2008 年 2 月 25 日	2008 年 2 月 28 日	2008 年 3 月 27 日	28 天	500	300	
7	2008 年 3 月 10 日	2008 年 3 月 13 日	2008 年 4 月 11 日	28 天	500	500	
8	2008 年 3 月 24 日	2008 年 3 月 27 日	2008 年 4 月 24 日	28 天	500	500	
9	2008 年 4 月 7 日	2008 年 4 月 10 日	2008 年 5 月 8 日	28 天	500	500	
10	2008 年 4 月 21 日	2008 年 4 月 24 日	2008 年 5 月 22 日	28 天	500	500	无
11	2008 年 5 月 5 日	2008 年 5 月 8 日	2008 年 6 月 5 日	28 天	500	750	
12	2008 年 6 月 2 日	2008 年 6 月 5 日	2008 年 7 月 3 日	28 天	500	750	
13	2008 年 6 月 16 日	2008 年 6 月 19 日	2008 年 7 月 17 日	28 天	500	750	
14	2008 年 6 月 30 日	2008 年 7 月 2 日	2008 年 7 月 30 日	28 天	500	750	
15	2008 年 7 月 14 日	2008 年 7 月 17 日	2008 年 8 月 14 日	28 天	500	750	
16	2008 年 7 月 28 日	2008 年 7 月 31 日	2008 年 8 月 28 日	28 天	500	750	

注：序号接表 4－4 排列。

资料来源：美联储。

（3）第三阶段：成熟期（2008 年 8 月 11 日至 2009 年 3 月 23 日），贷款期限延长。2008 年 8 月，为了进一步缓解市场上的资金紧缺状况，美联储引入期限为 84 天的远期 TAF，与短期 28 天的 TAF 交替进行。在延长 TAF 贷款期限的同时，美联储还于 2008 年 10 月扩张了 TAF 每次拍卖规模，从

①《定期拍卖工具条款》规定每次定期拍卖便利（TAF）拍卖的数额固定。

以往的 750 亿美元增长到 1500 亿美元，并且在 2008 年 11 月，为解决年底资金紧张又增设了两次 TAF 拍卖，如表 4-6 所示。

（4）第四阶段：退出期（2009 年 4 月 6 日至 2010 年 3 月 8 日）。2009年 4 月，随着金融市场状况有所改善，存款机构拍卖出价的金额没有达到美联储在拍卖之初规定的金额。2009 年 7 月，TAF 资金需求继续减少，每次拍卖规模也随之减少。2010 年，存款机构拍卖出价的金额越来越少，2010年 1 月 11 日，TAF 拍卖总共竞拍 385 亿美元，仅约占总金额 750 亿美元的一半；2010 年 2 月和 3 月的两次拍卖，竞拍金额占拍卖总额比例分别约为31%、14%，如表 4-7 所示。

表 4-6　成熟期的 TAF（2008 年 8 月 11 日至 2009 年 3 月 23 日）

序号	竞拍日期	确定日期	到期日	期限	投标最小金额（万美元）	总金额（亿美元）	备注
17	2008 年 8 月 11 日	2008 年 8 月 14 日	2008 年 11 月 6 日	84 天	500	250	引入 84 天长期 TAF，与短期 28 天的 TAF 交替进行
18	2008 年 8 月 25 日	2008 年 8 月 28 日	2008 年 9 月 25 日	28 天	500	750	
19	2008 年 9 月 8 日	2008 年 9 月 11 日	2008 年 11 月 4 日	84 天	500	250	
20	2008 年 9 月 22 日	2008 年 9 月 25 日	2008 年 10 月 23 日	28 天	500	750	
21	2008 年 10 月 6 日	2008 年 10 月 9 日	2009 年 1 月 2 日	85 天	500	1500	增加 TAF 每次拍卖规模
22	2008 年 10 月 20 日	2008 年 10 月 23 日	2008 年 12 月 20 日	28 天	500	1500	
23	2008 年 11 月 3 日	2008 年 11 月 6 日	2009 年 1 月 29 日	84 天	500	1500	
24	2008 年 11 月 17 日	2008 年 11 月 20 日	2008 年 12 月 18 日	28 天	500	1500	
25	2008 年 12 月 1 日	2008 年 12 月 4 日	2009 年 2 月 26 日	84 天	500	1500	
26	2008 年 12 月 15 日	2008 年 12 月 18 日	2009 年 1 月 15 日	28 天	500	1500	
27	2008 年 12 月 29 日	2009 年 1 月 2 日	2009 年 3 月 26 日	83 天	500	1500	
28	2008 年 11 月 10 日	2008 年 12 月 22 日	2009 年 1 月 8 日	17 天	500	1500	为解决年底资金紧张而增设两次拍卖
29	2008 年 11 月 24 日	2008 年 12 月 23 日	2009 年 1 月 5 日	13 天	500	1500	

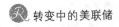

续表

序号	竞拍日期	确定日期	到期日	期限	投标最小金额（万美元）	总金额（亿美元）	备注
30	2009 年 1 月 12 日	2009 年 1 月 15 日	2009 年 2 月 12 日	28 天	500	1500	
31	2009 年 1 月 26 日	2009 年 1 月 29 日	2009 年 4 月 23 日	84 天	500	1500	
32	2009 年 2 月 9 日	2009 年 2 月 12 日	2009 年 3 月 12 日	28 天	500	1500	无
33	2009 年 1 月 23 日	2009 年 2 月 26 日	2009 年 5 月 21 日	84 天	500	1500	
34	2009 年 3 月 9 日	2009 年 3 月 12 日	2009 年 4 月 9 日	28 天	500	1500	
35	2009 年 3 月 23 日	2009 年 3 月 26 日	2009 年 6 月 18 日	84 天	500	1500	

注：序号接表 4 - 5 排列。

资料来源：美联储。

表 4 - 7 退出期的 TAF（2009 年 4 月 6 日至 2010 年 3 月 8 日）

序号	竞拍日期	确定日期	到期日	期限	投标最小金额（万美元）	总金额（亿美元）	备注
36	2009 年 4 月 6 日	2009 年 4 月 9 日	2009 年 5 月 7 日	28 天	500	1500	金融市场状况有所改善，拍卖出价的金额没有达到拍卖之初规定的金额
37	2009 年 4 月 20 日	2009 年 4 月 23 日	2009 年 7 月 15 日	84 天	500	1500	
38	2009 年 5 月 4 日	2009 年 5 月 7 日	2008 年 6 月 4 日	28 天	500	1500	
39	2009 年 5 月 18 日	2009 年 5 月 21 日	2009 年 8 月 13 日	84 天	500	1500	
40	2009 年 6 月 1 日	2009 年 6 月 4 日	2009 年 7 月 2 日	28 天	500	1500	
41	2009 年 6 月 15 日	2009 年 6 月 18 日	2009 年 9 月 11 日	84 天	500	1500	
42	2009 年 6 月 29 日	2009 年 7 月 2 日	2008 年 7 月 30 日	28 天	500	1500	伴随金融市场状况持续改善，TAF 资金需求减少，每次拍卖规模也随之减少
43	2009 年 7 月 13 日	2009 年 7 月 17 日	2009 年 10 月 9 日	84 天	500	1250	
44	2009 年 7 月 27 日	2009 年 7 月 30 日	2009 年 8 月 27 日	28 天	500	1250	
45	2009 年 8 月 10 日	2009 年 8 月 13 日	2009 年 11 月 5 日	84 天	500	1000	
46	2009 年 8 月 24 日	2009 年 8 月 27 日	2009 年 9 月 24 日	28 天	500	1000	
47	2009 年 9 月 8 日	2009 年 9 月 11 日	2009 年 12 月 4 日	84 天	500	750	
48	2009 年 9 月 21 日	2009 年 9 月 24 日	2009 年 10 月 22 日	28 天	500	750	

续表

序号	竞拍日期	确定日期	到期日	期限	投标最小金额（万美元）	总金额（亿美元）	备注
49	2009 年 10 月 5 日	2009 年 10 月 8 日	2009 年 12 月 17 日	70 天	500	500	
50	2009 年 10 月 19 日	2009 年 10 月 21 日	2009 年 11 月 19 日	28 天	500	750	
51	2009 年 11 月 2 日	2009 年 11 月 5 日	2010 年 1 月 14 日	70 天	500	250	
52	2009 年 11 月 16 日	2009 年 11 月 19 日	2009 年 12 月 17 日	28 天	500	750	无
53	2009 年 11 月 30 日	2009 年 12 月 3 日	2010 年 1 月 14 日	42 天	500	250	
54	2009 年 12 月 14 日	2009 年 12 月 17 日	2010 年 1 月 14 日	28 天	500	750	
55	2010 年 1 月 11 日	2010 年 1 月 14 日	2010 年 2 月 11 日	28 天	500	750	
56	2009 年 10 月 8 日	2009 年 10 月 9 日	2009 年 11 月 6 日	28 天	500	500	
57	2009 年 11 月 5 日	2009 年 11 月 6 日	2009 年 12 月 4 日	28 天	500	250	无
58	2009 年 12 月 3 日	2009 年 12 月 4 日	2010 年 1 月 8 日	35 天	500	250	
59	2010 年 1 月 7 日	2010 年 1 月 8 日	2010 年 2 月 5 日	28 天	1	250	
60	2010 年 1 月 11 日	2010 年 1 月 14 日	2010 年 2 月 11 日	28 天	1	750	共提交：385 亿美元，约占 51%
61	2010 年 2 月 8 日	2010 年 2 月 11 日	2010 年 3 月 11 日	28 天	1	500	共提交：154 亿美元，约占 31%
62	2010 年 3 月 8 日	2010 年 3 月 11 日	2010 年 4 月 8 日	28	1	250	共提交：34 亿美元，约占 14%

注：序号接表 4 - 6 排列。

资料来源：美联储。

2010 年 1 月 27 日，美联储宣布最终 TAF 拍卖将于 3 月 8 日进行，即 TAF 工具在 3 月 8 日之后取消，美联储暂停此工具的使用。

四、向全球体系注入美元流动性支持：SL

（一）美元货币互换协议的建立——向全球体系注入美元流动性

货币互换①协议对联邦储备银行金融风险较低，在使用过程中不会造成汇率或利率风险，以对方货币作为完全抵押，中央银行承担了与本国金融机构贷款相关的几乎所有信用风险。2007 年 12 月 12 日，美联储已向欧洲央行（ECB）和瑞士央行（Swiss National Bank，SNB）授权了临时双边货币互换（Swaps Lines，SL）安排。这些安排将为欧洲央行和瑞士央行在其管辖范围内分别提供最高可达 200 亿美元、40 亿美元的使用额度。联邦公开市场委员会批准了这些货币互换额度，期限最多为六个月。按照纽约联邦储备委员会公布的《国内公开市场操作报告》："这些中央银行向欧洲存款性机构提供美元，这是与美联储在国内通过定期拍卖便利（TAF）向美国存款性金融机构提供定期资金相配合的。"

2008 年初，只有欧洲央行、瑞士央行与美联储签订货币互换协议。2008 年 9 月 15 日之后，市场流动性紧张加速恶化，海外市场对美元资金的大量需求促使许多国家的中央银行与美联储签订货币互换协议。最终，美联储与加拿大央行、澳大利亚央行、巴西央行、丹麦国家银行、日本央行、英国央行、墨西哥银行、韩国央行、新西兰储备银行、挪威银行、瑞典银行、新加坡金融管理局均签订了货币互换协议，并延长其互换期限至 2009 年 2 月 1 日。随着海外资金市场进一步恶化，美元货币互换协议从数量、规模以及期限方面都进一步放宽了限制。②

为进一步改善市场错位以及海外市场对美元需求的增长，2009 年 4 月 6 日，美联储宣布与英国央行、日本央行、欧洲央行以及瑞士央行签署外汇互换协议。该协议规定，签署协议的各国（地区）中央银行向美联储提供本国（地区）本币，以便美国企业在必要时向美联储借入外币，该协议的签署赋予了美联储向国内金融机构提供外国货币的权限。新达成的互换额

---

① 货币互换，是指签署协议的双方达成一致——在未来某一时间根据不同币种的互换本金向对方支付利息，因为双方利息的币种不同，故计息方式也有所不同，在协议期满后双方再交换两种不同币种的本金。货币互换协议可以使参与方根据货币的汇率、利率情况，调整其持有的资产、负债的货币结构及其利率结构，以期减少外汇汇率和利率变化带来的风险损失。

② 2008 年，美联储与其他中央银行签订的货币互换额度从 140 亿美元增加到 5540 亿美元。

度协议将向美国企业提供最多可达 300 亿英镑、10 万亿日元、800 亿欧元和 400 亿瑞士法郎的额度。此协议于 2010 年 2 月 1 日到期。2008～2009 年流动性便利余额如图 4－22 所示。至 2009 年末，美联储未完成的美元货币互换额度从年初的 5540 亿美元减少至 100 亿美元，持有未完成互换额度的海外中央银行数量从九家减少至三家。

（二）美元货币互换协议的发展——延长期限、降低利率

2010 年初，美联储与其他中央银行货币互换总额已超过 100 亿美元。2010 年 5 月，因为欧洲市场的美元流动性出现紧张状况，美联储同加拿大央行、日本央行、英国央行、瑞士央行以及欧洲央行再次签署了临时性美元流动性互换协议，以期缓解欧洲市场上的美元资金紧张的局势。此协议在最初被授权到 2011 年 1 月，之后于 2010 年 12 月被再次延长期限至 2011 年 8 月。美元货币使用额互换曾在 2010 年 5 月中旬达到 92 亿美元的峰值，之后随着离岸美元融资环境改善而迅速下降，至 6 月中旬减少至 12 亿美元，2010 年底美元货币互换总额仅为 750 亿美元。继续参与美元货币互换的海外央行只剩下欧洲央行和日本央行两家。

2011 年初，美联储只与欧洲央行还有 1 亿美元的货币互换额度。随着市场美元流动性压力上升，美联储与加拿大银行、英格兰银行、欧洲中央银行、瑞士国家银行以及日本央行又纷纷签订了美元流动性互换协议。2011 年 6 月底，美联储将以上协议中一年期限的协议延长至 2012 年 8 月，并将半年期协议延长至 2011 年 11 月底。

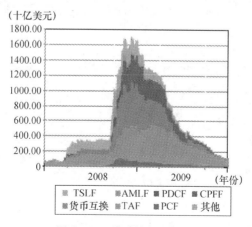

图 4－22 流动性便利余额

资料来源：纽约联邦储备银行。

2011 年下半年，美元货币互换显著增长，参与协议的海外央行向全球金融体系注入美元流动性支持。在年底货币互换总额约达 1000 亿美元，其中包括美联储与欧洲央行签订的 850 亿美元，与日本央行签订的 140 亿美元，以及与瑞士国家银行签署的 4 亿美元互换额协议。

此外，2011 年 11 月底，美国联邦储备委员会及其交易方同时降低了互换借款利率至美元隔夜指数掉期利率（OIS）再加上 0.5%。

2012 年 12 月 12 日，公开市场操作委员会宣布美元外汇互换协议继续延续一年至 2014 年 2 月。2012 年初美元流动性互换的使用量继续增加，但是在之后的月份开始减少，如图 4-23 所示。伴随着欧洲主权债务危机，美元短期融资市场压力急剧增加，2012 年 2 月美元总互换余额达到峰值 1090亿美元，随后在流动性压力有所缓解的局面下，美元货币互换余额开始迅速减少。至 2012 年底，美元互换协议余额仅为 89 亿美元。2012 年，美元货币互换借款利率依然维持在较美元隔夜指数掉期利率（OIS）高出 50 个基点的利率水平。

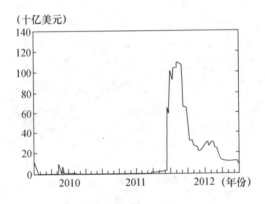

图 4-23　货币互换余额变化

资料来源：纽约联邦储备银行。

（三）从双边协议到多边协议以及全球货币互换网的建立

2013 年 10 月 31 日，美联储与欧盟及瑞士、英国、加拿大和日本签署六方无限额、无限期的多边货币互换协议，即从 2007 年 12 月的美元双边货币互换协议发展至多边协议，至此美联储已在发达经济体的中央银行之间建立起全球货币互换网络。这意味着以美联储为中心、主要发达经济体央行参与的多边互换网形成了国际储备货币网以及发达国家货币同盟。美联储通过签署美元货币互换协议向全球提供美元流动性，强化美元地位，建立美元的全球货币稳定机制。

五、支持交易商：PDCF、（中性）TSLF

按照本节第一部分的介绍，美联储在公开市场上买卖证券可以有以下两种形式：第一种是永久性操作，即通过与交易商直接买卖证券来向市场发放或回笼资金；第二种是暂时性操作，即回购或逆回购操作，其中回购操作即指先由美联储向交易商出售证券，再按照回购协议在未来一定时间从交易商处买回证券，以此向交易商贷出资金。随着全球金融危机的进一步蔓延和深化，回购市场的压力不断加剧，2008 年 3 月，美联储回购交易量快速减少，回购融资成本相应提高，即以回购方式向交易商提供资金支持的方式受到一定限制，因此为解决主要交易商陷入的资金紧张局面，在原有债券借贷业务（Securities Lending）的基础上，美联储创建了以下新型货币政策操作工具，向一级交易商提供资金支持。

（一）一级交易商信贷便利（PDCF）——向一级交易商提供贴现

1. PDCF 创建的缘由和宗旨

2008 年 3 月 16 日，针对一级交易商，美联储创建了一种新型货币政策操作工具——一级交易商信贷便利（PDCF）。该工具是在投资银行贝尔斯登出现资金流动性严重紧缺的局面下创建的。2008 年 3 月 13 日，贝尔斯登作为美国几大投资银行之一，陷入资金流动性非常紧缺的局面，如果仍无法获得融资来源，贝尔斯登将会立即被迫破产。在此之前，美联储规定非存款性金融机构不能向联储银行申请贴现贷款，而贝尔斯登作为主要交易商，不属于存款类金融机构，故不能向美联储申请贴现贷款救助。在此背景下，美联储为紧急救助流动性极为紧缺的主要交易商，防止其信贷市场流动性危机蔓延和扩散，于是根据联邦储备法案第 13（3）条创建了一级交易商信贷便利（PDCF），由此贝尔斯登等许多一级交易商可以与存款机构获取相同的贴现贷款的权利，即通过向联储银行的贴现窗口申请贴现来获取贷款。故一级交易商可以运用 PDCF 工具，从贴现窗口申请获取与存款机构相等的贴现率的借款;① 之后，一级交易商信贷便利（PDCF）抵押品范围于 2008 年 9 月 14 日进一步得到扩张，包括三方回购市场抵押品（Tri - party Reposystem Collateral）。综上所述，PDCF 在修复一级交易商融资能力以及稳定金融市场方面起到了显著作用，通过便利交易商融资来增加市场流动性，防范流动性危机的大规模迅速蔓延。

2. PDCF 发展历程

2008 年 3 月，PDCF 借款总额达到 345 亿美元。市场流动性状况继续恶化，PDCF 借款量持续上涨，即交易商的资金状况持续吃紧，对 PDCF 工具需求增加。2008 年 4 月，PDCF 借款量有所下降。但在 9 月 15 日之后又快速增加，9 月 29 日达到峰值 1558 亿美元，2008 年底又降到 400 亿美元。2008 年 9 月 21 日，为便于向一级交易商提供更多的流动性支持，美联储批准高盛以及摩根士丹利成为银行控股公司，并授权纽约联邦储备银行向高盛、摩根士丹利以及美林证券（Merrill Lynch）在美国的经纪商（交易商子公司）以一级交易商信贷便利（PDCF）形式发放贷款。2009 年初，一级交易商信贷便利（PDCF）贷款余额减少至 400 亿美元，远低于 2008 年 10 月达到的峰值水平。之后余额迅速下降，至 2009 年 5 月 13 日降至零（见图 4 - 24）。一级交易商信贷便利（PDCF）正式结束于 2010 年 2 月 1 日，之后至 2014 年 3 月都没有一级交易商信贷便利（PDCF）贷款发生。

（二）定期证券借贷工具（TSLF）——向一级交易商融出国债，不影响资产负债表规模

1. TSLF 的创建与运行机制

2008 年 3 月 11 日，针对一级交易商，美联储还创建了定期证券借贷工具（TSLF）。利用 TSLF 工具，交易商可以以相对缺乏流动性的证券作为抵押品向联邦储备银行进行投标，换取流动性较高的国债。具体操作流程和运作机制是：联邦储备银行通过公开招标的方式向一级交易商出借国债。交易商在借入国债之前，必须提供符合要求的流动性相对较差的其他债券作为抵押品。

TSLF 的抵押物范围较广，不仅包括传统公开市场可以接受的国库证券、机构债甚至机构抵押支持债券，还包括 3A 级居民抵押债券、商业抵押债券

---

① 根据一级交易商信贷便利（PDCF）申请条款，其贷款的资金数量应以一级交易商资金需求而定，其贷款抵押物也可以是各种投资级证券。

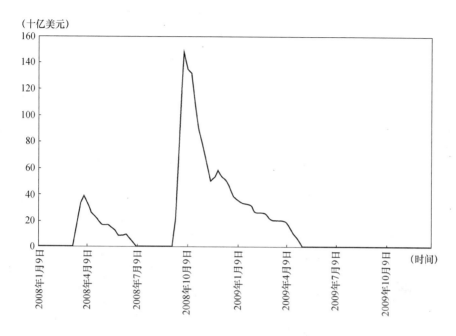

图 4 – 24 PDCF 贷款余额变化

资料来源：纽约联邦储备银行。

或是其他资产支持债券等。此便利主要为提升美国国债与其他抵押支持证券（MBS）在金融市场中的流动性，进一步完善金融市场的中介职能。与美联储创建的其他流动性便利工具相比，从美联储资产负债表规模变化来看，TSLF 工具较为中性，该工具以抵押证券为担保，并不是向交易商直接贷出资金，而是贷出国债，并不直接开展资金借贷，因此该工具并不需要通过公开市场操作再来对冲其头寸，即 TSLF 工具对资产负债表总规模不产生影响，只是对其结构进行调整。TSLF 运行图如图 4 – 25 所示。

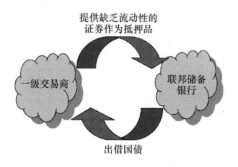

图 4 – 25 TSLF 运行示意

2. TSLF 发展历程

2008 年 9 月 14 日，美联储扩展了 TSLF 的抵押品范围，将所有投资级债券纳入其抵押品范围，并将 TSLF 拍卖周期由两周一次增加至每周一次，总拍卖额度也从 1750 亿美元提升到 2000 亿美元。

随着市场流动性紧张逐步缓解，一级交易商和交易商逐步回归到通过回购协议获得市场资金，去杠杆化进程已较有成效，TSLF 使用量明显下降。因此，美联储和联邦公开市场委员会针对 TSLF 便利进行了一定修改。其中，以"计划 1"为抵押品（政府债券、机构债和机构担保的抵押贷款支持证券）的 TSLF 从 2009 年 7 月起暂停。此外，美联储也于 2009 年 6 月暂停了 TSLF 期权计划（TOP）。以"计划 2"的抵押品（"计划 1"抵押品再加上投资级企业债券、地方政府债券、抵押担保债券和资产抵押证券）为抵押的 TSLF 拍卖将从每两个星期一次减少至每四个星期一次，并且 TSLF 总金额减少到 750 亿美元。

正如美联储 2009 年 6 月 25 日声明，美联储逐渐减少甚至停止了"计划 1"中的 TSLF 操作以及 TSLF 期权计划操作。也减少了"计划 2"中的 TSLF 操作频率及规模。伴随着抵押融资市场状况逐步改善，TSLF 便利从 2009 年 10 月每期 500 亿美元减少至之后每期 250 亿美元的 28 天周期拍卖。TSLF 退出安排如表 4 - 8 所示。

表 4 - 8　TSLF 退出安排

拍卖会日期	期限（天）	拍卖金额（亿美元）	交收日	到期日
2009 年 10 月 8 日	28	500	2009 年 10 月 9 日	2009 年 11 月 6 日
2009 年 11 月 5 日	28	250	2009 年 11 月 6 日	2009 年 12 月 4 日
2009 年 12 月 3 日	35	250	2009 年 12 月 4 日	2010 年 1 月 8 日
2010 年 1 月 7 日	28	250	2010 年 1 月 8 日	2010 年 2 月 5 日

资料来源：美联储。

六、维护货币市场运营：AMLF、MMIFF

（一）资产支持商业票据货币市场共同基金流动性便利（AMLF）——提高 ABCP 流动性

1. AMLF 的创建与运行机制

伴随着全球金融危机蔓延，商业票据市场被逐步抽离资金，为向货币市场提供资金支持，并进一步稳定金融市场，美联储于2008年9月19日采取两项政策措施：一方面，为提高资产支持商业票据（ABCP）货币市场共同基金的流动性，美联储创建资产支持商业票据货币市场共同基金流动性便利（AMLF），扩大美国存款机构及银行持股公司的贷款规模，向其进行高质量的商业票据（ABCP）购买提供流动性便利支持，通过提供500亿美元担保，鼓励存款机构从货币市场共同基金购买商业票据（ABCP）。另一方面，美联储展开收购一级交易商持有的由"两房"发行的或者由联邦住房贷款银行发行的联邦机构贴现票据。

AMLF工具的交易对象主要包括：银行控股公司、存款机构，甚至包括外国银行在美国的分支机构，规定以高质量资产支持商业票据（ABCP）作为其交易抵押品，贷款期限通常不超过270天，为资产支持商业票据（ABCP）的到期期限。此工具在资产支持商业票据（ABCP）的流动性提高方面起到了重要作用，并发挥了维护货币市场正常运行的作用。其运行机理如图4-26所示。

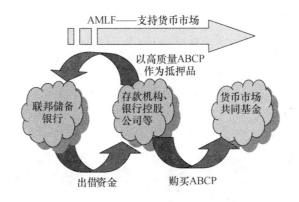

图4-26　AMLF运行示意

2. AMLF发展历程

AMLF自创建之初一度增长到1520亿美元，但至2008年底减少到240亿美元。之后，从2009年初的240亿美元平稳下降。2009年4月，美联储修改了AMLF相关条款，排除了被任一评级机构做出负评级的资产支持商业票据。之后，标准普尔（S&P）将23家金融机构下调至负评级，包括一些资产支持商业票据（ABCP）赞助商。伴随着信用危机蔓延以及信用评级的逐步降级，美联储自2009年4月24日至5月8日出资285亿美元在货币市场基金购买资产支持商业票据（ABCP）作为担保用来购买AMLF。在此之后，没有新的资产支持商业票据（ABCP）作为 AMLF 的担保，2009 年 10 月余额达到零。

美联储规定 AMLF 工具有效期截至 2010 年 2 月 1 日。① 同时修订了 AM-LF 购买条件，规定存款机构和银行控股公司用资产支持商业票据（ABCP）进行担保只能购买以下条件的货币市场基金出售的 AMLF：一天之内净资产流出超过 5%，或前五个营业日资产流出高于净资产的 10%。

（二）货币市场投资基金便利（MMIFF）——向货币市场投资者提供流动性

1. MMIFF 的创建与运行机制

2008 年 10 月 21 日，美联储针对货币市场的流动性紧张局面又增设了货币市场投资基金便利（MMIFF），并于 2008 年 11 月 24 日起，授权纽约联邦储备银行提供流动性支持来支持货币市场投资者。具体操作步骤包括：联邦储备银行首先提供资金支持给特殊目的公司（Special Purpose Vehicle, SPV），从合格的货币市场投资者（包括货币市场共同基金及其他货币市场投资者等）那里购买美元存款凭证或者是其他高信用级别金融机构发行的商业票据，向其贷出资金，以期为货币市场提供大量的流动资金支持，如图 4－27 所示。

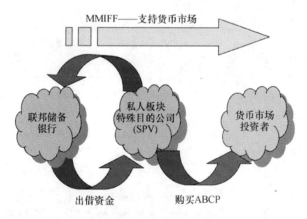

图 4－27　MMIFF 运行示意

① 资产支持商业票据货币市场共同基金流动性便利的有效期曾被几次延长：2009 年 2 月 3 日，美联储将 AMLF 有效期从此前规定的 2009 年 4 月底延长至 2009 年 10 月底；6 月 25 日，此便利再次延长至 2010 年 2 月 1 日。

2. MMIFF 的发展历程

货币市场投资基金便利（MMIFF）帮助货币市场共同基金应对基金赎回风险。自 2008 年 10 月以来，短期债务市场仍存在严重的流动性紧缺，货币市场共同基金以及其他投资者为应对赎回请求和调整投资组合的需要急于出售资产。2008 年 10 月 21 日，美联储宣布创建 MMIFF，以其向萎缩的货币市场注入流动性支持。美联储通过向特殊目的公司（SPV）注资，以 SPV 从合格的货币市场投资者处购买商业票据，包括定期存单、银行汇票及 90 天之内的商业票据。美联储为此设立五家特殊基金，每家 SPV 可以从不超过 10 家金融机构购买商业票据，并规定其中任何一家金融机构在特殊机构购买资产总额的比例低于 15%。摩根大通被授权统一管理此五家特殊机构。具体地，"合格投资者"包括短期债信评级不低于 A – 1/P – 1/F – 1 的货币市场共同基金。2009 年 1 月，参与 MMIFF 的机构范围进一步扩大：从货币市场共同基金扩展到其他货币市场投资者，包括美国证券借贷现金担保投资基金（U. S. Based Securities – lending Cash – collateral Reinvestment Funds）以及美国投资基金。2009 年 2 月 3 日，MMIFF 有效期延长至 2009 年 10 月 30 日。至 2009 年 10 月 30 日，伴随着市场状况逐步改善，美联储如期暂停货币市场投资基金便利（MMIFF）。

七、开创向特定企业直接注资之先河：CPFF、TALF

2008 年 10 月，美联储为缓解市场流动性紧张采取了前所未有的较激进的货币政策，采用的大规模创新型工具的成效已逐步显现，但信贷市场仍面临巨大的资金压力。投资银行与商业银行等大型金融机构，在全球金融危机中蒙受了巨额损失，其可支配资本明显缩减。在资本市场中的可贷资金减少的背景下，银行发放新贷款的意愿也逐步减弱。另外，由于企业贷款申请的担保品常常是房地产资产，全球金融危机进一步加剧了资产价值的不确定性，信贷息差的扩大继续推高企业融资成本。因此，信贷市场紧缩使得经济活动紧缩进一步恶化。于是，为防止信贷紧缩的继续加剧，并抑制其蔓延至实体经济，美联储为向特定企业和法人提供流动性便利，创建了新型流动性便利工具——商业票据信贷便利（CPFF）以及定期资产支持证券信贷便利（TALF），向相关企业直接注入资金。

（一）商业票据信贷便利 CPFF——向商业票据的发行者提供流动性

1. CPFF 的创建与运行机制

美联储于 2008 年 10 月 7 日建立商业票据信贷便利（CPFF），美联储创建一个特殊目的公司（SPV），提供流动性支持给美国商业票据的发行者。通常，特殊目的公司（SPV）购买由符合条件的商业票据发行者发行的无担保的资产支持商业票据（ABS），并直接贷出资金给有资金需求的商业票据发行方。商业票据信贷便利（CPFF）是美联储作为中央银行第一次直接向企业资金贷款，在某种意义上，可以称美联储由传统的"最后贷款人"，逐渐转变为"直接贷款人"，该便利工具使用期限与 AMLF 同时截止于 2010 年 2 月 1 日。在缓解特定企业面临的流动性紧张方面，CPFF 工具发挥了有效作用，如图 4 - 28 所示。

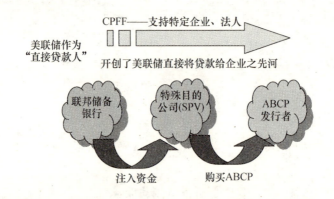

图 4 - 28　CPFF 运行机制示意

2. CPFF 的发展历程

CPFF 为美国（包括银行、大企业以及地方政府等）提供日常流动性支持，之前只向金融机构贷款的中央银行，通过此工具直接借款给商业企业。因为危机爆发后商业票据市场的严重错位，美联储资产负债表中 CPFF 项下的净持仓量在其 2008 年 10 月 27 日首次操作后迅速提升，截至 2008 年 11 月 12 日高达 2572.9 亿美元。尽管资产支持票据与商业票据之间的利差于 2008 年底开始逐步缩小，但 2009 年初市场压力仍持续增长。故市场 CPFF 持有量在 2009 年 1 月继续增长，一度达到超过 3500 亿美元的高峰值。

在 CPFF 发行后，迎来了大批票据到期（期限为三个月）。首次发生在

2009 年 1 月底，约 2450 亿美元的 CPFF 到期。此时，大部分商业票据利率远低于 CPFF 借款利率，由于融资成本相对较高，CPFF 持有量快速下降，2009 年 2 月上旬已减少至不足 2600 亿美元。在其高峰期，持有的大部分到期票据是无担保的金融商业票据，资产支持商业票据（ABCP）和无担保的金融票据余额之间的差额越来越少，一部分原因是由联邦存款保险公司（FDIC）担保的商业票据的支付金额下降造成的，如图 4－29 所示。

　　美联储为帮助企业获取短期资金渠道，将 CPFF 期限延长至 2009 年 2 月 1 日。伴随着市场融资条件逐步改善，对于大部分借款人，CPFF 吸引力逐步下降；相应地，CPFF 的使用正在稳步下降。2009 年，这一便利工具于 4 月、7 月、10 月底时支付量明显下降，反映出市场状况的逐步好转，投资者对商业票据（ABCP）需求渐渐增加。2009 年底，CPFF 持有量已经减少到不足 100 亿美元，其中资产支持商业票据（ABCP）约占 80%。2009 年初，CPFF 持有的票据占总商业票据的 20%，而到 2009 年底这一比例减少至不到 1%。CPFF 原定于 2009 年 4 月 30 日暂停使用，之后于 2009 年 6 月 25 日被延长至 2010 年 2 月 1 日。2008～2009 年 CPFF 余额变化如图 4－29 所示。

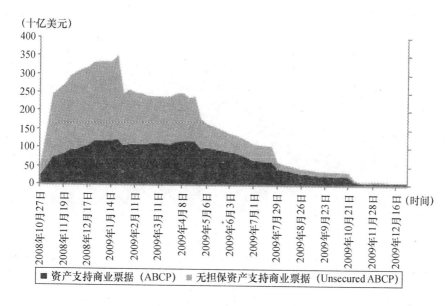

图 4－29　2008～2009 年 CPFF 余额变化

资料来源：纽约联邦储备银行。

（二）定期资产支持证券信贷便利 TALF——提高 ABS 流动性

1. TALF 的创建与运行机制

为帮助市场满足家庭、企业的信贷需求，美联储于 2008 年 11 月 25 日创建"定期资产支持证券贷款工具"。2009 年 3 月 25 日，美联储在资产负债表的"其他贷款"项下增设 TALF 项。伴随着 TALF 工具的创建，美联储为此建立了"定期资产支持证券信贷便利有限负债公司"（TALF LLC.），其资产、负债分别记入纽约联邦储备银行的资产负债表中。TALF 的贷款规模在 2009 年、2010 年较高，其后呈现逐年下降趋势。随着金融危机爆发后美国经济逐步复苏，美联储对家庭、企业贷款规模开始进行一定控制，从 2011 年开始不再发放 TALF 贷款，而只进行该项贷款的赎回。

定期资产支持证券信贷便利是针对所有持有合格抵押品的个人（法人）的融资便利工具。持有合格抵押品的个人（法人）均可以申请使用该便利工具，通过向美联储抵押近期发行的以美元计价的 3A 级的资产支持证券，[①]以获取资金支持。TALF 贷款期限通常为一年以上，时间较长，在缓解这些重要机构面临的流动性紧缺方面发挥了重要作用。TALF 创建意在帮助金融市场满足消费者、企业的信贷需求，鼓励私人部门发起资产支持证券（ABS）。TALF 运行机制如图 4－30 所示。

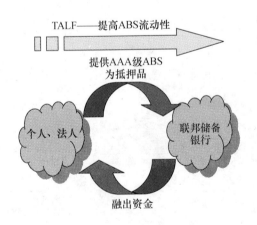

图 4－30　TALF 运行机制示意

---

① 包括资产支持证券、汽车贷款、信用卡贷款、学生贷款以及其他中小企业贷款等。

2. TALF 的发展历程

TALF 贷款对所有类型的合格抵押品在 2009 年 8 月达到零，仅一项拍卖会在 2010 年 1 月举行，但是没有收到任何申请报价。该便利于 2010 年 2 月 1 日到期。2009 年 8 月，美联储与财政部批准延长以非抵押资产支持证券以及遗留的商业房地产抵押贷款支持证券（Commercial Mortage Backed Securities，CMBS）为抵押品的 TALF 有效期限至 2010 年 3 月，批准将新发行的商业房地产抵押贷款支持证券（CMBS）贷款延长至 2010 年 6 月。

2010 年 6 月 30 日定期资产支持证券贷款便利（TALF）暂停，从创建之初总共贷出 711 亿美元，其中 2010 年共贷出 94 亿美元，最后一次贷款于 2010 年 3 月进行。2010 年初 TALF 贷款余额为 475 亿美元，曾于 2010 年 3 月达到高峰值 485 亿美元（见图 4 - 31）。很大程度上是由于借款人提前还款，至 2010 年底 TALF 贷款余额减少至 247 亿美元，抵押品偿还和赎回也促使这一数额进一步减少。市场融资状况的逐步改善促使投资者提前归还 TALF 贷款，TALF 不同类别合格资产间的利差继续缩小，资产价格评估激励资产支持证券（ABS）销售。同时，2010 年，随着融资状况的进一步改善，一些投资者借用私人市场融资取代了 TALF 融资。

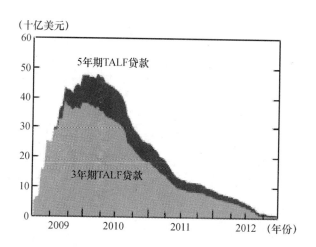

图 4 - 31　美联储 TALF 贷款余额

资料来源：纽约联邦储备银行。

2010 年 7 月 20 日，美联储与财政部达成协议，宣布在问题资产救助计划（Troubled Asset Relief Program，TARP）下，为支持 TALF，财政部提供的金额从 200 亿美元减少到 43 亿美元。财政部首次授权该计划的 10%，即 2000 亿美元的贷款限额，2010 年 6 月 30 日在该工具截止时，财政部支持的额度调整为 430 亿美元贷款余额的 10%，即 43 亿美元。

美联储于 2010 年 6 月停止新增 TALF 贷款，但一些未完成的贷款在 2011 年仍继续保留。至 2011 年底，TALF 未完成贷款额从 2011 年初的 247 亿美元减少至 90 亿美元，如图 4－32 所示。

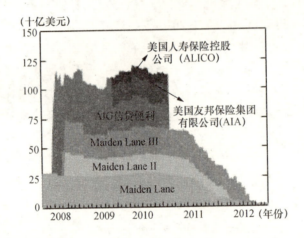

图 4－32　美联储 Maiden Lane 贷款及 AIG 救助

资料来源：纽约联邦储备银行。

八、救助特定机构：Bear Stearrns，Maiden Lane，AIG 等

纽约联邦储备银行于 2008 年帮助建立三家有限责任公司（Maiden Lane，Maiden Lane Ⅱ 以及 Maiden Lane Ⅲ），以提供贷款的方式帮助 JP 摩根收购贝尔斯登（Bear Stearns），以及重组美国国际集团（AIG）。2012 年，这三家有限责任公司开始向纽约联邦储备银行还贷，包括应计利息、JP 摩根从 Maiden Lane 有限责任公司举借的债务，以及从 Maiden Lane Ⅱ 和 Maiden Lane Ⅲ 有限责任公司获得的 AIG 贷款。这三家公司开始成功还贷意味着贝尔斯登和 AIG 在金融危机时所欠的纽约联邦储备银行债务的逐步引退。

如图 4 – 32 所示，2012 年底，这三家公司持有的投资组合中的资产市场价值为 15 亿美元，而 2011 年底曾一度高达 342 亿美元。

（一）Bear Stearrns，JPMC 以及 Maiden Lane

为促进摩根大通公司（JPMC）收购贝尔斯登公司并向美国国际集团（AIG）贷款，纽约联邦储备区建立了几家有限责任公司。

2008 年 3 月 24 日，在摩根大通公司（JPMC）宣布将收购贝尔斯登，与财政部协商后，美联储宣布其会促进此次并购，并且将向其提供长期资金支持。具体地，将在纽约联邦储备银行组建一个特殊目的的有限责任公司——Maiden Lane，2008 年 3 月 14 日该公司资产价值约为 300 亿美元，这其中包括从纽约联邦储备银行获得的 290 亿美元短期融资以及从摩根大通公司（JPMC）获取的 10 亿美元。2010 年 12 月 29 日该公司资产组合公允价值约为 270 亿美元，与一年前变化甚微。2010 年 6 月，在去除费用、支出和其他付款外，Maiden Lane 资产组合的收益开始被用于偿还从纽约联邦储备银行获取的贷款本金。在此之前，这些收益仅用于投资美国国债和机构证券。伴随着 Maiden Lane 向美联储还款，该贷款的本金余额，包括应计利息，在 2010 年底缩小至 258 亿美元，比一年前减少了约 34 亿美元。2010 年底，这三家有限责任公司投资组合以及贷给美国国际集团（AIG）剩余的未偿贷款的市场价值总额为 1122 亿美元，与一年前的余额水平大体相同。

纽约联邦储备银行向美国国际集团（AIG）提供循环信用贷款和两个全资子公司优先股权益：友邦保险集团有限公司（AIA）和美国人寿保险控股公司（ALICO）。在这些项目中，纽约联邦储备银行在 2011 年获得了 794 亿美元的本金、利息以及股息。2011 年底，这些有限责任公司剩余投资组合的市场价值缩小至 342 亿美元。

Maiden Lane 公司通过在公开市场上交易出售其投资组合的资产，使得 2011 年其投资组合规模大大缩小。从投资组合出售中获得的资产现金流用于偿还纽约联邦储备银行的贷款。因此，该贷款的本金余额（包括应计利息）在 2011 年 12 月 30 日减少为 49 亿美元，约比前一年减少了 209 亿美元。资产组合的估计公允价值在 12 月 30 日为 72 亿美元。

（二）AIG，Maiden Lane II 和 Maiden Lane III

2008 年 9 月，纽约联邦储备银行向美国国际集团（AIG）提供信贷以防止其倒闭。除此之外，由纽约联邦储备银行成立两家特殊目的公司（Maiden Lane II 和 Maiden Lane III）提供贷款帮助 AIG 重组资产。美联储成立 Maiden LaneⅡ有限责任公司用以通过 AIG 证券借贷计划购买 205 亿美元的非机构住宅抵押贷款担保证券。Maiden LaneⅢ的建立是为了承购约 293 亿美元的 AIG 已经背书信用违约互换的抵押债务。美联储创建这两个有限责任公司是为了直接持有美国人寿保险控股公司（ALICO）和美国友邦保险集团有限公司（AIA）的全部剩余普通股。2009 年，AIG 贷款的未偿还本金余额和循环信用工具的可用金额减少到 250 亿美元，以换取两个有限责任公司——友邦保险控股有限公司和美国极光有限责任公司（AIA Aurora LLC. and ALICO Holdings LLC.）的优先权益。

截至 2010 年底，美国国际集团（AIG）的贷款余额加上利息共计 209 亿美元，比上年减少约 25 亿美元。同一时期，纽约联邦储备银行在极光有限责任公司和美国友邦保险控股有限公司的优先权益价值总额为 264 亿美元，比上年约增长了 13 亿美元。2010 年底，Maiden LaneⅡ、Maiden LaneⅢ持有资产的公允价值分别为 162 亿美元和 231 亿美元，分别比上一年增长了 6 亿美元、5 亿美元。这些投资组合每年收入继续被用于偿还纽约联邦储备银行贷款。2010 年底纽约联邦储备银行向 Maiden LaneⅡ贷款本金余额（包括应计利息）约为 135 亿美元，比上年减少了约 25 亿美元。①

2010 年 9 月 30 日，美国国际集团（AIG）与纽约联邦储备银行和财政部达成协议，构建了一个全面资本结构调整计划以偿还所有美国纳税者的债务。在此计划下，美国国际集团（AIG）将利用从友邦保险控股有限公司和美国极光有限责任公司（AIA Aurora LLC. and ALICO Holdings LLC.）首次公开发行（IPO）的现金收益，先偿还纽约联邦储备银行向美国国际集团（AIG）出借的贷款，然后偿还纽约联邦储备银行持有的友邦保险控股有限公司和美国极光有限责任公司（AIA Aurora LLC. and ALICO Holdings LLC.）的优先股权。通过与财政部签订协议，美国国际集团（AIG）计划收购纽约联邦储备银行在这些有限公司大部分的剩余优先股权，并将其转交给财政部管理。2010 年 10 月 29 日，美国国际集团完成首次公开发行股票，并在 2010 年 11 月 1 日出售美国极光有限责任公司（ALICO），这两项交易总计约 270 亿美元，记录在纽约联邦储备银行的隔离账户中。该项资本结构调整计划于 2011 年 1 月结束。

---

① 同期，纽约联邦储备银行向 Maiden LaneⅢ贷款本金余额（包括应计利息）约为 141 亿美元，比上年减少了约 44 亿美元。

2011 年 1 月 14 日，美国国际集团（AIG）、财政部和纽约联邦储备银行停止了曾于 2010 年 9 月 30 日宣布的资产重组计划，调整美国政府向美国国际集团（AIG）提供的帮助。因此，AIG 的资产重组计划暂停，循环信贷额度已全部偿还，纽约联邦储备银行在友邦保险集团有限公司和美国人寿公司的优先权益得到补偿，美联储所有向美国国际集团（AIG）出借资金的承诺被终止。2011 年 3 月 30 日，纽约联邦储备银行宣布，它开始出售 Maiden Lane Ⅱ 投资组合中的资产。在 2011 年第二季度，资产销售促使其投资组合面值减少了约 1/3，并且明显加快了其向纽约联邦储备银行提前还款的进度。资产组合出售随后在 2011 年 6 月 9 日的拍卖后被搁置。纽约联邦储备银行向 Maiden Lane Ⅱ 贷款的本金余额（包括应计利息）截至 2011 年底约为 68 亿美元，较一年前减少了约 67 亿美元，Maiden Lane Ⅱ 持有资产的公允价值估计约为 93 亿美元。纽约联邦储备银行向 Maiden Lane Ⅲ 贷款的本金余额（包括应计利息）在 2011 年底约为 98 亿美元，较上年减少了约 43 亿美元，同期 Maiden Lane Ⅲ 持有资产的公允价值估计约为 177 亿美元。

（三）花旗集团（Citigroup）

2008 年末，花旗集团的财务状况显著恶化，股票价格下跌，资金流动性快速下降。美国政府与花旗集团达成协议，向其提供"一揽子"担保、流动性以及资本支持。2009 年 1 月 16 日，财政部的资产担保计划（Asset Guarantee Program，AGP）开始向其提供保护以防止在花旗集团的资产负债表上住宅和商业房地产证券以及其他资产支持证券贷款（约 3010 亿美元）的资产损失。花旗集团向财政部和联邦储蓄保险公司（FDIC）总共发行了 70 亿美元的优先股。财政部和联邦存款保险公司先于美联储向花旗集团提供资产损失保护；之后，美联储通过无追索权贷款再向其提供资产保护。此外，财政部还向花旗集团投资 200 亿美元以获得优先股。

2009 年 12 月 23 日，花旗集团向财政部偿还从资产求助计划（TARP）中获取的 200 亿美元贷款。此外，财政部、联邦存款保险公司、联邦储备银行和花旗集团终止了如下协议：美国政府同意共同分担花旗银行原来 3010 亿美元资产的损失。美国联邦储备委员会收到以下三方面资金偿还：一是来自花旗集团和财政部的 500 亿美元的终止费；二是联邦存款保险公司偿还 70 亿美元信托优先证券的 52 亿美元；三是花旗集团发行的普通股认股权证。

（四）美国银行

2009 年 1 月 16 日，美国政府与美国银行达成协议，向其提供流动性及资本支持。类似于花旗集团，美国银行资产的 1180 亿美元（按当前市场价值）没有被全部保留。2009 年 9 月 21 日，美国银行支付担保协议退出手续费 570 亿美元。

第三节　美联储资产负债表负债组成变化
——逆回购及准备金转移工具

一、逆回购（RRP）——提供国债担保及准备金流出方式

逆回购协议允许纽约联邦储备银行交易专柜暂时出售联邦公开市场操作账户（SOMA）投资组合证券，并签署未来回购证券的协议。逆回购在历史上使用较少，美国历史上最早的逆回购安排始于 2004 年，纽约联邦储备银行交易专柜仅准备金余额过多时安排临时逆回购操作用以缩小美联储的准备金规模，即逆回购通常被用来调整临时的储备盈余，通常是短期的。2007 年，纽约联邦储备银行交易专柜总共安排了四次逆回购，期限均为一个营业日，平均规模为 47.5 亿美元。

2008 年纽约联邦储备银行交易专柜安排了一系列逆回购操作。随着准备金水平变更频繁，纽约联邦储备银行交易专柜开始扩展三方逆回购①，2008 年 1 月至 8 月，美联储共安排了四次逆回购，都是隔夜贷款，这些操作平均规模为 55 亿美元。但是，在 2008 年 9 月末，随着美联储新创建的诸多种类的流动性便利工具向银行系统提供了大规模的准备金，为使准备金规模控制在联邦基金利率目标所要求的水平，纽约联邦储备银行交易专柜安排了历史上空前规模的逆回购操作。2008 年，首次大规模的逆回购于 9 月 24 日开展，规模为 250 亿美元。交易专柜在之后的一个星期安排了更为频繁的逆回购操作，从 20 亿美元至 250 亿美元不等。随着超额准备金增加

---

① 三方逆回购，即指在回购过程中引入第三方，将回购抵押品交由第三方管理的逆回购操作，以使得交易更加安全。

到几千亿美元，交易专柜从 10 月 14 日至 12 月 16 日，每天安排一次逆回购，规模从 150 亿美元至 250 亿美元不等，如图 4 - 33 所示。尽管这些操作与大量的超额准备金相比规模较小，但其向市场提供了必要的国债担保以及准备金流出方式。

2009 年 12 月，纽约联邦储备银行交易专柜开展了一系列与一级交易商进行的小规模逆回购操作，以系统公开市场操作账户（SOMA）中的国债、机构债作为担保，并在清算银行采用三方逆回购安排。2010 年美联储继续开展逆回购操作，并且扩张了参与交易商的范围。2010 年 8 月，美联储与一级交易商安排了六次逆回购操作，以住房抵押贷款支持证券（MBS）以及其他类型证券作为担保。

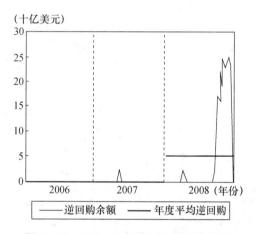

图 4 - 33 2006 ~ 2008 年逆回购余额变化

资料来源：纽约联邦储备银行。

2010 年 3 月，纽约联邦储备银行宣布将货币市场基金纳入逆回购交易商准入范围之内，随后于 2010 年 8 月宣布 26 家基金已经被允许作为逆回购交易商。2010 年 9 月，纽约联邦储备银行交易专柜宣布其余货币市场基金作为逆回购交易商的准入标准。2010 年 10 月，纽约联邦储备银行交易专柜与新准入的交易商总共安排了五次逆回购操作，其中有三次操作是与传统的一级交易商进行的。2010 年底，美联储商讨进一步放宽参与逆回购机构的数量与类型。

2012 年，尽管纽约联邦储备银行交易专柜没有积极地管理联邦准备金，但已做好一系列以短期融资市场的操作准备来满足未来可能的政策需要。2012 年 6 月 19 日发布修正案，联邦公开市场委员会授权纽约联邦储备银行交易专柜进行一系列公开市场操作——包括证券直接购买和销售以及回购协议和逆回购协议操作，并继续做好未来可能出现的准备金减少时使用的工具，包括逆回购协议（RRP）和定期存款便利（Term Deposit Focility，TDF）。

为了提前做好大规模准备金引导操作的准备工作，2012 年 4 月，纽约联邦储备银行又增加了八家银行作为逆回购交易商，所有逆回购交易商——包括货币基金、银行、政府支持企业（GSE）和一级交易商——的数目已达 128 家。为了确保操作准备，纽约联邦储备银行交易专柜在 2012 年 3 月、9 月、11 月进行了一系列的小额逆回购操作。这些操作包括扩展交易商范围，延长交易期限从隔夜到 8 天。2013 年，纽约联邦储备银行继续准备一系列的小额逆回购操作以做好准备金流出操作准备。

美联储为货币政策正常化（Normalization）做准备。作为谨慎计划（Prudent Planning）的一部分，2014 年上半年，美联储继续测试有助于控制短期利率的政策工具。首先是超额准备金利率（IOER）调整，因为银行信贷利率一般要高于该利率，故提高超额准备金利率将增加短期利率上升压力。其次是逆回购操作（RRP），因为非银行金融机构在货币市场上的贷款利率一般会高于逆回购隔夜利率，故调整隔夜逆回购利率有助于控制短期利率和货币市场利率稳定。但部分美联储成员表示，此工具并不会被永久采用。自 2014 年初至 7 月中旬，美联储隔夜逆回购日常交易量在 500 亿美元与 3400 亿美元，此操作担保品一直局限于美国国债，货币市场基金占其日常参与者及日成交量的绝大多数。最后，定期存款便利（TDF）与定期逆回购（RRP）等定期操作也有助于促进银行系统准备金流出，推动短期利率进一步上升。受以上工具测试的影响，至 2014 年 7 月中旬，短期市场利率已经大致高于逆回购隔夜利率。

尽管美联储于 2014 年 10 月 29 日正式宣布退出量化宽松货币政策，结束大规模资产购买计划（LSAPs），但联邦公开市场操作委员会维持其现有政策——将机构债和抵押贷款支持证券的本金再投资于机构抵押贷款支持证券，美联储持有大规模的长期证券将有助于保持宽松的金融环境（Federal Reserve, 2014），即在美联储宣布结束第四轮量化宽松货币政策之后，并未立即终止购债，而是以"再投资"的名义继续购买债券。为保持宽松的金融市场环境，联邦系统公开市场操作账户（SOMA）及美联储资产负债表规模并不会立即缩小，即大规模资产购买计划（LSAPs）虽然结束了，但美联储购买债券的行为并未停止，其资产负债表规模仍在继续扩张。截至2014年12月10日，美联储的资产负债表规模已超过4.48万亿美元，银行系统的准备金余额接近3万亿美元，而与全球金融危机爆发前的银行业250亿美元准备金余额的平均水平相比，现如今增长规模已十分庞大。

因此，当美联储最终选择要重返货币正常化之时，它将会面临远远高于之前任何政策收紧时期的准备金水平。一般而言，美联储收紧货币政策是通过公开市场操作来减少一定的准备金。由此产生的银行系统准备金不足会有效地提高银行持有的储备金价值，以减少准备金需求，促使银行抬高联邦基金市场及其他短期债券市场的利率，提高其准备金头寸。然而，在银行系统的储备金非常庞大的时期，进行这种传统的、基于数量紧缩的政策机制以恢复正常化是较难实现的。美联储多位官员表示，当前作为银行系统准备金流出方式的定期存款便利（TDF）与定期逆回购（RRP）等操作工具的测试规模已经起到一定效果，但在必要的时候，美联储将重新审视此类工具，进一步扩大其规模，推进货币政策正常化。

2014年12月8日，美联储启动500亿美元的较长期（28天）逆回购操作测试，以期进一步控制银行业超额准备金水平。此次逆回购操作测试中，美联储向华尔街货币市场基金、交易商、抵押贷款融资机构以及其他合格的逆回购参与者发放美国国债，支付利率为0.08%，以期缩小银行业超额准备金规模，测试逆回购作为准备金流出方式的有效性。之后，美联储又继续安排了短期的逆回购操作——1042亿美元隔夜逆回购操作，隔夜逆回购利率为0.1%。

二、临时补充融资计划（SFP）——财政部向美联储提供资金支持

为提高美联储在资产负债表操作中对流动性管理的主动权，财政部宣布在2008年9月17日建立临时补充融资计划（SFP）。该计划包括一系列财政部发行的短期国库券，其收益存在美联储账户中，以减少银行部门的准备金余额。至2008年10月底，SFP计划账户的余额达到5590亿美元的高峰。但是，出于避免达到债务顶峰的限制，"为满足政府融资需求，保持

债务管理政策执行的灵活性"①，财政部允许这些国库券的大部分到期，至年底，该账户余额缩小至2590亿美元。2009年2月初，继续减少至2000亿美元，该下降趋势一直持续到2009年第三季度。2009年9月，出于对政府债务上限的关注，使得临时补充融资计划（SFP）余额迅速下降至150亿美元，并于2009年12月29日到期。2009年底，在政府债务上限上调了2900亿美元后，财政部安排了50亿美元的临时补充融资计划（SFP），如图4-34所示。

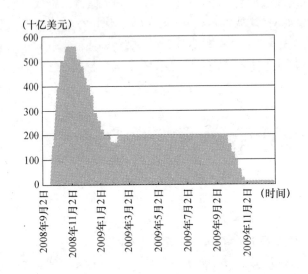

图4-34 临时补充融资计划债务余额变化

资料来源：纽约联邦储备银行。

2009年底，临时补充融资计划（SFP）余额下降了2540亿美元，跌至50亿美元，大部分被美联储增持的440亿美元的国库总操作余额以及增加的1600亿美元超额准备金余额所抵消。

由于临时补充融资计划提供的流动资金支持，美联储向银行投入贷款约为2000亿美元，在遏制金融危机进一步恶化方面起到了重要作用。然而，受到政府债务上限限制，此临时性的融资计划受限。财政部于2011年1月底表示，因政府债务已接近其预设限额，政府将减少临时补充融资计划规

① 纽约联邦储备银行《国内公开调拨操作报告2008年》中指出，"补充融资计划是为满足政府融资需求，保持债务管理政策执行的灵活性"。

模至 50 亿美元，该计划规模的削减也可以起到提高政策执行灵活性的作用。美国财政部官员米勒（Mary Miller）表示，已经发行出去的临时补充融资计划债券在其到期后将不再继续发行，因此，从 2011 年 2 月起，美国财政部补充融资账户（Supplementary Financing Accoun，SFA）的余额将从 2000 亿美元逐步减少至 50 亿美元。这意味着，临时补充融资计划（SFP）发行的短期债券在 2011 年 7 月 28 日即全部到期，标志着该临时性的资金补助计划宣告结束。

三、海外回购池（FRPP）——国际隔夜投资工具

海外回购池（Foreign Repurchase Pool，FRPP）包括美联储与国外央行及在美国设有国际账户的客户之间签署的隔夜购买协议。回购池作为国际隔夜投资工具以帮助其满足每日流动性需求，通常以联邦系统公开市场操作账户（SOMA）持有债券作为担保。海外回购池的扩张意味着美联储余额从银行体系流出，因为国外央行及国际账户客户将资金从存款性机构转移到了美联储账户中。2008 年 9 月中旬，海外回购池规模迅速扩张，如图 4-35 显示了 2008 年每日海外回购池变动情况。

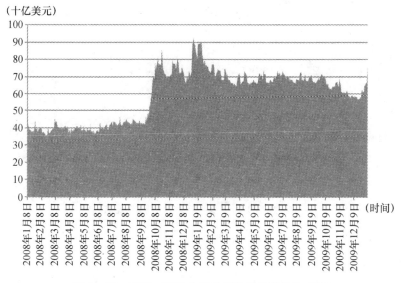

图 4-35 2008~2009 年海外回购池日均变化趋势

资料来源：纽约联邦储备银行。

2008 年国债融资市场对海外回购池水平有一定的影响作用。因为海外回购池参与者经常将资金放在回购池中，而不是用于证券购买，如果证券不能兑付，那么回购池中的资金结余就会增加。每日海外回购池规模从 2008 年 9 月初的较小规模扩展到 10 月 15 日 109 亿美元的规模。11 月之后国债交易量增加，海外回购池规模有所减少，但仍然远远高于 9 月之前的水平。

市场短期融资风险的增加导致海外回购池水平在 2008 年底的最后三个月仍然保持高位。2009 年，海外回购池规模缩小了 30%，主要原因是在 2008 年秋金融市场出现混乱之后国际客户逐渐转移了其账户中的资金。尽管有所下降，2009 年海外回购池的规模仍比金融危机时扩张了 25%，如图 4-35 所示。

海外回购池规模在 2008 年秋迅速上升是因为国际账户持有者在金融市场出现混乱时，出于资金避险的缘故，将资金从银行体系转移到了美联储账户中。在此之后海外回购池规模开始缩小，即在此之后账户持有者逐渐转移了他们账户中的资金。至 2010 年底该账户规模已经缩小至危机前的水平。2012 年，影响准备金余额的其他自发供给因素[1]的波动使得准备金余额规模缩小，如图 4-36 所示。海外回购池的周平均水平增长额度为 100 亿美元，至 2012 年底达到 920 亿美元，国外官方实体的存款增长了 20 亿美元。另外，其他存款负债的每周平均水平从 280 亿美元增长到了 380 亿美元，反映出政府支持企业在美联储的准备金余额水平增长。

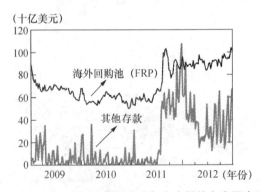

图 4-36 2009~2012 年影响准备金余额的自发因素波动

资料来源：纽约联邦储备银行。

---

[1] 美联储准备金余额是由美联储资产规模以及纽约联邦储备银行交易专柜的美联储资产负债表中的自发因素所决定的。其中，影响美联储准备金供给的自发因素通常包括联邦储备券（占自发因素中的绝大部分）、美联储持有的国债余额、海外回购池规模以及美联储的政策声明。

四、定期存款便利（TDF）——转移准备金以补充联邦基金利率调控效果

2010 年 4 月 30 日，美联储宣布修改监管规则（Regulation D）条款，以使得联邦储备银行可以向存款类金融机构发行定期存单（TDF），这可以使得商业银行等存款类金融机构将存款放在美联储，降低多余资金流入金融市场而带来的通胀和资产泡沫的风险，正如美联储货币政策报告中指出，"该工具也是为时下美联储联邦基准利率——联邦基金利率的政策调整影响力剧减所做出的准备和应对措施"。定期存款便利计划通过竞拍，向存款类金融机构提供一定数量、特定期限的定期存款。至 2010 年底，约 500 家存款性机构签署了此项目。任何可以从美联储获取准备金利息的合格存款类机构都可以参与定期存款便利（TDF）拍卖。2011 年末，接近 600 家机构签署了定期存款便利（TDF），为准备金转移提前做好操作准备，美联储向合格存款类机构提供获得定期存款便利（TDF）的机会，2011 年美联储进行了 6 次小型定期存款便利（TDF）拍卖，规模为 50 亿美元，期限为 28 天。截至 2012 年底，已经签署了定期存款便利（TDF）的近 600 家存款机构在联邦储备银行持有约 60% 超额准备金余额。为保证准备金转移的操作安全，美联储向合格的机构提供机会以熟悉定期存款便利（TDF）的操作程序。美联储在 2012 年内举行了六次小额定期存款拍卖，总额达 30 亿美元，期限仍为 28 天。

2013 年，美联储继续进行定期存款便利（TDF）的测试，即向合格的存款机构开展每两月一次的定期存款拍卖活动，在 2013 年共举行了六次定期存款拍卖。其中，在 2013 年 1 月和 3 月的测试操作中，美联储实行 28 天期的 30 亿美元定期存款操作，而在 5 月至 11 月的四次操作中，美联储推出的 28 天期定期存款便利（TDF）是在 0.26% 的固定利率下，并且每个合格存款机构设定 12.5 亿美元最高上限的规定下展开的。此固定利率定期存款拍卖最终达成 120 亿美元成交量，平均 27 家合格存款机构成功参与了定期存款便利（TDF）测试操作。

2014 年，美联储继续开展隔夜逆回购（Over Night Reverse Repurchase，ON RRP）操作与定期存款便利（TDF）测试，并加大了定期存款便利测试的规模与频率，扩张了参与定期存款便利测试的机构范围与数量。2014 年

10 月美联储宣布正式退出量化宽松货币政策以来，为保证宽松的市场环境，美联储"再投资"抵押贷款支持证券，这为其恢复货币政策"正常化"（Normalization）进一步增加了难度。为进一步吸收金融系统中的过剩准备金，推动货币政策正常化，美联储于 2014 年 10 月至 11 月开展了连续八周的七天期定期存款便利（TDF）测试，继续加大金融系统准备金转移工具的测试力度。

第四节　联邦储备系统公开市场操作
账户（SOMA）变化

一、SOMA 的组成和作用

联邦储备系统公开市场操作账户（SOMA）即美联储进行公开市场操作的总账户，是美联储常用的一种货币政策工具，体现美联储公开市场操作的规模和范畴。它包括美联储在国内和国外的投资组合，即美国国债和联邦机构证券投资组合、外汇投资组合以及货币互换安排。联邦储备系统公开市场操作账户（SOMA）的国内投资组合包括美联储直接持有和临时持有的美国国库证券。联邦储备系统公开市场操作账户（SOMA）持有的外汇投资组合通常包括以欧元和日元计价的投资组合。

联邦公开市场委员会（FOMC）已指定纽约联邦储备银行以美联储名义执行公开市场交易。由此产生的投资即体现在联邦储备系统公开市场操作账户（SOMA）投资组合中。美联储几乎所有的收入都来自该账户投资组合获得的收益；美联储购买和出售证券的目的不为获取利润，而仅限于货币政策的实施。此外，财政部与联邦储备系统负有制定汇率政策的责任，而纽约联邦储备银行则具体负责执行外汇干预。在市场状况出现混乱时，财政部和美联储可以利用联邦储备以及外汇稳定基金（Exchange Stabilization Fund, ESF）来干预外汇市场。

（一）公开市场操作

传统的公开市场操作——在公开市场上直接购买和销售证券是美联储

用来执行货币政策的最基本、最常用的操作工具。美联储可以通过在市场上直接购买政府债券来扩张银行系统的准备金规模，也可以通过在市场上出售证券来缩减银行系统准备金。根据美国《联邦储备法》和《1980年货币控制法案》规定，美联储有权在公开市场上购买和出售债券。美联储的12个储备区各自被分配指定的证券投资组合额度，每个储备区的投资组合分配依据储备银行中的存款变动情况进行调整。

（二）投资组合价值和构成

联邦系统公开市场操作账户（SOMA）中的国内投资组合资产大部分是由美联储直接持有的美国国债和联邦机构证券（属于永久性公开市场操作，用以向市场发放资金）构成的。美联储还可以通过回购协议购买政府证券（属于临时性公开市场操作，调节准备金临时变化），少数情况下美联储还会通过签署逆回购协议来发行证券（属于临时性公开市场操作，用于从市场回笼资金，应对临时的准备金盈余）。

联邦系统公开市场操作账户（SOMA）的组成结构和投资组合变化反映了美联储进行公开市场操作的结果。SOMA 扩张主要是因为美联储通过一级交易商购买证券，或是在美联储设有账户的外国央行和其他国际机构购买证券所引起的。SOMA 的收缩是通过到期日赎回证券或美联储出售证券来实现的。截至 2008 年底，SOMA 在国内的投资组合面值为 57.6 亿美元。美国货币当局的外汇余额投资则倾向于流动性较高和信贷质量较好的投资渠道。

美联储的投资组成在联邦储备系统公开市场操作账户（SOMA）和外汇稳定基金（ESF）二者之间分配。美国外汇储备大量投资于欧洲、日本、德国和法国政府债券等。

2007 年 12 月 12 日，联邦公开市场委员会宣布授权美联储与欧洲央行和瑞士央行签订临时货币互换安排，以帮助其向海外市场提供美元流动性。之后，联邦公开市场委员会授权美联储与诸多机构签订货币互换协议及额度。① 截至 2008 年底，这些换汇额度总额为 5540 亿美元。这些投资组合收益构成了 SOMA 收入的很大比例。不同于个人或私人机构，美联储购买和出售证券是为实施货币政策，而不以盈利为目的。获得这些增持的利息是

---

① 2008 年以来，与美联储签订货币互换协议的机构包括澳大利亚央行、巴西央行、加拿大央行、丹麦国家银行、英国央行、欧洲央行、日本央行、韩国央行、墨西哥银行、新西兰储备银行、挪威银行、新加坡金融管理局、瑞典银行和瑞士国家银行等。

根据各联邦储备银行持有的投资组合比例而分摊的。投资组合盈利的一部分用于储备银行内部发放工资和其他经营性开支，并预留了少量盈余，其余收入全部上交财政部。

二、由购买国债到机构债、机构 MBS

在金融危机之前，联邦系统公开市场操作账户（SOMA）持有的债券几乎全部是美国国债，美联储通过购买和出售国债来管理联邦储备规模以调控联邦基金利率。2007 年 7 月，次贷危机爆发之前，联邦系统公开市场操作账户（SOMA）直接持有证券的价值为 7910 亿美元，全部是国债（见图 4 - 37）。危机期间，这些资产的很大一部分，包括联邦系统公开市场操作账户（SOMA）持有的几乎所有美国国债被出售或赎回，用以抵消各种流动性便利带来的信贷扩张对准备金的影响。因此，至 2008 年底美联储持有的国债规模缩减到 4970 亿美元。

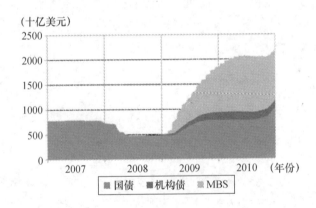

图 4 - 37　2007 ~ 2010 年 SOMA 直接持有国内资产组成变化
资料来源：纽约联邦储备银行。

由于 2008 年末美联储开始购买 1.75 万亿美元的住房抵押贷款支持证券（MBS）、机构债，以及长期国债，至 2010 年初，联邦系统公开市场操作账户（SOMA）持有的国内证券规模扩张到 1.845 万亿美元。至 2010 年 3 月底，纽约联邦储备银行交易专柜完成了这些购买，联邦系统公开市场操作账户（SOMA）持有证券总额增长到 2.014 万亿美元。2010 年第二季度，虽然住房抵押贷款利率降到了历史最低点，住房抵押贷款预付速度却在加快。多数美联储委员会成员认为，SOMA 投资组合规模的缩减意味着私人投资者不得不持有更多的长期证券，促使长期利率略高于其他利率，这导致财政状况更为紧缩。因此，于 2010 年 8 月召开的联邦公开市场委员会会议上，纽约联邦储备银行交易专柜被授权保持恒定的 SOMA 证券持有水平，将机构债、住房抵押贷款支持证券（MBS）再投资于长期国债。通过购买美国国债，纽约联邦储备银行交易专柜维持 SOMA 持有证券总价值约为 2.054 万亿美元。

2010 年秋，充分就业和价格稳定宏观目标较难同时实现，委员会的多数成员认为应提供额外的货币供给。因此，联邦公开市场委员会在 2010 年 11 月会议上宣布，美联储除了对机构债和住房抵押贷款支持证券（MBS）投资外，还要通过购买 6000 亿美元长期国债来增加 SOMA 持有的国内证券，其票面总值于 2011 年 6 月底达到约 26 亿美元。委员会还表示，将定期检测美联储证券购买和资产购买计划的总规模，并根据需要随时进行调整。

在美联储 2014 年 10 月 29 日宣布正式退出量化宽松，结束大规模资产购买计划之后，还继续以"再投资"形式购买机构抵押贷款支持证券（MBS），以保持宽松的金融市场环境。可见，即便是在退出此轮量化宽松之际，美联储仍继续购买机构抵押贷款支持证券（MBS），机构 MBS 在美联储所持债券中的比例仍在继续增加。从 2014 年 10 月 29 日至 2014 年 12 月 17 日（本书截稿日期），在此一个半月期间，联邦系统公开市场操作账户（SOMA）投资组合中的债券组成比例有所变化。

三、由传统货币政策转向资产负债表政策

传统的公开市场操作主要是美联储通过公开市场操作来调节准备金余额的供给，维持联邦基金利率在目标利率附近。美联储公开市场操作包括永久性操作（直接购买或出售证券），以及暂时性的操作（包括回购和逆回购协议）。2011 年之后美国国内公开市场操作主要是调整美联储资产负债表的规模和组成，在一定意义上，美联储公开市场操作由传统的货币政策转向资产负债表政策。这些调整是为支持经济增长，营造更宽松的金融环境。2011 年上半年，美联储通过赎买国库证券来完成 2010 年 11 月宣布的大规模资产购买计划（LSAP），美联储资产负债表得到进一步扩张。通过 LSAP

计划，从 2010 年底至 2011 年 6 月，联邦系统公开市场操作账户（SOMA）投资组合中增加了 6000 亿美元长期国库证券。大规模资产购买计划使得私人部门持有的国库证券数量减少，以期向长期利率施加下行压力。2011 年下半年，受公开市场操作委员会（FOMC）在 2011 年 9 月召开的会议的影响，将到期的机构债和机构住房抵押贷款支持证券（MBS）再投资于抵押贷款支持证券（MBS），并且通过出售短期证券、购买长期证券的方式来进一步延长美联储持有国债的平均期限。至 2011 年 9 月，美联储对机构债和 MBS 的主要支付用于长期国库证券的再投资，以免投资组合规模缩小为长期利率带来上升压力。始于 2011 年 10 月的期限延长计划（MEP）涉及 4000 亿美元的长期国债购买，以及相同规模的短期证券出售，最初计划定于 2012 年 6 月完成，之后又被延长至 2012 年底。在最早的大规模资产购买计划（LSAP）中，这一计划用于减少私人部门持有的长期国债，同样是对长期利率施加下行压力。

　　2012 年美联储国内公开市场操作主要是在保证价格稳定的前提下进一步支持经济复苏，并通过调整美联储资产负债表组成和规模向市场提供额外的政策便利，以期对长期利率施加下行压力，支持住房抵押贷款市场，帮助改善金融市场融资环境。

　　联邦系统公开市场操作账户（SOMA）持有的国内证券投资组合总规模在 2012 年几乎没有变化，但是其结构发生了显著变化。期限延长计划（MEP）总规模于 2012 年 6 月扩展到 6670 亿美元，并保持这一规模直到 2012 年底。系统公开市场操作账户持有国债投资组合平均期限延长了三年之多，并几乎出售了其持有的全部短期国库证券。美联储于 2011 年 9 月将机构债和机构住房抵押贷款支持证券（MBS）再投资于住房抵押贷款支持证券（MBS），促使机构住房抵押贷款支持证券投资组合向利率较低、更长期的证券转移。这一转移在之后的月份中更为明显，联邦公开市场操作委员会于 2012 年 9 月宣布每月额外购买 400 亿美元的机构抵押贷款支持证券（MBS）。期限延长计划（MEP）和新的机构住房抵押贷款支持证券（MBS）购买到 2012 年底，每月平均购买 850 亿美元的长期证券。至 2012 年底，美联邦系统公开市场操作账户（SOMA）持有的国内证券增长到近 2.8 万亿美元。

　　2012 年，这些资产负债表项目的执行需要纽约联邦储备银行交易专柜开展大规模的永久性公开市场操作。开展这些操作，交易专柜须密切监测市场环境。系统公开市场操作账户（SOMA）投资组合规模和组成的变化被加强，以促进就业最大化和价格稳定的宏观调控目标，而不是创造金融回报。但是，通过大规模投资组合，尤其是对长期证券更加集中的投资，对债务的低利息率支付使得美联储继续获得历史高水平的净收入，2012 年美联邦系统公开市场操作账户（SOMA）投资组合总计 890 亿美元。

2012 年，联邦系统公开市场操作委员会（FOMC）继续维持其联邦基金目标利率在 0～0.25%，并对其沟通策略进行重点调整，公布其利率政策目标要持续多久。2012 年，大规模储备余额和 0.25% 的低水平准备金支付利息率，在没有通过公开市场操作情况下使得有效联邦基金利率维持在其目标范围内。①

2013 年初，美联储资产负债表已高达 29187 亿美元，直至 2014 年美联储于 12 月 29 日退出量化宽松货币政策，结束大规模资产购买计划之时，美联储资产负债表规模已扩张至 44867 亿美元，较 2013 年初的规模扩张了 53.72%。为保持宽松的金融市场环境，美联储资产负债表规模仍未停止增长，从 2014 年 10 月末美联储宣布结束量化宽松货币政策至 2014 年 12 月 17 日，美联储资产负债表从 44867 亿美元增长到了 45022 万亿美元，仅一个半月的时间里，扩张了 155 亿美元。可见，在美联储于 2014 年 10 月 29 日宣布结束量化宽松货币政策以来，至 2014 年 12 月末，美联储资产负债表规模仍继续扩张，且仍在继续调整其资产负债表结构：在此一个半月内，美联储持有美国国债规模减少了近 1 万亿美元，美联储持有联邦机构债规模也减少了约 10 亿美元，而抵押贷款支持证券（MBS）规模增长了约 241 亿美元。

---

① 2012 年，美联储的储备余额负债相对稳定，并维持在历史较高水平。

第五章　货币政策传导机制转变

第一节　准备金供需调节与联邦基金市场变化

从历史上来看，美联储对准备金的调节在其货币政策实施过程中的很长一段时期都具有举足轻重的作用和重要意义。对照本书第二章第四节中美联储历史上对准备金的调节，本节重点解析全球金融危机以来，在影子银行引领的金融创新以及金融全球化背景下，美联储对准备金供需如何调节，以及联邦基金市场交易的变化。

一、次贷危机爆发之初（2007～2008 年）

银行的准备金余额（Reserve Balance）要求是指其在美联储银行两星期维持期内所持有的平均准备金余额水平，要求其足以支付自身的所有债务。这一要求包括监管型和合同型两部分：前者是指法定准备金余额，即必要准备金要求；后者是指为满足清算平衡要求。总量平衡的要求可以做适当调整。这样的调整可以纠正储备银行会计事务的错误，改正报告错误（包括存款报告错误），或解决其他问题。法定准备金余额水平以及合同结算平衡的要求，是在银行的每个维持周期开始时被确定的，这有利于纽约联邦储备银行交易专柜对联储余额总需求进行综合评估。

（一）2007 年银行准备金水平继续下降

在过去 2004～2006 年连续三年银行准备金水平持续下降后，法定准备金余额和清算平衡结余水平都在 2007 年继续减少，两者之和在 130 亿～140

亿美元波动。2007 年的准备金总需求水平似乎并未受到 8 月出现的金融市场资金紧张压力的影响。

（二）2007 年政策调整引起联邦基金利率波动加剧

2007 年 8 月开始，伴随着次贷危机的爆发，联邦基金市场日利率波动幅度暴涨，反映了金融市场的资金紧张以及纽约联邦储备银行交易专柜对这些压力的政策反应。在 2007 年 8 月之前，波动幅度大致与近年来相同。在每日清晨对资金需求的增加，部分归因于银行难以在市场获得隔夜资金，这是增加利率上升压力的重要来源。这种压力在很长一段时期都十分明显，尽管准备金总额通常可以满足当天的储备需求。纽约联邦储备银行交易专柜利用大量外汇储备来应对这些因为利率上升带来的压力，而要使联邦基金交易恢复到目标范围，受政策影响，每日联邦基金利率波动更加剧烈。最后，贴现利率与联邦基金目标利率之间的利差也会影响每日联邦基金利率变动，并且通过影响银行融资成本来进一步增加利率波动幅度。

从 2007 年 8 月 9 日开始，纽约联邦储备银行交易专柜在早晨的利率上升压力下提供的储备供应，对利率的最终影响效果十分明显，有时过度的政策调整会导致在以后很长一段时期出现非常低的利率。直到 2007 年 9 月中旬，纽约联邦储备银行交易专柜才将联邦基金日利率维持在目标利率附近。

（三）2008 年美联储资产负债表扩张推动准备金快速增长

法定准备金结余与清算结余需求规模在 2008 年前三季度轻微增长，二者总量在 135 亿美元至 150 亿美元波动。但是，在 2008 年最后一个季度，当准备金市场压力重现，随着存款账户需求的增长，法定准备金余额急剧增长，这一增长仅因第四季度要求的清算结余减少而略有抵消。2008 年 9 月中旬之前，一个维持周期内的平均超额准备金水平在 20 亿美元周围波动，而 9 月 15 日之后，美联储资产负债表的迅速扩张导致维持周期内平均超额准备金规模快速增长，至 2008 年 12 月 31 日已接近 8000 亿美元的水平。

（四）流动性便利降低了准备金供给的自发因素影响

准备金的供给由美联储资产负债表的资产规模及纽约联邦储备银行交易专柜难以控制的美联储资产负债表中的各种自发因素所共同决定。美联储的现金负债（联邦储备券）构成了影响准备金供给的传统自发因素中的大部分。其余因素规模不大，但是可以引起净自发因素水平的明显变化。此外，其影响因素还包括国库的总账户结余、海外回购池（本书第四章已详细阐述过，此章不再对海外回购池予以赘述）以及美联储政策声明带来的波动。这四种传统自发因素（联邦储备券、国库的总账户结余、海外回购池以及美联储政策声明）在 2008 年达到 1970 亿美元。但在 2008 年，美联储创建的诸多流动性便利出现在其资产负债表的资产方，降低了传统自发因素对准备金供给规模的影响。

1. 联邦储备券

尽管年初时增长较慢，2008 年联邦储备券余额仍增长到 611 亿美元。2008 年年平均增长率为 7.4%，是自 2001 年以来最高增速。年初较慢的增速是与 2003 年以来的联邦储备券增长速度长期保持在较低水平相一致的。2008 年 5 月联邦储备券在海外的需求增加，增加的需求多半集中在拉丁美洲。下半年这一增长继续加剧，尤其是在东欧。联邦储备券需求增加也要归因于 2008 年下半年的经济回升。

2. 联储持有的国债结余

财政部的总操作结余（Total Operation Balance，TOB）在 2008 年较 2007 年增长了约 63 亿美元，因为 2008 年 10 月中旬出现的国债结余管理变化，财政部的总操作结余（TOB）数据这里不包括补充融资计划（SFP）账户及金融机构账户。2008 年的前 10 个月，财政部的总操作结余（TOB）较 2007 年平均值缩减了 70 亿美元。财政部支出的增加降低了财政部的总操作结余（TOB）。这一时期，国库总账户（Treasure General Account，TGA）接近 50 亿美元的目标水平。财政部主要通过定期投资选择拍卖（Term Investment Option，TIO）管理国库总账户。[①]

自 2008 年 10 月，财政部难以保持 50 亿美元的国库总账户（TGA）目标水平，财政部在 10 月几乎停止了大部分投资，开始将大部分资金放在国库总账户中，主要有以下几方面原因：一是资产救助计划相关的大规模支付需要较以往更大规模的国库总账户（TGA）资金来配合这些流量并缩小透支风险。二是财政部将资金放在国库总账户可以比用其进行定期投资选择（TIO）、回购、直接投资等操作获得更高的回报。较高的国库总账户规模减少了超额准备金水平，并缩减美联储对银行的利息支付，因此可以节省国库开支。三是对于准备金管理而言，保持国库总账户 50 亿美元目标水平的要求并不是特别严格。

---

① 在 2008 年 4 月末，美国财政部的总操作结余（TOB）迅速增加到了 1400 亿美元。

3. 美联储政策声明

美联储政策声明的波动在 2008 年继续保持稳定，达到过去 10 年中最为稳定的水平。波动幅度减小主要源于越来越多的机构受《21 世纪支票交换法案》的影响，愿意进行支票的电子交付。

（五）联邦基金市场交易变化

与历史正常时期相比，2008 年联邦基金市场的波动更加强烈。联邦基金市场交易范围与其目标范围之间的偏离增大，但在 2007 年末偏离开始缩小，联邦基金市场交易环境的改善主要源于 2007 年底通过的定期拍卖便利（TAF）和货币互换而使得金融机构获得美元融资的机会增加。

2008 年 3 月 17 日之后，为提高市场功能，美联储增加了定期拍卖便利（TAF）及货币互换的规模，并建立了定期证券借贷便利（TSLF）和一级交易商信贷便利（PDCF）。这些项目为市场提供了必要的流动性，并向许多市场参与者提供了融资机会。但是，金融市场仍然不稳定，联邦基金市场的交易环境较为动荡，国外机构在每日上午的联邦基金竞标仍然十分激烈。在这一时期，交易专柜坚持提供充足的准备金以缓解联邦基金市场每日上午的交易压力。

2008 年 9 月中旬，包括联邦基金市场的大批市场都受到了严重的资金压力。存款机构的交易者开始以远高于目标利率竞标隔夜联邦基金以保证公司可以充分融资，但是在短期市场的交易仍然十分有限。在美联储建立了一系列便利工具以保证向银行体系注入充足的流动性之后，联邦基金市场利率仍然低于其目标值，其波动性远超过 2008 年初时的波动水平。尽管美联储对准备金开始支付利息，联邦基金仍与许多市场参与者以远低于其目标利率进行交易，政府支持企业（GSE）不能获得准备金利率，因此更愿意以较低的利率水平出售联邦基金。2008 年 12 月 16 日，联邦公开市场操作委员会降低联邦基金目标利率至 0 ~ 0.25%。

二、转变为全球金融危机时期（2009 ~ 2010 年）

（一）准备金快速增长

在较低的短期利率作用下，2009 年法定准备金余额继续维持历史高位，由于联邦存款保险公司（FDIC）对无息存款保险增加已超过 25 万美元，使得存款账户余额需求快速增长，准备金付息降低了银行向其他账户转移额外准备金结余的意愿。随着美联储资产负债表扩张，在 2009 年 10 月，平均超额准备金水平首次超过 1 万亿美元，此增长趋势一直保持至 2009 年末。2010 年，除了一些小规模临时准备金转移工具之外，2010 年美联储没有为维持联邦基金利率在其目标范围而进行任何公开市场操作。

（二）影响准备金结余供给的因素

2009 年，这些准备金供给的影响因素总量达 1070 亿美元，其中补充融资计划（SFP）在前文已经阐述过，在此不再赘述。2010 年 2 月末美联储总余额增长到 1.25 万亿美元，大规模资产购买计划下的机构债和住房抵押贷款支持证券（MBS）购买基本完成。准备金余额从 2010 年 2 月开始下降，直至 2010 年 4 月之后，准备金余额又开始缓慢减少，降至 1 万亿美元。

1. 联邦储备券

在 2009 年，联邦储备券增长了 343 亿美元，增长 4%。大部分增长在年初，反映出 2008 年中期开始的货币需求急剧升高，数据显示增加的货币需求主要集中在拉丁美洲和东欧。2009 年初继续增长，在 2008 年秋，市场上金融机构出现严重的融资压力，美元需求进一步增强。2009 年后期流通货币增长下降。联邦储备券自 2008 年末金融恶化后增长加速，但是在 2009 年中期至 2010 年中期增长速度下降。

2. 美联储持有的国债结余

因为 2008 年 10 月国债余额管理的变化，2009 年国库总账户（TGA）与财政部的总操作结余（TOB）较 2008 年分别增长了 370 亿美元、210 亿美元。2009 年，财政部继续将其大部分资金放在国库总账户（TGA）中，结果，2009 年的国库总账户余额变化非常不稳定。当国库证券拍卖确定、税收支付时，国库总账户（TGA）迅速膨胀；之后又会迅速下降。大规模问题资产求助计划（TARP）的资金支付进一步加剧国库总账户（TGA）规模的波动。与 2008 年相反，没有国库资金签署逆回购协议。因为减少了超额准备金水平，降低了对银行的利息支付，使得财政部收益在 2009 年呈现增长趋势。2010 年，财政部继续不采用定期投资选择和逆回购操作，国库总账户（TGA）规模波动更为不稳定。

（三）联邦基金市场

美联储在 2008 年将联邦基金目标利率设在 0～0.25%。2009 年，每日联邦基金有效利率仍在目标利率范围内，因此纽约联邦储备银行交易专柜并没有通过回购、逆回购来增加或转移准备金。存款机构可以获得超额准备金利息（IOER），几乎不需要通过购买联邦基金来避免其在美联储账户的透支。另外，因为支付超额准备金利息，这些机构在美联储持有的超额准备金并没有被以比其目标利率更低的水平进行出售。结果，2009年，无法取得超额准备金利息的机构，如政府支持机构（GSEs），是联邦基金的主要出售方。尽管一些存款机构可以利用这一套利机会，但联邦基金在2009年的交易量远低于历史水平。2010年，大规模的美联储余额以及0.25%准备金支付利息率使得联邦基金利率保持在其目标范围的0～0.25%内。2010年联邦基金利率对美联储余额水平的敏感度较前几年更低。联邦基金市场交易量仍然较低。自从准备金水平扩张，美联储开始向准备金付息，银行普遍从持有美联储的额外结余中可以获得比隔夜市场借贷更高的回报。2010年，其他类型的机构，如政府支持机构（GSEs）以及证券交易商，继续作为联邦基金市场的主要出售方。在2009年第四季度、2010年初，联邦基金有效利率为0.1～0.15%，之后开始接近0.2%。①

（四）临时性准备金转移工具的发展

2010年，作为谨慎发展计划，美联储进一步发展了转移大量准备金所需的两种工具：逆回购（RRP）与定期存款便利（TDF），因为在前面章节已详细介绍过，在此不再赘述。

三、后危机时期（2011～2014年）

（一）准备金增加

2011年，美联储一系列政策操作增加了系统公开市场操作账户（SO-MA）资产持有规模，导致准备金余额增长至历史最高水平。2011年不需要开展临时性公开市场操作来维持联邦基金利率在其目标利率范围内，准备金余额（Reserve Balances）受其他资产负债表项目变化的继续影响。另外，美联储继续创建相当规模的准备金转移工具以备未来从市场回笼资金。

准备金余额从2010年底的1万亿美元增长到了2011年7月初的1.7万亿美元，主要是由于2011年上半年美联储大量购买国库证券的结果。之后开始平稳下降，到2011年底减少为1.6万亿美元，因为一些减少准备金的

① 2010年2月，临时补充融资计划共涉及2000亿美元，对联邦基金利率上升产生了一定影响。

因素开始增加，如图 5 - 1 所示。2011 年的大部分准备金余额以超额准备金形式存在。准备金余额，即准备金要求减去备用现金持有，在 2011 年平均为 810 亿美元，如图 5 - 2 所示。相对于超额准备金，法定准备金的水平较历史水平有所增长。法定准备金余额在低利率环境下增加，促使银行账户交易增加，美联储通过对准备金余额支付利息，降低了银行不愿上缴准备金的意愿。

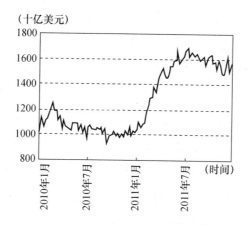

图 5 - 1　2010 ～ 2011 年准备金余额变化

资料来源：美联储。

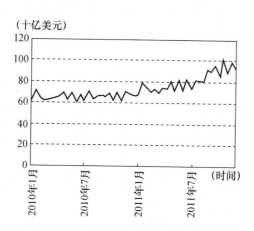

图 5 - 2　2010 ～ 2011 年法定准备金余额变化

资料来源：美联储。

维持周期（通常将两周称为准备金的一个维持周期，Maintenance Peri-od）准备金余额水平在 2011 年达到高峰值后，在 2012 年略有下降，但仍然保持历史较高水平——1.6 万亿美元，波动范围为 1.5 万亿~1.7 万亿美元，受准备金转移自发因素（主要是联邦储备券）的影响，2012 年上半年准备金增长速度有所下降，准备金余额在 2012 年 10 月恢复增长，因为对机构抵押贷款支持证券（MBS）额外购买的确定。2012 年的大部分准备金余额以超额准备金形式存在，从 1.4 万亿美元至 1.6 万亿美元不等。2012 年，由于交易存款的增长，法定准备金从 940 亿美元增长到 1080 亿美元。2012 年，无息储蓄被包含在交易账户担保计划（TAG）中，此计划于 2012 年底到期。在交易账户担保计划（TAG）生效的 51 个月中，存款翻番，接近 1 万亿美元。尽管增长趋势较强，但是，法定准备金与超额准备金相比仍然较小。

2013 年，联邦公开市场操作委员会决定进一步扩大美联储资产负债表规模，以保持宽松的货币政策环境，在政策影响下，美联储持有的准备金余额负债增长至历史较高水平。准备金余额从 2013 年 1 月上旬的 1.5 万亿美元平稳增长至 2013 年 12 月末的 2.5 万亿美元。其中，增加的准备金大部分都是超额准备金——超额准备金从 2013 年 1 月上旬的 1.5 万亿美元增长到 2013 年底的 2.4 万亿美元（Federal Reserve Bank of New York，2014）。2013 年 12 月 18 日，鉴于劳动力市场环境的逐步改善，美联储决定适当降低其资产购买速度：从 2014 年 1 月开始，每月购买机构抵押贷款支持证券（MBS）数额从 400 亿美元降至 350 亿美元，每月购买国债数额从 450 亿美元减少至 400 亿美元。

2014 年，准备金余额从年初的约 2.3 万亿美元增长至 2014 年 12 月 17 日（本书稿截止日期）的 2.7 万亿美元。尽管美联储于 2014 年 10 月 29 日宣布正式退出量化宽松货币政策和大规模资产购买计划（LSAPs），但其并未停止以"再投资"形式继续购债。美联储资产负债表规模及准备金余额在 2014 年 10 月末结束量化宽松货币政策后仍继续增长。自 2014 年 10 月的 2.6 万亿美元增长至 2014 年 12 月 17 日（本书稿截止日期）的 2.7 万亿美元，准备金余额在一个半月的时间里增加了上千亿美元。

（二）影响准备金供给的自发因素

2012 年银行准备金水平相对稳定，并处于历史较高水平。尽管美联储资产负债表政策继续执行，包括期限延长计划（MEP）、机构抵押贷款支持债券（MBS）再投资，这些操作对准备金的影响基本上是中立的。很明显，几乎所有在全球危机中与高水平准备金相关的借贷活动开始逐渐退出，如纽约联邦储备银行在2012年退出其对贝尔斯登、AIG在危机时期的全部相关债务，因此下面主要介绍在此之前，在2011年影响准备金供给的自发因素。

1. 联邦储备券

2011年联邦储备券继续快速扩展，增加了920亿美元，2011年增长约10%。如前些年一样，2012年对联邦基金利率的控制并不那么严格，因为对超额准备金支付利息这一政策开始改变货币政策的操作环境。2012年联邦储备券余额增长了900亿美元，年底达到1.1万亿美元，年均增长率接近9%，尽管这一货币增长速度较2011年的10%略低一点，但比近十年平均增长速度6%要高出很多，反映出在全球经济不稳定的背景下全球经济对美元货币的需求增加。

2. 国库余额

财政部于2011年继续不使用定期投资选择与逆回购投资。国库总账户中的资金减少，银行体系准备金数量下降，进而降低美联储向准备金支付的利息，提高财政收入。

另外一个财政部在美联储持有的账户是与补充融资计划（SFP）相关的，随着财政部债务已接近其法定上限，为保持债务管理的灵活性，财政部将补充融资计划（SFP）余额从2011年2月初的2000亿美元减少至4月的50亿美元，并在7月末余额为0。尽管补充融资计划（SFP）依然开放，但债务问题解决之后，这一余额仍未增加。2012年底，如前三年一样，财政部没有使用任何短期投资工具，包括定期投资选择、逆回购。2012年底，国库余额的周平均水平为560亿美元左右，较2011年底的980亿美元略低。

3. 其他自发因素

2011年，影响银行准备金的其他自发因素增加，但对准备金的减少所起作用十分微弱。海外回购池在2011年明显增加，2011年12月较2010年12月的平均规模增加了360亿美元。准备金进一步缩小，尤其是在2011年下半年。通过其他存款负债的增加，受政府支持企业在美联储持有的余额变化影响，2011年8月其他存款增加，并在之后的月份准备金供给规模继续保持在较高水平，在2011年12月同比增加750亿美元。

（三）准备金转移工具

尽管 2011 年没有积极管理准备金，美联储继续为最终的量化宽松政策退出时的准备金转移积极做着准备，包括逆回购、大规模定期存款便利的应用。这些工具可以用于提高准备金余额支付利息率，以期在未来想要减少流动性便利时达到联邦基金利率的政策目标。

2011 年，纽约联邦储备银行继续扩展逆回购交易商名单。64 家货币市场共同基金、2 家政府支持企业以及 8 家银行被列入，使得逆回购交易商达到 120 家。定期存款便利（TDF）为合格的存款机构扩展其投资选择，任何可以从美联储获取准备金利息的合格机构都可以参与定期存款便利拍卖。至 2011 年末，接近 600 家机构签署了定期存款便利，为准备金转移提前做好操作准备。在 2012 年至 2014 年 12 月（本书稿截止时点），定期存款便利（TDF）规模不断扩张，包括定期存款便利（TDF）、贴现率以及定期资产支持证券贷款便利（TSLF）等影响准备金的其他政策工具的使用及规模变化，在本书此前的章节已经详细阐述过，在此不再赘述。

四、准备金模型检验

借用本书第二章中的准备金模型，测量以上各阶段准备金余额变动对利率的影响因子。将式（5－1）进行整理，得出准备金对利率的影响方程式（5－2）。

$$TR_t^s = BR_t + NBR_t = -ai^f + v^d \qquad (5-1)$$

$$i^f = -\frac{1}{a}TR_t^s + \frac{1}{a}v^d \qquad (5-2)$$

令 $\frac{1}{a} = \beta$，则式（5－2）可以改写成如下等式：

$$\frac{1}{a} = \beta \qquad (5-3)$$

下面，分阶段进行 VAR（向量自回归）估计。

（一）第一阶段：危机爆发之初

首先，根据信息准则，估计此 VAR 系列的阶数，结果显示，当 $p = 3$ 时，信息准则最小化。其次，估计三阶向量自回归模型，结果显示，前两阶较为显著。其中，logTR 对 i_f 的二阶系数为 -0.109。

下面检验各阶系数的联合显著性以及残差是否为白噪声，结果显示 p 值分别为 0.22 和 0.21，即可以接受残差无自相关的前提假设。再对此估计出来的 VAR 系统是否稳定进行检验，结果显示所有特征值均在单位根以内，即 VAR 系统是平稳的。

考察 logTR 与 i_f 之间的格兰杰因果关系。以准备金为被解释变量时，p 值较高 (0.53)，即联邦基金利率对准备金的影响较小；反之，当以联邦基金利率为被解释变量时，p 值较小 (0.07)，即准备金余额对联邦基金利率的影响更强。但因 p 值均已远远大于 0.05，可见在次贷危机爆发之初 (2007 年 8 月至 2008 年)，准备金余额调节对联邦基金利率的影响也已经开始减弱。

下面，考察脉冲响应函数，如图 5-3 所示，当准备金有一个正的冲击时，联邦基金利率先缓慢下降，之后保持基本不变的水平。

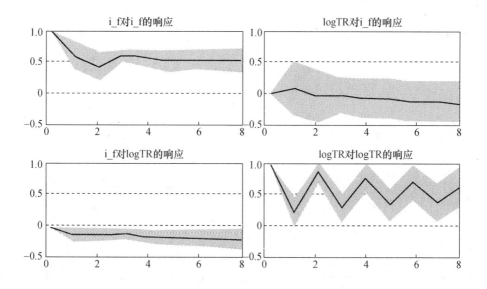

图 5-3　脉冲响应分析（第一阶段：2007～2008 年）

（二）第二阶段：2009～2010 年

首先，根据信息准则，估计此 VAR 系列的阶数，结果显示，当 p = 3 时，信息准则最小化。其次，估计三阶向量自回归模型，结果显示，前两阶较为显著。其中，logTR 对 i_f 的二阶系数为 0.0007。

考察 logTR 与 i_f 之间的格兰杰因果关系。以准备金为被解释变量时，p

值较高（0.389），即联邦基金利率对准备金的影响较小；反之，当以联邦基金利率为被解释变量时，p 值较小（0.628），即准备金余额对联邦基金利率的影响更弱。但因 p 值均已远远大于 0.05，可见在次贷危机爆发的第二阶段（2009～2010 年），准备金余额调节对联邦基金利率的影响也已经明显开始减弱。

下面，考察脉冲响应函数，如图 5-4 所示，当准备金有一个正的冲击时，联邦基金利率几乎没有受到任何影响。再次证实了，次贷危机爆发的第二阶段（2009～2010 年），准备金余额调节对联邦基金利率的影响显著削弱。

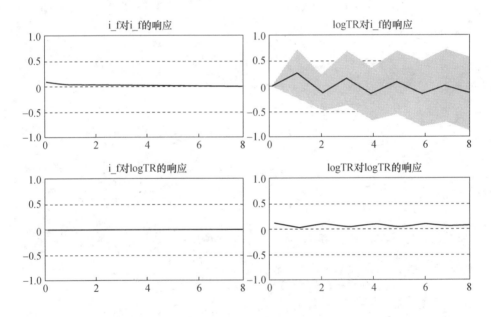

图 5-4 脉冲响应分析（第二阶段：2009～2010 年）

（三）第三阶段：2011～2014 年

首先，根据信息准则，估计此 VAR 系列的阶数，结果显示，当 p = 2 时，信息准则最小化。其次，估计三阶向量自回归模型，结果显示，前两阶较为显著。其中，logTR 对 i_f 的二阶系数为 -0.0012。

考察 logTR 与 i_f 之间的格兰杰因果关系。以准备金为被解释变量时，p 值较高（0.24），即联邦基金利率对准备金的影响较小；反之，当以联邦基金利率为被解释变量时，p 值较小（0.23），即准备金余额对联邦基金利率的影响略强。但因 p 值均已远远大于 0.05，可见在次贷危机爆发的第三阶段（2011～2014 年），准备金余额调节对联邦基金利率的影响仍十分微弱。

下面，考察脉冲响应函数，如图 5－5 所示，当准备金有一个正的冲击时，联邦基金利率几乎没有受到任何影响。再次证实了，在次贷危机爆发的第三阶段（2011～2014 年），准备金余额调节对联邦基金利率的影响已降至极低。

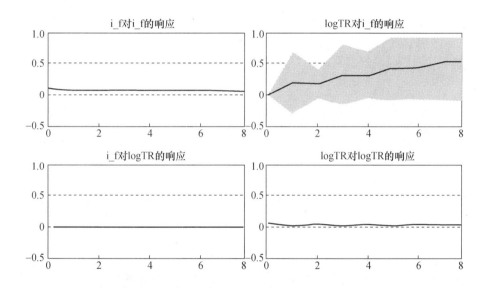

图 5－5　脉冲响应分析（第三阶段：2011～2014 年）

第二节　利率传导渠道复杂化及面临的困境

随着影子银行的快速发展，以及进一步的金融创新和金融深化，次贷危机以来货币政策传导渠道复杂化，货币政策目标的货币中介指标和它最终要调控的实体经济增长指标的变化非常大，差异非常大，逐步形成货币政策新范式。无论是货币供应量还是利率，都与实体经济之间的关系复杂化、传导的机制复杂化。

一、从联邦基金供给、需求对联邦基金利率的传导变化

2007 年 8 月开始，纽约联邦储备银行交易专柜的一般操作程序效率不如最近几年，尤其在维持联邦基金利率目标方面，反映出了市场发展在隔夜资金市场产生了利率上升压力，以及纽约联邦储备银行交易专柜对这些压力的反应。在这些压力出现的第一个储备维持期，截至 2007 年 8 月 15日，纽约联邦储备银行交易专柜有效地暂停其正常的方法来控制联邦基金利率。为了打击市场预期的严重的利率持续上升压力，纽约联邦储备银行交易专柜提供了明显高于任何银行的超额储备量。此举措是为了恢复利率向上和向下的压力之间的正常平衡。在后续的维护期，纽约联邦储备银行交易专柜恢复提供储备周期平均水平的更正常的方法。

另外，因为 2008 年起美联储开始支付超额准备金利息（IOER），即向银行支付法定和超额准备金利息，但仍然有一些机构无法取得超额准备金利息，如政府支持企业（GSEs）。还有无法取得超额准备金利息的机构，如政府支持机构作为联邦基金的主要出售方，影响了对联邦基金利率的正常传导。联邦基金供给、需求对联邦基金利率的传导变化如图 5 - 6所示。

二、从联邦基金利率到市场利率传导的变化

（一）联邦基金利率的形成及传统作用

美国联邦基金利率（Federal Funds Rate）也就是美国同业拆借市场的利率，最重要的是隔夜拆借利率的变动能够较为灵敏地反应银行资金余缺状况，美联储通过对联邦基金利率的调节来影响商业银行的融资成本，通过将同业拆借市场的资金余缺状况传导给工商企业，再进一步对消费、投资以及国民经济产生影响。美联储通常先规定一个联邦基金目标利率，并以此为基础设定再贴现率，可见联邦基金利率是美联储传统货币政策调节的最主要利率，以此利率为基准，调节其他市场利率。

联邦基金利率被假定为金融市场的重要基准，而该利率是透过两家银行之间协商而设定的。联邦公开市场委员会每年都会举行例会议定联邦基

金目标利率。联储局利用公开市场操作去影响其货币供应量以使联邦基金有效率在其设定的联邦基金目标利率范围内，以期通过此利率达成其宏观调控的经济增长及物价稳定等最终目标。

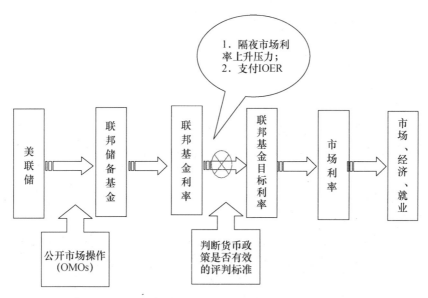

图 5-6 联邦基金供给、需求对联邦基金利率的传导变化

美联储的各会员银行彼此之间相互拆放联邦基金的主要目的是为调整其拥有的准备金头寸和票据交换轧差，美联储会员银行须在每两周内（一个维持周期内）维持一定的准备金水平，联邦基金就是由超额准备金以及票据交换轧差的余额共同组成的。鉴于存款余额常常变化，会员银行的准备金时而出现盈余，时而出现不足。当准备金出现不足时，会员银行则可以通过从其他银行拆借联邦基金来补足其缺失的准备金额度，具体的拆借方式是其在联储账户之间的相互划拨，而拆借利息可以在一定时间内累积清算，也可以在每次拆借时"利随本清"。联邦基金的准备金借贷通常以日拆为主，其拆借的利率水平受基金市场资金供求影响，故利率变动非常频繁。联邦基金利率较贴现率更低。联邦基金交易的低利率和高效率使其交易规模相当庞大，截至目前，联邦基金利率已经逐渐成为最具代表性的美国金融市场上的短期利率指标。① 从 20 世纪 50 年代开始，美国货币政策的中介目标已逐步转为联邦基金利率，美国货币当局通过开展公开市场业务，来调控联邦基金利率，使其在预先设定的目标范围内。20 世纪 60 年代后期，美国货币政策逐步转向控制货币总量，不再以联邦基金利率作为中介目标，而将其视为控制货币总量目标的一种操作手段。联邦基金利率的作用原理常被理解为：当联邦基金利率下降，即拆借利率下降时，商业银行之间的资金拆借就会转为向美联储进行拆借，因为此时向美联储拆借的成本较低，故随着联邦基金利率的下降，市场的拆借利率也会随之逐渐下降；反之亦然。

（二）联邦基金利率作用范围及影响受限

布雷顿森林体系解体之后，美国商业银行经营模式的转型进一步推动了影子银行体系的蓬勃发展。同时，影子银行体系的快速发展也反过来起到了加速商业银行经营模式转变的作用，二者之间的发展相辅相成。从某种意义上来看，可以将影子银行系统视为商业银行信贷资产的规模庞大的二级交易市场。其交易成本越低、流动性越高，商业银行越有动力出售信贷资产，从而获得价差收益。因此，美国商业银行盈利模式逐渐由传统的获取存贷利差转变为获取买卖价差收益。

影子银行体系的发展加速了美国金融体系向"市场型金融体系"的演进。在此发展背景下，银行业与资本市场二者之间的关系变得越来越紧密。在此背景下，美国联邦储备系统（联储）各会员银行为调整准备金而相互拆放联邦基金的利率已经不能准确反映金融市场资金供求状况。相对于传统的金融市场，在金融危机爆发以来影子银行快速发展带动的金融市场体系发展和转变的背景下，仍以联邦基金利率作为金融市场的基准，美联储货币政策传导的作用范围和影响将大大受限。Geithner（2008）指出，在大繁荣时期，金融体系结构已经出现了根本性变化，非银行金融系统规模已经变得非常庞大，特别是货币市场和基金市场。随着非银行金融系统的快速发展，联邦基金利率对金融系统的影响范围越来越小，影响程度也越来越微弱，发展规模已经远远超越传统银行体系的非银行金融系统，受联邦基金利率影响十分有限。从联邦基金利率到市场利率传导的变化如图 5 - 7 所示。

----

① 联邦基金的日拆利率被美联储作为调整贴现率以及商业银行优惠利率的关键参数。

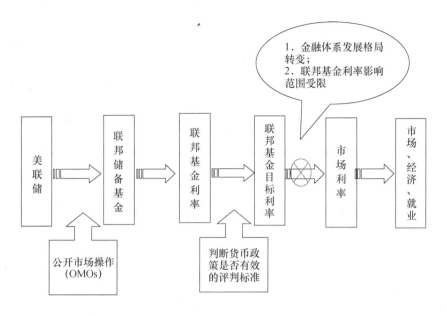

图 5 - 7 从联邦基金利率到市场利率传导的变化

三、从利率到（私人）信贷市场、经济、就业传导的变化

美联储调节联邦基金利率后，长期利率和实体经济如何反应存在越来越强的不确定性。影子银行的发展和全球一体化打破了长期利率和短期利率之间原有的关系。

美国芝加哥联邦储备银行负责人埃文斯指出，尽管美国经济成长近期增速，但美国经济复苏"相对乏力"，仍需要美国联邦储备局超宽松货币政策的支持，认为宽松货币政策仍对实现美联储两项政策目标有利。他还提出了在通胀预期低于 2.5% 的情况下，如果失业率仍高于 6.5%，就保持近零利率不变，后来以其名字命名为"埃文斯规则"。圣路易斯联邦储备银行副主席 Thornton（2010）在美联储决定实施第二轮量化宽松货币政策时即提出继续保持零利率、扩大资产购买计划将会使上一轮量化宽松的负面影响增强：进一步量化宽松可能会使长期通胀率高于公开市场操作委员会预期的通胀率。第一轮量化宽松货币政策使得银行目前超额储备接近 1 万亿美元。货币供应量（M1）在超额储备减少很少的情况下就会快速增长，因为有效储备需求已经达到历史低水平。因此，如果银行大量提高贷款，目前的超额储备水平将会导致货币供应量迅速增长。"埃文斯规则"有效性受质疑。从利率到（私人）信贷市场、经济、就业传导的变化如图5－8所示。

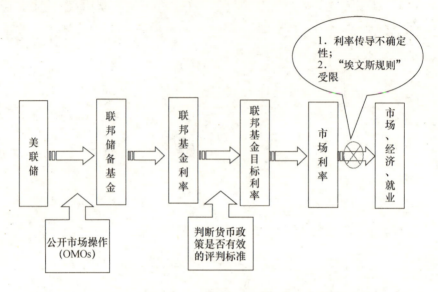

图5－8　从利率到（私人）信贷市场、经济、就业传导的变化

尽管不再以调节准备金来调控联邦基金利率等指标，但是要发布联邦基金利率预测，制定明确的通胀目标，并使联邦公开市场委员会的长期政策目标更加清晰，美联储承诺未来将政策利率维持在一定水平，直至就业与通胀达到其预设目标，同时设定名义国内生产总值（GDP）目标等。这些目标公开不再只是美联储货币政策落实的标准，而是作为调节公众预期的工具，而且前瞻指引本身也有局限性。

第三节　从盯紧联邦基金利率到关注利率期限结构

一、长、短期利率之间关系的变化

从2007年金融危机爆发以来，美国国债短期收益率与长期收益率之间的关系愈加微弱，长期利率的变化方向及变动幅度与国债短期收益率的变化之间的关联愈加不紧密，即以联邦基金市场为短期利率基准，以此调节长期市场利率的货币政策传导渠道受到限制。如图 5 - 9 所示。在联邦基金利率降至 0 附近之后的很长一段时间，美国 3 年期国债收益率缓慢降至 0.3% 附近，而在 2014 年第一季度才又开始缓慢回升，而美国 30 年期国债收益率曲线的变动规律与之又不尽相同。

二、国债收益率曲线与企业收益率曲线的信用利差变化

自全球金融危机爆发之后，美国 AAA 级企业的收益率曲线与美国国债收益率曲线之间的信用利差逐步扩大，即以美国国债利率拉动企业利率变动的作用也受到一定限制。随着影子银行体系引领的金融创新与金融全球化，金融市场各金融主体之间的关系和链条已变得日益纷繁复杂，美联储的利率传导渠道在此背景下的宏观调控作用也因此受到一定限制。

美国国债收益率与企业收益率信用利差变化如图 5 - 10 所示。

三、从关注短期利率到利率期限结构的转变

传统的美联储货币政策的操作目标是调整短期利率，即联邦基金利率，使其维持在目标利率范围内，进而通过短期利率影响市场长期利率和总产出。然而，自 20 世纪六七十年代以来，影子银行的快速发展，使金融市场结构发生了显著变化，长、短期利率之间的关系，利率的期限结构变得更为复杂。以 Kuroki 和 Tachibana 为代表的一些日本学者认为，尽管非常规政策对物价的影响不明显，对产出却具有较为显著的影响，主要通过"投资组合均衡效应"这一传导渠道发挥作用。与此同时，通过对在全球金融危机中美联储购买债券的效果研究，Morgan（2009）认为：尽管此类政策对于降低债券收益率发挥了积极作用，但并没有完全实现美联储降低抵押贷款利率的初衷。另外，不少学者就量化宽松对降低利率的短期效应和局限性进行了论述。Meier（2009）通过对英格兰银行实施资产购买计划（Asset Purchase Facility）前后的英国市场变化的研究，得出了以下基本结论：在降低市场利率以及减小信贷利差方面，量化宽松货币政策的确在一定程度上发挥了有效作用。但是，为降低债券收益率，中央银行采取的购买债券的方式所起的效果不具有持续性，即此政策的作用是短期的。

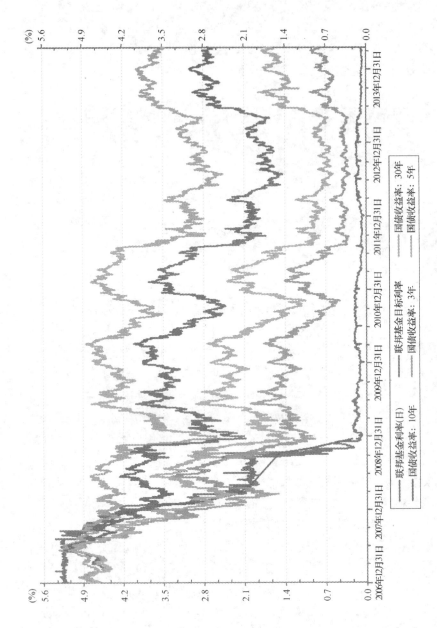

图 5 - 9 美国联邦基金利率与长、短期国债利率变化

资料来源：美联储。

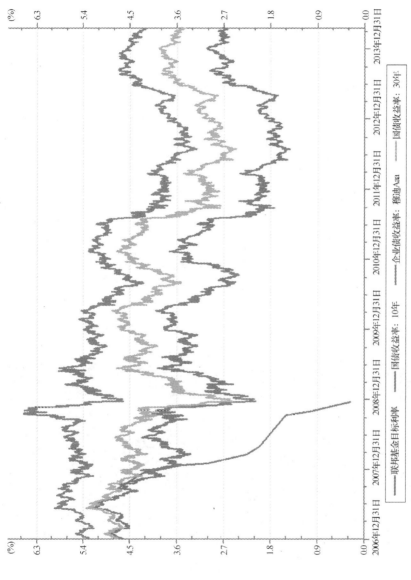

图 5 -10　美国国债收益率与企业收益率信用利差变化

资料来源：美联储。

第六章　中央银行职能转变及总体评价

本章主要论述中央银行货币政策操作的新范式：基于美国宏观经济发展目标转型（从发展国内生产总值、控制通货膨胀转向以稳定就业、扶持实体经济发展为主要任务），阐述美联储货币政策操作范式的变化。传统的货币政策传导途径为"操作工具—中介目标—最终目标"三级传导，具体表述为"联邦基金供给、需求—联邦基金利率—市场利率（中介目标）—（私人）信贷市场—经济、就业（最终目标）"。金融危机后美联储的大部分资产负债表政策是中立的，如定期证券借贷工具（TSLF）、机构MBS再投资、延长期限计划（MEP）等，不再调节准备金规模来调节利率，而是对美联储联邦系统公开市场操作账户（SOMA）的结构进行调整。随着货币政策中介指标与宏观经济指标之间传导途径的逐步复杂，中央银行货币政策已经逐步跨越中介目标，直接对宏观经济目标（就业、物价等）进行调控，这意味着为达到一定的宏观经济目标，并不需要严格制定货币政策中介目标。

第一节　目标体系的转变

传统的中央银行的操作范式主要围绕货币政策的中介目标进行调整，如美联储在20世纪90年代对其货币政策中介目标再次做出调整，放弃执行了近20年的以货币供应量增长率为货币政策中介目标的做法，以利率取而代之（所谓中介目标是指货币政策最终目标和政策工具之间的过渡性指标）。2008年次贷危机之后，美联储实施以大规模资产购买计划为代表的非常规性货币政策，令不少学者认为其货币政策中介目标又转变回货币供应量。实际上，本章认为，美联储是在逐步弱化中介目标在货币政策传导机制中的作用，而寻求操作工具与最终目标的直接联系，逐渐形成了从操作工具到最终目标的新的传导途径，进而形成中央银行执行货币政策的新范式。原来的"联邦基金供给、需求—联邦基金利率—市场利率—信贷市场—经济、就业"这一传导途径已经逐步失效。

第二节　功能的转变——从调节货币、利率转向调节流动性

国际金融危机以来，中央银行（美联储）从传统的以调节货币供应量、利率的货币政策逐步转变为以调节流动性，甚至可以直接调节市场流动性为其主要职能，超越"银行的银行"传统职能。国际金融危机以来，中央银行（美联储）进行宏观调控的基础变化引发的美联储资产负债表变化，以及货币政策操作工具、操作范式的变化，反映出美联储作为中央银行的职能变化。从传统的以调节货币供应量、利率的货币政策逐步转变为以调节流动性，甚至可以直接调节市场流动性为其主要职能。

一、美联储传统货币政策职能

（一）制定和执行货币政策职能

作为一国货币政策的制定者和执行者，中央银行通过对金融政策的制定和执行，运用金融手段，向全国货币以及信用活动开展有目的的宏观调控，调节宏观经济，以期实现其预期货币政策目标。美联储货币政策调节的主要对象是其全社会信用总量，可以通过调节社会信用总量直接调节社会总需求和总供给。

（二）维护金融市场和监管职能

美联储的金融监管职能，是指中央银行作为全国金融管理部门，维护全国金融体系稳定，以控制金融混乱现象对社会经济产生的负面作用，并对商业银行以及其他金融机构、全国金融市场的设立、业务活动和经营情况进行监督和管理。美联储金融监管的目的是为维护金融业的安全和稳定，

贯彻执行国家相关的金融法规和政策，促进国民经济的正常发展，防止金融危机对国民经济造成危害。

（三）支付清算职能

通常情况下，市场活动越发达，对债务清算的要求也就越高。中央银行在经济支付体系中所起的作用直接影响国家经济运行效率。经济体系中的债务清算即为货币所有权的转移。经济中的支付货币通常有三种形式：现金、存款以及中央银行货币。与支付货币的三种形式相适应，经济体系中的支付系统也相应分为三个层次：现金支付、由商业银行辅助微观经济主体进行的存款支付、由市场参与者交易行为或商业银行本身的债务关系造成的商业银行之间的清算支付。前两种支付不需要中央银行介入，最后一种支付则必须由中央银行提供货币转移支付才能完成。

二、超越"银行的银行"——直接为非银行机构注入流动性

2008 年国际金融危机以来，美联储创建了多种多样的新型公开市场操作工具，不仅对存款性金融机构的操作工具进行创新，如 TAF、SWAP 等；还对交易商工具进行创新，如 PDCF、TSLF 等；另外，对主要信贷市场的工具进行创新，如 AMLF、MMIFF 等。这些创新的工具已经远远超越了原有中央银行作为"银行的银行"——只能向商业银行提供资金支持的传统职能，作为中央银行的美联储开始向交易商、企业、主要信贷市场直接提供流动性支持。美联储传统的货币政策操作工具，如回购、逆回购的比例则越来越小。

三、从调节货币、利率转向调节流动性

国际金融危机以来，中央银行（美联储）进行宏观调控的基础变化引发的美联储资产负债表变化，以及货币政策操作工具、操作范式的变化，反映出美联储作为中央银行的职能变化。从传统的以调节货币供应量、利率的货币政策逐步转变为以调节市场宏观流动性，甚至可以直接调节市场流动性为其主要职能。伴随着科技进步与金融一体化、全球化的发展，影

子银行体系的迅速壮大，进一步推动了金融创新，并且推动了美国乃至全球金融体系的结构变化。隔离于货币当局监管之外的影子银行逐渐成为金融市场的主体，而传统的货币政策以货币供应量、利率作为中介目标的宏观调控对其相对失效。本次全球危机以来，美联储通过向金融机构、非金融机构，以及特定企业和市场直接注资的方式，向市场直接注入流动性。并通过创建定期存款便利（TDF）等新型工具来弥补传统的以联邦基金利率为中介目标的货币政策调控手段，在美联储的货币政策报告中也已多次重申，"国际金融危机以来，以传统公开市场操作手段调节准备金规模来控制联邦基金利率的宏观调控手段已逐渐失效，联邦基金利率对准备金调节的敏感度已经降至历史最低，以其相继创建的一系列货币政策创新工具来直接调节市场的宏观流动性"。

四、从资产负债表规模调整到结构调整

传统的永久性公开市场操作功能转变：美联邦系统公开市场操作账户（SOMA）持有证券不再只是为调节准备金，而是主要通过调节美联储资产负债表总量和结构来调节经济。2011年10月开始的延长期限计划（MEP）对联邦系统公开市场操作账户（SOMA）规模和准备金总量并无影响，只是调整美联储资产负债表的结构，调整公开市场操作账户持有的投资组合中的证券期限结构。

2011年之后，美国国内公开市场操作主要是调整美联储资产负债表的组成和结构，美联储由传统的货币政策转向资产负债表政策，并从2011年起，从美联储资产负债表规模调整转为重点关注资产负债表的结构调整。这些调整用于为支持经济增长营造更宽松的金融环境。在次贷危机爆发之后，美联储起初创建的一系列流动性便利及其他救市政策使得美联储资产负债表规模从2008年至2011年上半年迅速扩张，直至2011年下半年，美联储资产负债表组成受公开市场操作委员会在2011年9月召开会议的相关决策影响，将到期的机构债和机构住房抵押贷款支持证券（MBS）再投资于住房抵押贷款支持证券，并且通过出售短期证券、购买长期证券来扩展持有国债的平均期限。

期限延长计划涉及4000亿美元的长期国债购买，以及相同规模的短期证券出售，于2012年6月完成。最早的LSAP计划用于减少私人部门持有

的长期国债,对长期利率施加下行压力。2012 年国内公开市场操作主要是为在保证价格稳定的前提下进一步支持经济复苏,并通过调整美联储资产负债表组成和规模提供额外的政策便利。这些活动用以施加长期利率下行的压力,支持抵押贷款市场,帮助改善金融市场环境。系统公开市场操作账户(SOMA)持有的国内证券投资组合总规模在 2012 年几乎没有变化,但是其结构发生了显著变化。直至 2013 年之后,美联储资产负债表才开始平稳增长,但政策调控的重点仍然是其结构。

五、注重与财政部等政府机构配合

如本书第二章第四节所阐述,美国财政部要参与救助需要经过极为复杂的政府决策程序,最终通过的危机救助方式通常是股权救助,而这一救市方式又往往受到与其根深蒂固的美国自由主义精神相违背的指责。在金融危机期间,美联储货币政策通常会先于财政部的财政政策进行救市。所以在次贷危机爆发之初,财政部并未出台相关救市政策以配合美联储的货币政策,直至次贷危机逐步蔓延和恶化,演变为全球金融危机,随着美国国会通过"问题资产计划"(TARP),财政部才开始正式进行救市行动,但其推出的财政政策在广受异议下经历了两个不同的阶段,即"保尔森计划"和"盖特纳计划"。

次贷危机爆发之后,美国财政部长保尔森提出美国政府拟以 7000 亿美元从金融机构手中购入不良资产进行救市的计划,保尔森提出的数额庞大的政府救市计划受到民主党和共和党的共同抵制,一些经济学家也对其持异议,如诺贝尔经济学奖得主斯蒂格利茨将"保尔森计划"视为"给一个内出血病人输血"。

"盖特纳计划",即公私投资计划(Public – private Investment Programme,PPIP),通过引进私人投资者,以拍卖方式为缺乏流通性的"有毒"资产定价,通过市场的供需关系来剥离巨额坏账,使银行重新恢复其金融中介功能,为促进经济复苏提供必要信贷支持。该方案细则是:从7000 亿美元问题资产救助方案(TARP)中取出 750 亿～1000 亿美元的资金,通过乘数效应赋予美国政府相当于 5000 亿美元的购买力,并希望通过此计划,促使公私投资基金购买 1 万亿美元以内的银行业"有毒"资产,以修复美国银行业资产负债表。针对银行问题资产处理的"公私投资计划"

实施细节，财政部将与美联储（Fed）、联邦存保公司（FDIC）以及民间机构法人等配合，以期帮助缓解由危机引发的金融体系资产减记以及放款能力不足等问题。本计划处理的资产分为两大类：银行资产负债表上的"问题贷款"（Legacy Loans）以及具有类似性质的"问题证券"（Legacy Securities）。

2008 年 10 月，美国国会通过了金额高达 7000 亿美元的《经济稳定紧急法案》（Emergency Economic Stabilization Act of 2008，EESA）。该法案是1929 年大萧条以来最大规模的政府干预行动，其出台标志着美国财政部第一轮政府纾困措施的推出。因其金额之巨、覆盖面之广，一经发布就吸引了全世界的目光。其中较为重要的有问题资产救助计划（TARP）和流动性临时担保计划（Temporary Liquidity Guarantee Program，TLGP）。面对危机的逐渐深入，仅仅维护主要金融机构的政策已经无法有效激活已在各个方面都遭受重大打击的投资人信心，美国财政部在 2009 年 2 月推出了第二轮纾困措施《金融稳定计划》（Finance Stability Plan，FSP）。

第三节　监管职能的转变

一、逐步把"影子银行"纳入监管范围

美联储担任最后贷款人可能会引起金融机构过度进行高风险投资，造成道德风险。故对金融机构进行监管，控制其投资风险，美联储可以缓解高风险问题。将影子银行等非银行机构列入"最后贷款人"的保护圈内，同时也要相应地对其进行有效监管，才能降低道德风险和金融危机的爆发。因此，信息披露机制设计将成为未来对影子银行监管的重要内容。在全球金融危机爆发以来，欧美各国都提高了对影子银行体系风险及其对系统性风险放大功能的重视，各国开始考虑逐步将影子银行系统纳入其货币政策当局的监管体系中。例如，凡是规模超过一定数量的对冲基金或是其他私募基金等，都要在证券交易委员会进行注册登记，并且将其资产、杠杆等相关信息向监管部门进行披露。货币当局试图建立诸如信用违约互换

（CDS）等场外衍生品市场的较为全面、完善的披露和监管体系框架。其中，信息披露对于影子银行体系的健康发展与有效监管至关重要。创建新型金融市场信息披露体系，有助于提高金融市场透明度，帮助投资者更加充分地了解相关产品信息和交易信息，对于控制金融市场风险，抵御影子银行系统放大金融系统性风险，具有重要的理论和实践意义。这也是在信用货币时期，影子银行体系快速发展引领的金融体系变革使得货币当局宏观调控对象发生了根本改变下，美联储在此次全球金融危机以来进行货币政策调整和职能转变的重要一步。

二、防范系统性风险，建立有序清算机制，保护投资者和消费者权益

《多德—弗兰克华尔街改革与消费者保护法案》于 2010 年 7 月签署，其中强调对系统性风险的防范，以维护金融体系稳定，并且建立有序清算机制，遏制金融机构"大而不倒"的现象继续发生，保护纳税人的合法权益。首先，在新监管法案的推动下，建立了金融稳定监督委员会，统一综合监管系统重要性金融机构；除此之外，成立全国性的保险监管当局，对保险业的系统性风险进行综合监管。其次，为防止此次全球金融危机中大型投资银行危机的再次爆发，《多德—弗兰克华尔街改革与消费者保护法案》向美国监管部门授权，在特殊的紧急情况下，监管部门可以对受危机影响较严重的问题金融机构进行管理以及清算，以防继续发生大型金融机构"大而不倒"（Too Big to Fall）的现象。[1]

三、扩大美联储权力，加强对美联储审计

根据 2010 年新的监管法案，美联储被赋予了更强大的权力，除了系统重要性机构拥有清算、支持以及结算系统等各种职权之外，新的监管法案还规定接受问题资产救助计划（TARP）的大型银行控股公司无权以任何理由躲避美联储的监管，此项规定也被称为"加州旅馆条款"。同时，在扩大

---

[1] 除此之外，新监管法案还促成消费者金融保护局的成立，将原有的全部监管当局对消费者实施的保护职能进行统一整合，以期提高消费者获取金融产品相关信息的准备度。

美联储监管权力的同时，较全球危机之前，美联储本身也会受到较以往更为严格的审计和监督。美联储采取的大规模紧急流动性计划以及量化宽松货币政策将会受到审计部署的严格全面审计，并规定美联储必须披露银行及存款性机构从贴现窗口以及公开市场操作渠道获取美联储相关贷款的细节。除此之外，美联储向任何机构提供的紧急信贷救助方案须经财政部长批准。

第四节　调控理念的转变

一、"顺势"厘清金融体系长远发展趋势

从次贷危机爆发至其演变为全球金融危机以来，美联储在货币政策操作以及金融监管方面所作的一系列转变，都体现了其对当前美国及全球金融体系演变及未来发展方向的观察敏锐度，并据此对自身进行及时的调整。自 20 世纪 70 年代以来，在金融全球化和一体化进程中，美国及全球的金融体系发生了重大转变，准确把握金融市场体系演变方向与金融市场结构转变的特点才能在宏观调控中制定和实施符合目前金融经济发展状况的有效货币政策安排和监管规则。全球金融危机以来，美联储在货币政策目标、操作工具等方面进行的一系列调整，都是在对当前金融市场发展方向进行全面综合观察和研究下进行的。如果不看清影子银行引领的金融创新在未来金融体系演变进程中的重要作用和未来发展方向，对其进行一味打压，以求最快速地处理全球金融危机引发的一系列问题，则只是饮鸩止渴，全面抵制引发危机产生的影子银行的发展，其负面效应将严重打击 21 世纪以来美国及全球金融市场在金融创新及金融全球化进程中取得的阶段性成果，并会遏制金融和经济发展。因此，摸清金融体系在当前和未来发展的长远趋势，是美联储在金融危机以来货币政策及金融监管方面一系列转变的重要前提。

二、重在"扶持"发展

大萧条时期,《格拉斯—斯蒂格尔法》对金融机构实施了严格的管控,在一定程度上抑制了金融发展和创新,而此次国际金融危机爆发之后制定的《多德—弗兰克华尔街改革与消费者保护法案》与《格拉斯—斯蒂格尔法》在监管的基本理念上有很大的转变。对于 20 世纪 70 年代以来的美国金融体系变革,新监管法案并不是对既往改革的全盘否定,而是对以往的发展变化给予了充分的认可,对布雷顿森林体系解体之后的美国金融创新与金融全球化变革的根本成绩继续保持,明确未来美国金融业的演进和发展方向依然为金融市场化。21 世纪以来,金融机构的混业经营越来越明显,金融机构的传统业务之间的边界逐渐模糊,金融市场的重要性也日益提高,美联储在全球金融危机以来的一系列政策转变,体现了其对金融体系发展方面的重要扶持作用。

从历史上的历次金融危机来看,对金融系统的监管和调控应该是适应金融体系的发展,而不是相反。美联储宏观调控的最终目标是要达成经济稳定增长,而不是经济衰退。故在货币政策制定和监管法案调整过程中,美联储逐步加强对"发展"的重要性的认识。对金融机构进行管制的目的也是为了更好地促进经济发展,抵御金融危机和不适当的金融活动对经济造成的不利影响。影子银行体系的发展一方面在美国及全球金融创新过程中起到了重要作用,另一方面在此次全球金融危机中起到直接的推动作用。故如何把握好对影子银行等金融机构的适当监管并积极扶持其在金融体系发展中所起的重要作用,是货币当局重点考虑的问题。

三、"更好"而非"更强"的宏观调控及管制

"更好"的宏观调控及管制是指货币政策和监管法规能够在有效管理金融风险、保护消费者利益的同时,又不妨碍市场主体的自由经营和发展。而"更强"的调控及管制是指在一定程度上限制市场主体的经营自由,妨碍了金融和市场的发展以及社会进步。总体而言,全球金融危机以来美联储做出的一系列政策调整是在有效照应本轮金融全球化及金融自由化背景下金融体系创新和发展的前提下,对宏观经济及金融体系发展所进行的较

为有效的宏观调控和金融监管方面的转变。

第五节　美联储货币政策转变的总体评价——临时性"转变"与持久性"转变"

在全球金融危机爆发以来，美联储在货币政策及监管方面做出的一系列转变哪些是临时性的，哪些是持久性的，是值得思考和研究的一个重要议题。危机期间，美联储向金融机构、非金融机构以及特定企业及市场的直接注资，是对危机期间流动性紧缺的一个救急措施，而在未来的宏观调控过程中，是否还履行此种"直接贷款人"的特殊职责是美联储需要考虑的重要问题。

一、QE 并非永久退出，购买债券成为美联储货币政策组成部分

对于此次全球金融危机以来，美联储采取的一系列量化宽松货币政策是否要持久性地保持下去，还是在适当时期予以退出，似乎已达成了统一的看法，即美联储会在适当时机及时退出量化宽松货币政策，而美联储于2014 年 10 月 29 日（当地时间）宣布正式结束量化宽松货币政策，似乎证实了此观点。

然而，美联储此番大规模量化宽松货币政策实践的正式退出，并不意味着量化宽松货币政策作为非传统货币政策正式退出历史舞台。2014 年 10 月 29 日联邦公开市场操作委员会的公开声明，仅代表美联储实施两年的第四轮量化宽松货币政策的结束，而此后在经济下行风险加剧或是通胀预期恶化时，美联储是否在必要时期再继续推出第五轮量化宽松货币政策仍未确定。

在此回顾美联储为使其货币政策恢复正常化（Normalization）、逐步缩减大规模资产购买计划（LSAPs）以及加大准备金流出工具的历史过程：2012 年 12 月 12 日，以扩大就业和刺激经济复苏为主要目标，美联储决定

实施每月继续购买 400 亿美元的抵押贷款支持证券（MBS），并且每月购买 450 亿美元的美国国债，以此替代原有的期限延长计划（MEP），即每月共购买 850 亿美元债券的大规模资产购买计划（LSAP），并保持接近零利率的超低利率水平，即美联储第四轮量化宽松货币政策计划。在大规模资产购买计划（LSAP）下，美国金融环境逐步得到改善，经济状况日益复苏，2014 年初，美联储开始为此轮量化宽松的逐步退出以及货币政策正常化提前准备，逐渐加大包括逆回购（RRP）和定期存款便利（TDF）等准备金流出工具的使用，并且逐步缩小资产和债券的购买规模，直至 2014 年 10 月 29 日正式宣布退出此轮量化宽松货币政策。

尽管联邦公开市场操作委员会决定在 2014 年 10 月结束其资产购买计划，但仍维持其现有政策——将机构债和抵押贷款支持证券的本金再投资于机构抵押贷款支持证券。美联储持有大规模的长期证券以保持宽松的金融环境（Federal Reserve，2014）。尽管美联储宣布正式结束第四轮量化宽松货币政策，但其继续进行债券购买，即继续购买机构抵押贷款支持证券（此时，美联储将其继续购买债券行为不再称为量化宽松货币政策，而称为"再投资"）。联邦公开市场操作委员会（FOMC）授权纽约联邦储备银行的公开市场交易专柜继续维持其现有政策，[①] 即将美联储持有的机构债、机构抵押贷款支持证券和滚动到期国债的本金进行再投资。每个月，联邦系统公开市场操作账户（SOMA）投资将收到其持有的规模庞大的证券本金收益，而如果不进行再投资操作，则联邦系统公开市场操作账户（SOMA）规模将会下降。美联储之所以在停止此轮量化宽松货币政策之际，决定进行"再投资"操作，是为保证公开市场操作委员会持有大规模的长期证券，以期保持宽松的金融环境。

美联储的多位官员表示，债券购买不仅是此次金融危机发生时中央银行应对危机的临时举措，它似乎已成为美联储货币政策的组成部分，量化宽松货币政策也并非永久退出历史舞台，而会在未来经济低迷或萧条时再次实施。

美联储现任主席耶伦（Janet Yellen）曾表示，在必要的情况下，美联储随时准备推出更大规模、更持久的量化宽松货币政策；旧金山联邦储备

---

① 联邦公开市场委员会声明，http：//www.federalreserve.gov/monetarypolicy/fomccalendars.htm，2014 年 10 月 29 日。

银行主席威廉姆斯（John Williams）表示，在未来经济形势或通胀预期恶化，而其他刺激经济复苏工具失效时，美联储可能会购买更大规模的债券；美联储理事兼波士顿联邦储备银行主席罗森格伦（Eric Rosegren）也表示，量化宽松货币政策十分有效，是应对经济极端情况的重要政策选择。

此外，对于此问题，在本届美联储主席耶伦上任之后，似乎又变成了较为长期的目标。以"鸽派"著称的耶伦主席曾多次在公开场合宣布当下极低的联邦基金利率目标将至少持续到 2016 年，并且将以往的通胀目标（2%）诠释为非上限，而只是一个指引方向，要根据实际的失业率水平来继续观测美国经济，在失业率未低于 6% 的状况下继续实施较为宽松的货币政策和极低的联邦基金目标利率。

二、作为传统政策手段的补充工具，流动性便利并非临时举措

除此之外，美联储在危机期间创建的定期存款便利（TDF）等工具并不是应对危机的短期行为，美联储在其货币政策报告及公开市场操作报告中多次提到，"定期存款便利（TDF）等创新工具是为弥补联邦基金利率调控力度受限的举措，而联邦基金利率对联邦基金供求的敏感度日益降低，传统的政策手段已经难以对其进行有效调控"。这些看似危机临时举措的流动性便利工具的创建，其实也在某种程度上说明美联储已从传统的中央银行职能逐步转变为直接调节市场流动性的职能。国际金融危机以来，中央银行（美联储）进行宏观调控的对象和基础发生了变化，由此引发的美联储资产负债表变化，以及货币政策操作工具、操作范式的变化，反映出美联储（中央银行）职能的转变——即美联储从调节货币供应量、利率等传统职能转变为直接调节市场流动性的新职能。例如，在金融危机爆发前期，美联储通过新型流动性便利工具向流动性紧缩的市场直接注入流动性；在金融危机后期，美联储以定期存款便利、逆回购等准备金流出工具来回收市场上过剩的流动性；等等。

三、由宏观调控基础转变而引发的中央银行历史性转变

除此之外，美联储传统的调节货币供应量、利率流动性调节的趋势也并非临时性"转变"，由于影子银行引领的金融创新和金融体系结构转变，美联储由此而做出的一系列政策改变是有一定持久性的，而非临时性应对危机的紧急措施。

综观经济发展史，一个世纪前，纽约清算所救助范围外的"可尼克伯克"信托投资公司倒闭引发了1907年全球经济危机，促使联邦储备体系于1913年成立；与之具有惊人相似之处的是，2008年，为规避货币当局监管而衍生的影子银行体系的快速发展引发了全球金融危机，促使美联储在其货币政策及职能方面进行了重大转变。两次金融危机都是以国际大公司倒闭为导火索，从全国引发至全球金融危机，引起了货币当局对金融监管漏洞的重新审视，对货币当局政策转型产生了决定性的推动作用，从而有效促进了历史上重大金融改革。

作为发达经济体中央银行的代表，在全球金融危机以来，美联储的货币政策转型具有里程碑式的重大意义，由此深入研究美联储货币政策转型的根本原因、主要内容以及未来发展方向已经成为国际宏观经济学领域前沿性课题，有助于我们更好地理解金融危机与中央银行间的相互作用关系，并且对于未来金融体系改革及货币监管当局的改革都具有重大指导意义。

自20世纪70年代以来，由影子银行快速发展引领的金融创新和全球金融体系变革，改变了中央银行（美联储）的货币政策调控基础，而在中央银行宏观调控基础转变的前提下，美联储在货币政策及职能方面进行了一系列转变，以顺应其宏观调控基础的转变：

首先是货币政策工具的转变：2008年国际金融危机以来，美联储创建了多种多样的新型公开市场操作工具，针对存款性金融机构、交易商和主要信贷市场等进行创新，已远远超越原有中央银行只向商业银行提供资金支持的传统职能，开始直接向交易商、企业、主要信贷市场提供流动性支持。并且这些新型流动性便利工具不仅是在金融危机爆发时的临时救助政策工具，还可以在传统操作工具及以联邦基金利率为主要操作目标的政策

调控失效时，打破原有的中央银行只向商业银行提供资金支持的限制，创建新型货币政策操作工具和流动性便利，直接向各种市场参与者及各类市场进行流动性调节。

其次是货币政策传导机制的转变：传统的中央银行的操作范式主要围绕货币政策的中介目标进行调整，如美联储在20世纪90年代以利率取代货币供应量增长率为货币政策中介目标。伴随着影子银行引领的金融创新与金融体系变革，直接融资与间接融资之间的界限也越来越模糊，各种金融工具及金融市场交错纵横，因此，传统的"货币政策操作工具—货币政策中介目标—货币政策最终目标"的货币政策传导途径已经不再是简单的单线传导。无论货币政策操作工具与中介目标之间的关系，还是货币政策中介目标与货币政策最终目标的关系，都变得越来越错综复杂。经济学们对于货币政策传导机制的讨论越来越复杂，关于从货币政策操作工具到货币政策最终目标之间，究竟如何传导的，学术界的讨论越来越难以达成一致。次贷危机以来，美联储实施的大规模资产购买计划跨越货币政策中介目标，形成从货币政策操作工具到最终目标直接传导的货币政策新范式，这似乎为中央银行货币政策改革提供了一个更为直接的新思路。

最后是中央银行（美联储）职能的转变：全球金融危机以来，由于中央银行宏观调控的对象发生了改变，导致美联储资产负债表的结构和规模都发生了变化，并且引发了货币政策操作工具和操作范式的变化。中央银行的职能也发生了变化，也从调节货币供应量和利率转变为直接调节市场流动性的新职能。

四、未来转变方向探析

在未来美国金融经济发展过程中，伴随着影子银行引领的金融创新及金融全球化发展，美联储是否要选取除货币供应量或是利率以外的新的货币政策操作中介目标，或是完全放弃中介目标，而建立某种政策机制对宏观调控的最终指向目标进行直接调节，如何更加有效地对市场宏观流动性进行调节，是下一步需要继续研究的课题。美联储作为中央银行如何在保护金融及经济体有效发展和自由经营的前提下，对宏观经济进行有效调控和监管，如何将对影子银行体系发展的大力"扶持"与有效"监管"进一步完美结合，以促进实体经济稳定发展，是接下来的重要工作和主要研究方向。

影子银行作为金融创新的重要组成部分，其发展对于金融体系朝着市场化演进具有至关重要的作用，而其本身特有的高杠杆、增加信贷市场摩擦等特性又极易引发金融危机，故货币当局既要认清未来发展方向，确保影子银行引领的金融创新与金融市场化，同时又要及时防范和监管影子银行自身风险及其带来的系统性风险。

鉴于以上研究，首先，未来中央银行在宏观调控及监管过程中要认真厘清金融体系长远发展趋势及发展脉络，对未来发展方向有基本的判断，货币政策的制定要符合金融和经济体系未来发展趋势，而不是相反；其次，秉承"发展"重于"管制"的原则，在确保市场主体有效自由经营的前提下，抵御金融危机及不适当金融活动对经济的负面影响；最后，要寻求"更好"的调控与监管方式，而不是"更强"的宏观调控或是管制。

结语　结论以及对中国的启示意义

第一，伴随着金融深化和金融创新，影子银行体系在全球，尤其是在美国，得到了快速发展，其发展规模和重要性远远超越了传统银行体系，从根本上改变了美国金融体系结构，进而改变了货币当局（美联储）宏观调控的对象和基础。中央银行宏观调控主要盯住货币供应量，而影子银行对货币供应量影响极小。从孕育到发展，影子银行自身具有高杠杆、规避金融监管等一系列特性，极易放大系统性风险，从而引发大范围金融危机。由此美联储在宏观调控的对象和基础发生重大变化的同时，货币政策及中央银行职能也要相应发生转变，以更好地防范金融风险和金融危机。

第二，回顾历史，一个世纪前，纽约清算所救助范围外的"可尼克伯克"信托投资公司倒闭引发了1907年全球经济危机，促使联邦储备体系于1913年成立；而与之具有惊人相似之处的是，2008年，为规避货币当局监管而衍生的影子银行体系的快速发展引发了全球金融危机，促使美联储在其货币政策及职能方面进行了重大转变。两次金融危机都是以国际大公司倒闭为导火索，从全国危机发展至全球金融危机，引起了货币当局对金融监管漏洞的重新审视，对货币当局政策转型产生了决定性的推动作用，从而有效地促进了历史上的重大金融改革。

第三，2008年由次贷危机引发的国际金融危机以来，由于美联储宏观调控基础的变化，美联储进行货币政策操作的工具、范式、功能都随之发生了变化。首先反映在美联储的资产负债表的变化。在危机爆发之前，美联储传统的货币政策主要是以调节准备金来调节联邦基金利率，进而从调节市场短期利率到调节市场长期利率的宏观调控手段。而全球金融危机以来，美联储货币政策逐渐转变为以资产负债表政策，从调节美联储资产负债表规模转变为以调节美联储资产负债表结构为主的货币政策，而且对银行、金融机构、非金融机构等市场参与者自身的资产负债表修复越来越重视。

第四，2008 年国际金融危机以来，美联储创建了多种多样的新型公开市场操作工具，不仅对存款性金融机构的操作工具进行创新，如 TAF、SWAP 等；还对交易商工具（如 PDCF、TSLF 等）和主要信贷市场的工具（如 AMLF、MMIFF）等进行创新。这些工具已经远远超越了原有中央银行作为"银行的银行"只能向商业银行提供资金支持的传统职能，而开始直接向交易商、企业、主要信贷市场提供流动性支持，直接调节市场流动性。

第五，传统的中央银行的操作范式主要围绕货币政策的中介目标进行调整，如美联储在 20 世纪 90 年代以利率取代货币供应量增长率作为货币政策中介目标。伴随着影子银行引领的金融创新与金融体系变革，直接融资与间接融资之间的界限也越来越模糊，各种金融工具及金融市场交错纵横。因此，传统的"货币政策操作工具—货币政策中介目标—货币政策最终目标"的货币政策传导途径已经不再是简单的单线传导。无论是货币政策操作工具与中介目标之间的关系，还是货币政策中介目标与货币政策最终目标的关系，都变得越来越错综复杂。经济学家们对于货币政策传导机制的讨论越来越复杂，关于从货币政策操作工具到货币政策最终目标之间，究竟是如何传导的，学术界越来越难以达成一致。次贷危机以来，美联储实施的大规模资产购买计划跨越了货币政策中介目标，形成从货币政策操作工具到最终目标直接传导的货币政策新范式，这似乎为中央银行货币政策改革提供了一个更为直接的新思路。

第六，国际金融危机以来，中央银行（美联储）宏观调控的基础发生变化，由此引发的美联储资产负债表变化，以及货币政策操作工具、操作范式的变化，反映出美联储作为中央银行的职能变化——从传统的调节货币供应量和利率，逐渐转变为直接调节市场流动性。

第七，尽管中国与美国的经济结构和金融体系结构均不相同，但是中国目前同样面临货币当局（中国人民银行）货币政策调控的困境。据国际货币基金组织于 2014 年 10 月发布的《全球金融稳定报告》显示，中国的影子银行问题也较为突出，与传统商业银行的信贷相比，中国影子银行的融资增长速度是其增速的近两倍。为此，国际货币基金组织提醒中国货币监管当局要更加密切地监测中国影子银行发展。随着互联网金融与影子银行在中国的快速发展，中国人民银行货币政策调控的基础也在发生巨大变化，货币政策操作的中介目标和最终目标之间的关系越来越错综复杂，难以辨析。美联储跨越货币政策中介目标，直接调控最终宏观经济目标、调控流动性的经验为中国货币当局提供了启示和借鉴意义。

第八，尽管美联储宣布在 2014 年 10 月结束其资产购买计划，即正式宣布结束量化宽松货币政策，但仍维持其现有政策——将机构债和抵押贷款支持证券的本金"再投资"于机构抵押贷款支持证券，以期继续保持宽松的金融环境。可见美联储并未停止购买债券，而是在宣布结束量化宽松货币政策及大规模资产购买计划（LSAPs）之后，以"再投资"的名义继续进行债券购买。实施量化宽松货币政策以来，购买债券行为已经成为美联储货币政策的组成部分，即便是美联储于 2014 年 10 月宣布结束第四轮量化宽松货币政策，也并未停止其购债行为。据多位美联储官员表示，美联储只是终止其自 2012 年 12 月以来的第四轮量化宽松货币政策，而并未将量化宽松货币政策逐出美国历史舞台。如果未来美国经济再次陷入危机，则美联储会重新考虑推出新一轮量化宽松货币政策。而且在美联储宣布退出量化宽松货币政策之时，欧洲中央银行已于 2015 年 1 月正式推出量化宽松货币政策，并且日本银行也进一步扩张了其量化质化宽松（QQE）的规模。故中国货币当局要认清当前发达国家货币政策发展方向，并采取积极应对手段与政策措施。

鉴于以上研究，中国人民银行在宏观调控及监管过程中要吸取美联储政策转型的经验和教训：首先，要认真厘清金融体系长远发展趋势及发展脉络，对未来发展方向有基本的判断，货币政策的制定要符合金融和经济体系未来发展趋势，而不是相反；其次，秉承"发展"重于"管制"的原则，在确保市场主体有效自由经营的前提下，抵御金融危机及不适当金融活动对经济的负面影响；最后，影子银行作为金融创新的重要组成部分，其发展对于使金融体系朝着市场化演进具有至关重要的作用，而其本身特有的高杠杆、增加信贷市场摩擦等特性又极易引发金融危机，故中国货币当局既要认清未来发展方向，在确保影子银行引领的金融创新与金融市场化的同时，又要及时防范和监管在影子银行自身风险以及影子银行快速发展引领的金融体系变革下的系统性风险，要继续寻求"更好"的调控与监管方式，而不是"更强"的宏观调控或是管制。

参考文献

巴曙松：《加强对影子银行系统的监管》，《中国金融》2009 年第 14 期。

巴曙松：《金融危机暴露美国经济结构问题》，《第一财经日报》2007 年 9 月 11 日。

边卫红：《次贷危机对美国银行业结构调整影响研究》，《金融论坛》2010 年第 1 期。

杜亚斌、顾海宁：《影子银行体系与金融危机》，《审计与经济研究》2010 年第 1 期。

《多德—弗兰克华尔街改革与消费者保护法案》，董裕平等译，中国金融出版社 2010 年版。

樊志刚：《正确看待影子银行，积极引导健康发展》，《前线》2013 年第 9 期。

贺力平：《人民币汇率与近年来中国经常账户顺差》，《金融研究》2008 年第 3 期。

胡智、邱念坤：《人民币升值对国际收支调节的有效性分析——兼谈货币主义汇率调节理论在中国的适用性》，《世界经济研究》2006 年第 2 期。

［美］卡尔瓦什：《货币理论与政策》（第三版），彭兴韵、曾刚译，上海三联出版社 2012 年版。

扈文秀、王锦华、黄胤英：《美联储量化宽松货币政策实施效果及对中国的启示——基于托宾 Q 理论的货币政策传导机制视角》，《国际金融研究》2013 年第 12 期。

黄胤英：《转变中的美联储——全球金融危机以来美联储货币政策操作研究》，中国社会科学院研究生院博士学位论文，2014 年。

黄胤英：《量化宽松》，载李扬《金融学大词典》，中国金融出版社 2014 年版。

黄胤英、王锦华：《从货币政策传导机制看美联储量化宽松对美国经济的复苏效应》，《经济学动态》2012 年第 11 期。中国人民大学复印报刊《金融与保险》2013 年第 3 期。

李天栋、张卫平、薛斐：《国际美元本位制能继续维系吗?》，《统计研究》2010 年第 8 期。

李扬、殷剑峰：《中国高储蓄率问题探究》，《经济研究》2007 年第 6 期。

李扬：《影子银行体系发展与金融创新》，《中国金融》2011 年第 12 期。

李扬、王国刚：《中国金融发展报告（2013）》，社科文献出版社 2013 年版。

李扬、王国刚：《资本市场导论》，经济管理出版社 1998 年版。

李扬：《中国金融改革开放 30 年研究》，经济管理出版社 2010 年版。

李扬：《金融全球化研究》，上海远东出版社 1999 年版。

李扬等：《中国国家资产负债表 2013——理论、方法与风险评估》，中国社会科学出版社 2014 年版。

陆一：《美国政府：为重建制度信用"改写资本主义"》，《国际社会科学杂志》（中文版）2008 年第 12 期。

刘荣茂、何亚峰、黄烁：《人民币汇率波动对我国国际收支调节的有效性分析》，《金融研究》2007 年第 4 期。

卢向前、戴国强：《人民币实际汇率波动对我国进出口的影响》，《经济研究》2005 年第 3 期。

［加］蒙代尔：《蒙代尔文集》（第四卷），向松祚译，中国金融出版社 2003 年版。

王瑞、唐博超：《我国民间借贷中的影子银行现状及其发展出路》，《兰州学刊》2012 年第 12 期。

王胜、邹恒甫：《关税、汇率与福利》，《世界经济》2004 年第 8 期。

夏斌、陈道富：《国际货币体系失衡下的中国汇率政策》，《经济研究》2006 年第 2 期。

肖荣攀：《美国影子银行系统》，西南财经大学出版社 2009 年版。

许少强：《美元霸权：生存基础、影响及我国的对策》，《复旦学报》（社会科学版）2005 年第 4 期。

杨帆：《从不均衡到均衡——兼论中国应对美国经济衰退》，《广东金融学院学报》2007 年第 3 期。

易宪容：《"影子银行体系"信贷危机的金融分析》，《江海学刊》2009 年第

3 期。

张纯威:《美元本位、估值效应与季风型货币危机》,《金融研究》2007 年
第 3 期。

张明:《美国金融危机演进逻辑和风险含义》,《银行家》2007 年第 9 期。

张明:《次贷危机的传导机制》,《国际经济评论》2008 年第 7 期。

赵顺:《我国货币政策传导渠道的分析》,《中国外资》2013 年第 14 期。

王健:《还原真实的美联储》,浙江大学出版社 2013 年版。

李稻葵:《美联储 QE 退出对中国影响有限》,2014 年第三届金融街论坛,
http://www.yicai.com/news/2014/10/4034970.html,2014 年 10 月
30 日。

向松祚、邵智宾:《伯南克的货币理论和政策哲学》,北京大学出版社 2008
年版。

Adam K. and Billi R. M. , "Discretionary Monetary Policy and the Zero Lower
Bound on Nominal Interest Rates", *Journal of Monetary Economics*,
Vol. 54, No. 3, 2007, pp. 728 – 752.

Adrian and Tobias, "Financial Stability Policies for Shadow Banking", Federal
Reserve, 2014.

Aizenman J. , Binici M. and Hutchison M. , "The Transmission of Federal Re-
serve Tapering News to Emerging Financial Markets", *National Bureau of
Economic Research (NBER) Working Papers*, No. 19980, April 2014.

Anderson Richard G. , "The First U. S. Quantitative Easing: The 1930s", *Eco-
nomic Synopses*, No. 17, June 30, 2010, pp. 1 – 2.

Andrés J. , López – Salido J. D. and Nelson E. , "Tobin's Imperfect Asset Substi-
tution in Optimizing General Equilibrium", *Journal of Money, Credit and
Banking*, Vol. 36, No. 4, August, 2004, pp. 665 – 690.

Andritzkya J. R. , Bannisterb G. J. and Tamirisa N. T. , "The Impact of Macro-
economic Announcements on Emerging Market Bonds", *Emerging Markets
Review*, Vol. 8, No. 1, 2007, pp. 20 – 37.

Arora V. and M. Cerisola, "How Does U. S. Monetary Policy Influence Sovereign
Spreads in Emerging Markets?" *IMF Staff Papers*, Vol. 48, No. 3, 2001,
pp. 474 – 498.

Bernanke B. S. , "Non – Monetary Effects of the Financial Crisis in the Propagation of the Great Depression", *The American Economic Review*, Vol. 73, No. 3, June 1983, pp. 257 – 276.

Bernanke B. S., Mark Gertler and Simon Gilchrist, "The Financial Accelerator and the Flight to Quality", *Review of Economics and Statistics*, Vol. 78, February 1996, pp. 1 – 15.

Bernanke B. S. and Mihov I., "The Liquidity Effect and Long – run Neutrality", in Carnegie – Rochester Conference Series on Public Policy, North – Holland, Vol. 49, December 1998, pp. 149 – 194.

Bernanke B. S., Gertler M. and Gilchrist S., "The Financial Accelerator in a Quantitative Business Cycle Framework", *Handbook of Macroeconomics*, Vol. 1, Part C, 1999, pp. 1341 – 1393.

Bernanke B. S., Reinhart V., and Sack B., "Monetary Policy Alternatives at the Zero Bound: An Empirical Assessment", *Brookings Papers on Economic Activity*, Brookings Institution Press, Vol. 2, 2004, pp. 1 – 100.

Bernanke B. S. and Vincent R. Reinhart, "Conducting Monetary Policy at Very Low Short – Term Interest Rates", *AEA Papers and Proceedings*, Vol. 94, No. 2, 2004, pp. 85 – 90.

Bernanke B. S., *The Crisis and the Policy Response*, Stamp Lecture, London School of Economics, January 13, 2009.

Bank of England, *Minutes of the Monetary Policy Committee Meeting*, November 19, 2014, http://www.bankofengland.co.uk/publications/minutes/Pages/mpc/pdf/2014/mpc1411.aspx.

Bernardo G., Ryan J. and Werner R., "UK QE Reconsidered: The Real Economy Effects of Monetary Policy in the UK 1990 – 2012—An Empirical Analysis", *Centre for Banking, Finance and Sustainable Development (CBFSD) Policy Discussion Paper*, No. 1 – 13, 2013.

Brunner K. and Meltzer A. H., "Predicting Velocity: Implications for Theory and Policy", *The Journal of Finance*, Vol. 18, No. 2, 1963, pp. 319 – 354.

Bullard J., "Monetary Policy in a Low Policy Rate Environment", *Official Monetary and Financial Institutions Forum (OMFIF) Golden Series Lecture*, London, May 23, 2013.

Cecchetti Stephen G. and Georgios Karras, "Sources of Output Fluctuations during the Interwar Period: Further Evidence on the Causes of the Great Depression", *National Bureau of Economic Research Working Paper*, No. w4049, 1992.

Chen H. , Curdia V. and Ferrero A. , "The Macroeconomic Effects of Large – Scale Asset Purchase Programmes", *The Economic Journal*, Vol. 122, No. 564, 2012, pp. F289 – F315.

Christensen J. H. and Rudebusch G. D. , "The Response of Interest Rates to US and UK Quantitative Easing", *The Economic Journal*, Vol. 122, No. 564, 2012, pp. F385 – F414.

Curdia V. and Woodford M. , "The Central – Bank Balance Sheet as an Instrument of Monetary Policy", *Journal of Monetary Economics*, Vol. 58, No. 1, 2011, pp. 54 – 79.

D'Amico S. , *Flow and Stock Effects of Large – Scale Treasury Purchases*, Diane Publishing, 2011, pp. 1 – 38.

Doh T. , "The Efficacy of Large – Scale Asset Purchases at the Zero Lower Bound", *Federal Reserve Bank of Kansas City Economic Review*, Vol. 95, No. 2, 2010, pp. 5 – 34.

Eichengreen B. and Gupta P. , "Tapering Talk: The Impact of Expectations of Reduced Federal Reserve Security Purchases on Emerging Markets", *Munich Personal RePEc Archive (MPRA) Paper*, No. 53040, January 19, 2014, http: //mpra. ub. uni – muenchen. de/id/eprint/53040.

Eichengreen Barry and Michael Bordo, "Crises Now and Then: What Lessons from the Last Era of Financial Globalization?" *Monetary History, Exchange Rates and Financial Markets: Essays in Honour of Charles Goodhart, Edward Elgar, Cheltenham*, 2003, pp. 52 – 91.

Evans C. L. , Campbell J. R. , Fisher J. D. M. , et al, "Macroeconomic Effects of Federal Reserve Forward Guidance", *Brookings Papers on Economic Activity*, 2012, pp. 1 – 80.

Federal Reserve, *Federal Open Market Committee Meeting Statement*, http: // www. federalreserve. gov/newsevents/press/monetary/20141029a. htm, October 29, 2014.

Federal Reserve Bank of New York, *Domestic Open Market Operations during*

2013, http: //www. newyorkfed. org/markets/annual_ reports. html, 2014.

Feldstein M. , "The Euro Zone's Double Failure", *The Wall Street Journal*, Vol. 16, No. 17, 2011, p. A23.

Feldstein M. , "What Powers for the Federal Reserve", *Journal of Economic Literature*, 2010, Vol. 48, No. 1, pp. 134 – 145.

Financial Stability Board, "Shadow Banking: Strengthening Oversight and Regulation", October 27, 2011.

Fisher, Irving, "The Debt – Deflation Theory of Great Depressions", *Econometrica*, Vol. 1, October 1993, pp. 337 – 357.

Frank N. and Hesse H. , *The Effectiveness of Central Bank Interventions during the First Phase of the Subprime Crisis*, International Monetary Fund, Middle East and Central Asia Department, IMF Working Papers No. 09120, 2009, p. 28.

Friedman Milton and David Meiselman, *The Relative Stability of Monetary Velocity and the Investment Multiplier in the United States*, 1897 – 1958, Department of Economics, University of Chicago, 1958.

Friedman M. and Schwartz A. J. , *A Monetary History of the United States*, 1867 – 1960, Princeton: Princeton University Press, 1963.

Fujiki H. , Okina K. and Shiratsuka S. , "Monetary Policy under Zero Interest Rate: Viewpoints of Central Bank Economists", *Monetary and Economic Studies*, Vol. 19, No. 1, 2001, pp. 89 – 130.

Gagnon J. , Raskin M. , Remache J. , et al, "Large – Scale Asset Purchases by the Federal Reserve: Did They Work?" *Federal Reserve Bank of New York Staff Report*, Vol. 17, Iss. 1, No. 441, March 1, 2010, pp. 41 – 59.

Gennaioli Nicola, Andrei Shleifer and Robert Vishny, "Neglected Risks, Financial Innovation, and Financial Fragility", *Journal of Financial Economics*, Vol. 104, No. 3, June 2012, pp. 452 – 468.

Goldfeld S. M. and Richard E. Q. , "A Markov Model for Switching Regressions", *Journal of Econometrics*, Vol. 1, No. 1, 1973, pp. 3 – 15.

Goodfriend M. , "Overcoming the Zero Bound on Interest Rate Policy", *Journal of Money, Credit & Banking*, Vol. 32, No. 4, 2000, pp. 1007 – 1035.

Hamada Koichi and Akiyoshi Horiuchi, "The Political Economy of the Financial

Market", in Kozo Yamamura and Yasukichi Yasuba eds. *The Political Economy of Japan*, Vol. 1: *The Domestic Transformation*, Stanford University Press, 1999, pp. 223 – 260.

Hamilton J. D. and Wu J. C. , "The Effectiveness of Alternative Monetary Policy Tools in a Zero Lower Bound Environment", *Journal of Money, Credit and Banking*, Vol. 44, No. s1, 2012, pp. 3 – 46.

Hancock D. and Passmore W. , "Did the Federal Reserve's MBS Purchase Program Lower Mortgage Rates?" *Journal of Monetary Economics*, Vol. 58, No. 5, 2011, pp. 498 – 514.

Hicks J. R. , "Mr. Keynes and the 'Classics'; A Suggested Interpretation", *Econometrica: Journal of the Econometric Society*, Vol. 5, 1937, pp. 147 – 159.

Honda Y. Kuroki Y. , and Tachibana M. , "An Injection of Base Money at Zero Interest Rates: Empirical Evidence from the Japanese Experience 2001 – 2006", *Japanese Journal of Monetary and Financial Economics*, Vol. 1, No. 1, 2013, pp. 1 – 24.

Jeremy C. Stein, "Securitization, Shadow Banking and Financial Fragility", *Daedalus*, Vol. 139, No. 4, 2010, pp. 41 – 51.

Keynes J. M. , *The General Theory of Employment, Interest and Money*, Vol. 51, Issue 2, 1973, pp. 209 – 223.

Krishnamurthy A. and Vissing – Jorgensen A. , "The Effects of Quantitative Easing on Interest Rates: Channels and Implications for Policy", *National Bureau of Economic Researc, Working Paper*, No. w17555, 2011.

Krugman P. R. , Dominquez K. M. and Rogoff K. , "It's Baaack: Japan's Slump and the Return of the Liquidity Trap", *Brookings Papers on Economic Activity*, Vol. 2, 1998, pp. 137 – 205.

Krugman P. and Venables A. J. , "Globalization and the Inequality of Nations", *The Quarterly Journal of Economics*, Vol. 110, No. 4, 1995, pp. 857 – 880.

Laidler D. , "The Rate of Interest and the Demand for Money—Some Empirical Evidence", *The Journal of Political Economy*, Vol. 74, 1966, pp. 543 – 555.

Laura E. Kodres, "What Is Shadow Banking?", *Finance and Development*, Vol. 50, No. 2, June 2013, pp. 42 – 43.

Lyonnet Victor and Werner R., "Lessons from the Bank of England on 'Quantitative Easing' and Other 'Unconventional' Monetary Policies", *International Review of Financial Analysis*, Vol. 25, December 2012, pp. 94 – 105.

Masters and Brook, "Shadow Banking Surpasses Pre – crisis Level", *The Financial Times*, October 27, 2011.

Meier A., "Panacea, Curse, or Nonevent? Unconventional Monetary Policy in the United Kingdom", *International Monetary Fund Working Paper*, No. 09/163, August 2009, p. 47.

Meltzer Alan H., *A History of the Federal Reserve*, Chicago: University of Chicago Press, Vol. 1, 2003, pp. 21 – 55.

Mishkin F. S., "Is Monetary Policy Effective During Financial Crises?" *National Bureau of Economic Research Working Paper*, Vol. 99, No. w14678, 2009, pp. 573 – 577.

Mishkin F. S., "Symposium on the Monetary Transmission Mechanism", *The Journal of Economic Perspectives*, Vol. 9, 1995, pp. 3 – 10.

Modigliani Franco and Merton Miller, "The Cost of Capital, Corporation Finance, and the Theory of Investment", *American Economic Review*, Vol. 48, June 1958, pp. 261 – 297.

Morgan J., "The Limits of Central Bank Policy: Economic Crisis and the Challenge of Effective Solutions", *Cambridge Journal of Economics*, Vol. 33, No. 4, 2009, pp. 581 – 608.

Neely C. J., *The Large Scale Asset Purchases Had Large International Effects*, Federal Reserve Bank of St. Louis, Research Division, 2010.

Nesvetailova and Anastasia, "A Crisis of the Overcrowded Future: Shadow Banking and the Political Economy of Financial Innovation", *New Political Economy*, Vol. 20, 2015, pp. 431 – 453.

Oda N. and Ueda K., "The Effects of the Bank of Japan's Zero Interest Rate Commitment and Quantitative Monetary Easing on the Yield Curve: A Macro – Finance Approach", *Bank of Japan Working Paper*, Vol. 58, No. 05 – E – 6, 2007, pp. 303 – 328.

Orphanides A. and Wieland V. , "Efficient Monetary Policy Design near Price Stability", *Journal of the Japanese and International Economies*, Vol. 14, No. 4, 2000, pp. 327 – 365.

Orphanides A. and Wieland V. , "Inflation Zone Targeting", *European Economic Review*, Vol. 44, No. 7, 2000, pp. 1351 – 1387.

Otaviano C. and Cavallari M. , *Monetary Policy and Macroprudential Regulation: Whither Emerging Markets*, World Bank, 2013.

Patinkin D. , *Money, Interest, and Prices: An Integration of Monetary and Value Theory*, New York: Harper and Row, 1956.

Phillips A. W. , "The Relation between Unemployment and the Rate of Change of Money Wage Rates in the United Kingdom, 1861 – 1957", *Economica*, Vol. 25, No. 100, 1958, pp. 283 – 299.

Piazzesi M. and Schneider M. , "Equilibrium Yield Curves", *NBER Macroeconomics Annual*, MIT Press, Vol. 21, 2007, pp. 389 – 472.

Pozsar and Zoltan, "Shadow Banking: The Money View", Available at SSRN 2476415, 2014.

Pozsar Z. , Adrian T. , Ashcraft A. , et al. , "Shadow Banking", *Staff Report of Federal Reserve Bank of New York*, No. 458, 2010.

Rhee C. and Sumulong L. , "A Practical Approach to International Monetary System Reform: Building Settlement Infrastructure for Regional Currencies", *Asian Development Bank Working Paper*, No. 341, 2013.

Romer C. D. , "What Eended the Great Depression?" *The Journal of Economic History*, Vol. 52, No. 4, 1992, pp. 757 – 784.

Romer D. and Weil D. N. , "A Contribution to the Empirics of Economic Growth", *The Quarterly Journal of Economics*, Vol. 107, No. 2, 1992, pp. 407 – 437.

Reifschneider D. L. and Roberts J. M. , "Expectations Formation and the Effectiveness of Strategies for Limiting the Consequences of the Zero Bound", *Journal of the Japanese and International Economies*, Vol. 20, No. 3, 2006, pp. 314 – 337.

Sachs G. , *Measuring the TBTF Effect on Bond Pricing*, New York: Goldman Sachs Global Markets Institute, May 22, 2013.

Samuelson P. A. and Solow R. M. , "Analytical Aspects of Anti – Inflation Poli-cy", *The American Economic Review*, Vol. 50. No. 2, May, 1960, pp. 177 – 194.

Schwarcz S. L. , "The Governance Structure of Shadow Banking: Rethinking As-sumptions about Limited Liability", *Notre Dame Law Review*, Vol. 90, 2014, http: //scholarshipp. law. duke. edu/faculty_ scholarship/3155/.

Shirakawa M. , *One Year under "Quantitative Easing"*, Institute for Monetary and Economic Studies, Bank of Japan, 2002.

Stroebel J. C. and Taylor J. B. , "Estimated Impact of the Fed's Mortgage – Backed Securities Purchase Program", *National Bureau of Economic Re-search Working Paper*, No. 15626, 2009.

Swanson E. T. , Reichlin L. and Wright J. H. , "Let's Twist Again: A High – Frequency Event – Study Analysis of Operation Twist and Its Implications for QE2", *Brookings Papers on Economic Activity*, Brookings Institution Press, 2011, pp. 151 – 207.

The Policy Board of Bank of Japan, *Monetary Policy Meeting Minutes: Expansion of the Quantitative and Qualitative Monetary Easing*, http: // www. boj. or. jp/en/mopo/mpmsche_minu/index. htm/, October31, 2014.

Thornton D. L. , "Would QE2 Have a Significant Effect on Economic Growth, Employment, or Inflation?" *Economic Synopses*, October 13, 2010.

Tobin J. , "Liquidity Preference as Behavior towards Risk", *The Review of Eco-nomic Studies*, Vol. 25, No. 2, February 1958, pp. 65 – 86.

Ugai H. , "Effects of the Quantitative Easing Policy: A Survey of Empirical Ana-lyses", *Monetary and Economic Studies – Bank of Japan*, Vol. 25, No. 1, 2007, pp. 1 – 47.

Vikram Rai and Lena Suchanek, "The Effect of the Federal Reserve's Tapering Announcements on Emerging Markets", *Bank of Canada Working Paper*, No. 2014 – 50, November 2014, p. 46.

Werner R. A. , "The Great Yen Illusion: Japanese Capital Flows and the Role of Land", *Oxford Applied Economics Discussion Paper Series*, No. 129, 1991, p. 23.

Werner R. A. , "How to Create a Recovery Through 'Quantitative Monetary Easing'", *The Nihon Keizai Shinbun* (*Nikkei*), September 2 (Morning Edition), 1995, p. 26.

Werner R. A., "Bernanke's Speech Shows Where BOJ Failed", *Daily Yomiuri*, January 29, 2009, p. 19.

Williams J. C., "Unconventional Monetary Policy: Lessons from the Past Three Years", *Federal Reserve Bank of San Francisco Economic Letter*, October 3, 2011, pp. 1 – 8.

Woodford M., "Optimal Interest – Rate Smoothing", *The Review of Economic Studies*, Vol. 70, No. 4, 2003, pp. 861 – 886.

Wright J. H., "What does Monetary Policy do to Long – Term Interest Rates at the Zero Lower Bound?" *The Economic Journal*, Vol. 122, No. 564, 2012, pp. F447 – F466.

Yeva Nersisyan and L. Randall Wray, "The Global Financial Crisis and the Shift to Shadow Banking", *The Levy Economics Institute Working Paper Collection*, No. 587, February 2010, pp. 1 – 31.

索 引

A

ABS 11，24，37，128，146－149
AMLF 48，110，114，126－128，142－
　　144，146，193，208

B

BIS 33，82

C

财政部的总操作结余 171，173
超额准备金利率 22，156
传导机制 2，11，18，20，44，49，53，
　　59，61－64，66，70，71，
　　79，80，169，192，204，
　　208，211－213
CAB 10
CPFF 46，114，126－128，145－147
Credit Easing 27

D

大规模资产购买计划 1，32，35－37，
40，42，43，
49，102，110，
113，115，116，
119，120，124，
156，157，165－
167，173，176，
191，200，201，
204，208，209
大萧条 1，3－7，9，15，18，27，60，
61，72，74－76，89，90，94，
196，198
抵押贷款支持证券 1，10，21，22，24，
32，36，37，40，
41，49，83，96，
109，110，115－
117，119－121，125，
142，149，155，156，
162，164－167，173，
176，194，201，209
定期拍卖便利 32，48，108，126－132，
136，172
定期贴现 126－128
定期证券借贷便利 24，126，127，172
定期资产支持证券信贷便利
46，126，127，145，147，148

后　记

　　而立之年完成此书，以此作为人生中一个重要阶段的纪念。

　　对美联储货币政策研究始于博士生时期，在导师李扬老师的引导下，逐步确定了对货币理论及货币政策的研究方向，重点是对美联储货币政策转型的解析。与此同时，我的博士后导师张平老师、硕士导师温铁军老师、哥伦比亚大学王能老师以及梁景和老师都对我在经济学领域的研究工作产生了深刻的影响，同时对此书的写作起到了至关重要的作用，本书即是在我的博士论文及博士后相关研究基础上的延伸和拓展。借此要特别感谢以上五位老师。

　　2006 年秋，我被保送到中国人民大学攻读经济学硕士学位，在此有幸遇到了我专业学术领域中的第一位重要导师——温铁军老师。作为当代知名"三农"问题专家、进步学者，温老师有 11 年的农村试验区基层调研经验，以及 20 余年在国家重要机构从事政策研究的经验。同时，他在发展经济学以及批判经济学领域造诣深厚，是研究中国国情、制度变迁，以及乡村治理和乡村建设方面的学界泰斗。温老师思想深邃，见解独到，他往往能超越西方传统经济学的传统框架和局限性，推演中国与其他发展中国家不同的发展逻辑，并剖析经济一体化下的世界经济体系以及大国间的复杂关系。在温老师思想的熏陶下，我对经济学研究产生了极大的兴趣，在其指导下，我的硕士论文《农村基本制度建设与农业稳定增长》被评为中国人民大学优秀毕业论文。温老师对我的教诲和帮助使我在之后的科研道路及研究方法上都受益匪浅。

　　2008 年硕士毕业后，我应聘到首都师范大学工作，在这里，我遇到了人生中的第二位重要导师——梁景和老师。梁老师是当代著名历史学家，擅长中国近现代社会文化史的研究，并创建了中国现当代社会文化史学科。

梁老师具有历史学家特有的严谨的学术态度，其对史料和文献的收集、整理方法，以及口述史等特有研究方法，都对我后来的资料收集工作有着极大的帮助，以至于我之后在美联储货币政策海量原始一手英文资料的收集、整理和研究中都一定程度上借鉴了他的历史学科的研究方式。由此我在穷尽美联储第一手原始资料的基础上，对其进行分类整理、逐一翻译，最终形成了几卷本的历年《美联储货币政策》中文翻译稿，这些基础资料成为我研究美联储货币政策的主要素材之一。

2011年，我成功考取为中国社会科学院金融所博士生，导师为社科院副院长——李扬老师。李扬老师是享誉海内外的杰出经济学家，中国最高等级科研机构的重要领导，同时也是国务院在经济决策方面的重要高参，在中国经济发展及经济政策研究领域一直处于学术界最前沿。李扬老师对于全球经济发展方向的判断，对于国际经济最前沿、核心问题的深邃洞察力，以及在货币政策研究领域的深厚造诣，对于我的学术研究产生了深远的影响。在李老师的指导下，我选择了货币政策与货币理论为主要研究方向，并且以美联储货币政策作为博士生学习期间研究的重点。在李扬老师主编的《金融学大辞典》中，我对"量化宽松"词条进行了近6万字的详尽阐释，此辞典的写作过程，促使我对量化宽松始末有了更为细致的研究。我的博士论文从选题到后期写作，都得到李扬老师的悉心指导，并最终在博士答辩会上获得了本届全系最高分，李扬老师鼓励我在博士研究的基础上，继续进行博士后研究工作。

2014年，我有幸来到中国社会科学院经济所，跟随张平老师进行宏观经济学的博士后研究工作。张平老师是研究中国经济增长领域的著名经济学家，同时也是中国宏观经济学领域的权威专家。张平老师才思敏捷，善于透过经济现象本身，挖掘其背后的深层次原因和理论逻辑，并且能够把极其复杂的经济学现象和原理分析得清晰顺畅，简洁明朗。在张老师的指导下，我开始深入挖掘货币政策背后的深层次理论逻辑，更加关注货币政策实践与经济学理论之间的紧密联系。在博士后研究阶段，结合宏观经济学基本理论，我对货币政策实践及其福利效应进一步作了深入研究。张平老师在宏观经济学研究领域给予我的悉心指导和帮助，对于此书的写作技巧及核心理论的浓缩升华都起到了极为重要的作用。

2014年底，我获批国家公派访问学者项目，受哥伦比亚大学商学院王能教授邀请赴美访学。作为哥伦比亚大学金融系主任、终身教授，王老师是在美国知名大学的少数华人天才之一，在公司金融学、宏观经济学领域的研究处于国际顶尖水平。受其影响，我深刻感受到中外经济学研究的不同，特别是在金融学研究方面的区别，并且对美联储的货币政策思路也有了更好的理解。在哥伦比亚大学访学期间，与多位知名经济学家和诺贝尔经济学奖得主的交流让我了解到西方发达经济学体系的深邃思想。一系列核心课程的学习及学术研讨会拓展了我的学术视野，激发了我对美国货币政策更强烈的研究渴求，并计划对执行美联储公开市场操作的重要部门——纽约联邦储备银行进行访问和深入了解。

如今以旅行者的心情漫步在华尔街，回忆年少寒窗数十载，博士及博士后期间在社科院的学习生涯是我至今为止最为怀念，也是收获最多的时期。无数次夜晚在所里查资料写课题和论文至第二天清晨，这种全身心投入学习的感觉让我感受到了前所未有的幸福和满足。感谢李扬老师、张平老师给予我到社科院学习的宝贵机会。博士和博士后时期的学习积累为此书的完成打下了坚实的基础。

特别感谢王国刚老师、彭兴韵老师、董裕平老师、曾刚老师以及张跃文老师在我博士期间以及申请出国访学过程中给予我的耐心指导和帮助，对我的学术生涯以及此书的完成提供了极大的帮助和支持。特别感谢胡志浩师兄对我一直以来的鼓励和关照，感谢程炼老师、费兆奇老师、杨涛老师、周子衡老师、李广子老师、张玮老师、赵珅老师、周莉萍老师对我的耐心指导和帮助！

特别感谢刘霞辉老师、袁富华老师、赵志君老师、张晓晶老师、常欣老师、仲继垠老师、王宏淼老师、张自然老师、郭路老师、张鹏老师、胡滨老师、李琳老师、孙大伟老师、程蛟老师、张凡老师、刘凤英老师在博士后期间给予我的耐心帮助。感谢杨承亮、苏薪茗、洛立云、石淇玮、马亚西、谢仍明、王白羽、郝雅红、周睿、郑时雨、王光伟等同学一直以来对我的关心和照顾。感谢张运才师弟和何晓星师妹给予的耐心帮助。特别感谢首都师范大学社科处的全体同仁——解小青、杨阳、芦玮、褚怡敏、刘丁鑫、李志成，一直以来在工作和生活中给予我的帮助。感谢宋娜老师对我的鼓励以及在此书编辑过程中的辛苦工作。

最后，感谢父母一直以来在我人生道路上的鼓励和帮助，以及在我远离家乡学习期间和海外深造期间对我的支持。他们的正直、善良、乐观感染着我，让我继承了父母血液中最为宝贵的品质——勤奋、认真，这也是完成此书最为坚实的后盾。

黄胤英
2014 年 12 月于纽约哥伦比亚大学商学院